ちくま学芸文庫

女王陛下の影法師

秘書官からみた英国政治史

君塚直隆

筑摩書房

はじめに

二〇〇四年五月一〇日、ヨーロッパ訪問を前に記者会見した徳仁皇太子の口から衝撃的な発言が飛び出した。長期療養中の雅子妃の「人格を否定するような」動きが、宮内庁に見られたというのである。この発言はその後、長きにわたって皇室・国民のあいだで論議を呼ぶこととなった。皇太子の真意を推し量ることはここでは控えるとして、このような発言に至った経緯や問題の核心を考えるならば、そこには「側近の欠如」という問題点が見られるのではないかと思われる。

かつて昭和天皇を半世紀あまりにわたって補佐した入江相政氏のように、青年時代から仕え、気心も知れていると同時に絶大な信頼を寄せられ、時には助言もできるような人物がいた。ところが各省庁からの順送りで人事が決まり、宮内庁や東宮の職員が数年で交代してしまう昨今では、そのような人物は存在しえなくなってしまったのである。そのような人物が近くにいたら、皇太子のあのような発言もなかったかもしれない。

ここでイギリスの事例を見てみることにしよう。二〇〇五年四月に、チャールズ皇太子は三〇年越しの「恋愛」の末に、カミラ・パーカー・ボウルズさんとの結婚に踏み切った。イギリスには一七七二年に制定された王族婚姻法があり、王族の結婚には君主の承認が必要である。皇太子を結婚へと導いた今回の重要な話し合いは、エリザベス二世女王とチャールズ皇太子という母子の話し合いとなった。それを事前にお膳立てして話し合いを円滑に進めたのが、皇太子の秘書官サー・マイケル・ピートであった。

他方で、この結婚の直前、二〇〇五年一月にチャールズ皇太子の次男ヘンリ王子が、私的なパーティーにハーケンクロイツの腕章を身につけて現れた姿がタブロイド紙に報じられ、イギリスはもとよりヨーロッパ各地に衝撃を与えた。折しもポーランドのアウシュヴィッツ収容所解放六〇周年記念式典の直前でもあり、最悪のタイミングとなった。

このとき、コーンウォール公爵領（チャールズ皇太子の所領）の収支決算報告のため議会に出席していたピート秘書官は、そろそろ皇太子の王子たちに適切な助言者をつけてはどうかと、議員たちから苦言を呈されたとされている。この直後から、二人の王子には非常勤の秘書官がつけられることになった。

二〇〇七年時点で、イギリス王室には、主要な各王族のすべてに秘書官が配されている。エリザベス女王、夫のエディンバラ公爵、女王の子供たちであるチャールズ皇太子夫妻、ヨーク公爵（アンドリュー王子）、ウェセックス伯爵（エドワード王子）夫妻、アン王女、女王の従兄弟であるグロウスタ公爵夫妻、ケント公爵夫妻、ケント公爵家のマイケル王子夫妻、アレキサンドラ王女のそれぞれに秘書官がいるのだ。その後、チャールズの長男ウィリアム王子夫妻、次男ヘンリ王子夫妻にもそれぞれの秘書官がつけられた。

イギリスでは王族が成人に達して公務に関わるようになると、秘書官をつけて、諸事全般にわたって公務を補佐させる習慣が根づいている。なかでも最も重要な役割を果たしているのが君主自身の秘書官、すなわち女王秘書官ということになる。

女王秘書官はイギリス政府と女王との仲介役となって、国内外のさまざまな問題について女王に報告し、また時として助言も行う。それはイギリスの問題だけではない。女王が国家元首を兼ねている、カナダ・オーストラリア・ニュージーランドといった英連邦王国《コモンウェルス》一四カ国についても同様である。また女王が総司令官を務める陸海空軍や、首長であるイングランド国教会、さらには総裁や会長を務める六〇〇を超える各種団体についても秘書官が連絡役となる。

そして、国内外において女王が出席する公式・非公式の行事のアレンジを行い、その際の交通機関の手配・公式写真の撮影・マスコミへの対応も統括する。加えて、一七六〇年(ジョージ三世)以来の歴代君主・王族の日記・書簡類を集めた王室文書館(ウィンザー城内)の管理も行う。そして、女王がロンドンのバッキンガム宮殿や、ロンドン近郊のウィンザー城、スコットランドのバルモラル城など、国内に散らばる居城に滞在する際、常にその側に控えているのが秘書官の職務である。

しかし、このような君主の秘書官という役職が、今日のようなかたちで正式に登場したのはそれほど古い話ではなく、一九世紀半ばになってからのことであった。それまで、君主が病などで充分に執務をこなせないようなときに、臨時に秘書官が設けられる場合は見られたが、今日のように常設の秘書官が認められたのは、ヴィクトリア女王時代の一八六七年のことである。

そこにたどり着くまでに、実はさまざまな確執や対立が時の政府と女王との間に見られたが、これ以後、歴代の君主には、老若や心身の問題に関わりなく秘書官がつけられるようになった。しかも彼らの多くは王子・王女時代からの側近であり、二〇年から、場合によっては四〇年にもわたって君主を補佐し続けてきた信頼のおける人物たちであった。

本書は、近現代イギリス君主制を支えてきた君主の秘書官たちに焦点を当てて、二一世紀の今も存続するイギリス君主制の謎に迫るものである。確かに、一九九七年夏のダイアナ事件以来、王室に対する風当たりが強くなり、イギリス国民の間でもしばしば王室の存続問題をめぐって議論が戦わされているのも事実である。しかし、彼らは心底では、王室あってのイギリスという現実をきちんと認識しているのではないかとも思われる。

王室というものが、華やかで絢爛豪華たる雲の上の存在でしかないなどと考えるのは、あまりにも現実を知らない意見だというほかない。日々これ公務の連続である女王を除いても、年間三〇〇〇件にも及ぶ公務が残りの王族たちに振り分けられている。チャールズの現実は、冷徹なイギリス人のことである。しっかりと認識していることだろう。

皇太子一人に限っても、年間六〇〇件を超える公務をこなしているのだ。その大半が公共の福祉に関わるものであり、王室を廃止したら誰がそれを担えるというのか。そのあたりの現実は、冷徹なイギリス人のことである。しっかりと認識していることだろう。

二一世紀は公共の福祉の世紀とも言われている。そのようななかで、イギリス王室が果たす役割は決して無視できないどころか、ますますその重要性を高めていくだろう。こうしたときに、女王をはじめとする王族を支えていくのが、秘書官たちの責務なのである。本書では、この秘書官たちが登場した歴史的経緯を踏まえながら、ヴィクトリア女王からエリザベス女王に至るまでの秘書官と君主との物語を通じて、この国の重要な一側面を考えてみたい。

目次

女王陛下の影法師

秘書官からみた英国政治史

序　章

秘書官の登場

2004 年 11 月の議会開会式において、貴族院で女王演説（施政方針演説）を読み上げるエリザベス二世。（写真提供：PA Images/ アフロ）

二一世紀における王室の意義

二一世紀を迎えた今日、世界には二〇〇に近い国家があるが、そのなかで君主制をとる国は二八カ国となっている。これに、エリザベス女王を国家元首に戴くカナダ・オーストラリア・ニュージーランドといった英連邦諸国《コモンウェルス》一四カ国を加えれば四二カ国ということになるが、それでも地球上の「国家」の大半が皇帝や国王に治められていたわずか一世紀ほど前と比較して隔世の感がある。しかもこれら二八カ国のなかで、いまだに君主自身が政治の実権を掌握しているのは、サウジアラビアやヨルダン、ブルネイといったわずかな国だけで、大半が議会やそこに立脚する内閣（議院内閣・責任内閣）によって政治が動かされているといっても過言ではない。

しかし、君主たちの力を侮ってはいけない。たとえば、我が国の憲法に定められた「天皇の国事行為」を見てみよう。第六条には、天皇に内閣総理大臣と最高裁判所長官の「任命権」が存するとある。もちろん、それぞれ国会や内閣の「指名に基いて」の行為ではある。さらに、第七条には憲法改正や国会の召集、衆議院の解散・総選挙、国務大臣などの任免や大使の信任状の認証、外交文書の認証や外国大使の接受などが明記されており、まさにこの国の政治の中枢に関わる問題にいまも携わっているのである。

目をヨーロッパに転じてみると、二八の君主国のうち三分の一以上に当たる一〇カ国が、あの小さな地域に集中している。このなかで、外交権などをスイスに依存するリヒテンシュタイン侯国と、同じくフランスに依存するモナコ公国を除いた八カ国が、ヨーロッパを代表する君主国といってよい。二〇二二年八月時点で、最年長のイギリスのエリザベス女王（九六歳）から最年少であるスペインのフェリーペ六世国王（五四歳）に至るまで、二人の女王、五人の国王、そして大公ひとりがそれぞれの国を治めている。

彼らはみな、先にあげた日本の天皇が備えているさまざまな政治的権限を実際に行使している。唯一の例外はスウェーデンだけであり、現在のカール一六世グスタヴ国王は一九七四～七五年に行われた憲法改正により、政治的権限をほとんど失ってしまった。しかしそれ以外の君主たちは、現在の日本の天皇にはない権力を持つ。その最たるものが、陸海空三軍の最高司令官という立場であろう。

したがって、憲法に記載されている字面だけを追えば、ヨーロッパの君主たちは首相と対立した時に、その人物を罷免し、議会を解散し、軍隊を統轄して独自の政権を打ち立ててしまうこともできないわけではない。まさに「国王によるクーデタ」である。もちろん、現代の世の中で実際にはそのようなことができるわけもなく、良識を備えた君主たちがそのような暴挙に踏み切ることもなかろう。

それでは君主制というものは、もはや時代遅れの代物なのであろうか。共和制という、国民から選ばれた大統領が国家元首となる政治体制が地球の大半を占め、王国や公国でも首相たちが実権を握る今日においては、いつ潰れてもおかしくない旧態依然たる制度なのであろうか。

まず、ヨーロッパにひしめいている君主国の実態を簡単に見てみよう。これらの国々は、絶対君主による抑圧や弾圧に苦しみ、国民の大半が貧窮に喘いでいたという、近代までに見られた多くの帝国や王国とはわけが違う。

次頁にひとつの表を掲げておいた。国民一人当たりの国内総生産（GDP）で比較してみると、一位のルクセンブルクから二五位のイギリスまで、世界の最富裕国のなかにヨーロッパの君主国の大半が収まってしまっている。これに、同じく君主制をとるカタールや日本、エリザベス女王を元首に戴くカナダやオーストラリアなどを含めると、三〇の国のなか五割にあたる一五の国々が君主国なのである。

もちろん、GDPだけで「豊かさ」が決まるわけではない。公共の福祉が国民の隅々までいかに行き渡っているかという点では、ノルウェー、スウェーデン、デンマークといった北欧の国々が、第二次世界大戦後の代表的な先駆者であるが、お気づきのとおり、これらはすべて君主国なのである。しかも、政府の後押しをして、それらの福祉政策を進めるだけではなく、さまざまな公的・私的な団体の総裁《パトロン》・会長として国民の福利厚生に関わっているのが各国の王族たちであることは、「はじめに」でもイギリスを事例として述べたとおりである。

経済的な豊かさなど王室の存在とは無縁であるというのも、早計であろう。イギリスを例に取ってみよう。エリザベス女王の次男、ヨーク公爵アンドリュー王子は、二〇〇一年一〇月からイギリスの国際通商・投資に関わる特別大使を務めており、国内で産業振興に関わる一方、世界中を飛び回ってイギリスへの投資や工場誘致、交易の活性化に尽力している。

二〇〇四年度にヨーク公が関わった公務は五八一件に及んでいるが、そのうち国内外で

順位	国名	一人当たりGDP(US$)
1	ルクセンブルク	135,046
2	アイルランド	101,509
3	ノルウェー	99,481
4	スイス	96,390
5	カタール	84,514
6	ブルネイ	79,816
7	シンガポール	79,576
8	アメリカ	76,027
9	アイスランド	74,417
10	デンマーク	68,094
11	オーストラリア	67,464
12	スウェーデン	57,978
13	オランダ	57,836
14	カナダ	57,406
15	イスラエル	54,688
16	フィンランド	53,745
17	オーストリア	53,371
18	ベルギー	52,485
19	ドイツ	51,104
20	マカオ	50,578
21	アラブ首長国連邦	50,349
22	サンマリノ	49,901
23	香港	49,850
24	ニュージーランド	49,847
25	イギリス	49,761
26	フランス	44,747
27	アンドラ	41,930
28	日本	39,243
29	クウェート	38,755
30	プエルトリコ	37,823

IMF World Economic Outlook（2022年）のデータより

の通商・投資関係の会合は実に二五〇件となっている。二〇〇五年にも、四～五月にはドイツ・日本・タイ・ロシア・アゼルバイジャン、一〇月にはスロヴァキア・ハンガリーの各国を訪問し、イギリス経済の発展のために力を注いでいるのである。

このように、通商・投資に関わる現実的な外交もさることながら、中世以来の伝統に包まれた儀礼的な「王室外交」の効用も忘れてはなるまい。高位の王族がヒースロー空港に出迎え、ヴィクトリア駅のホームに敷かれた赤絨毯の上で女王からさらに歓迎を受け、豪奢な馬車でバッキンガム宮殿までパレードを行い、その日の夜には宮殿での華麗なる晩餐会が待ち受けている。

そして、お互いの国の粋を結集した「お土産の交換」、さらには最高勲章の交換といった儀礼もそれに先立つ。晩餐会では、交換したばかりのお互いの国の最高勲章を着け合って、改めて両国の友好関係を確認し合うわけである。

さらに、イギリスに限らず、ヨーロッパの王室は、いずれも自国の文化をアピールする「文化大使」の役割も果たしている。身近な事例では、二〇〇五年に開催された愛知国際博覧会（愛・地球博）においても、四月から七月にかけて、ヨーロッパ各国のナショナル・デーには必ずその国の皇太子夫妻が来日し、出席している。その折には、日本の天皇・皇后や皇太子と改めて交流を深めてもいるのである。

そして、現実政治のなかでの君主たちの権力も侮ってはなるまい。特に君主制の下で、日々の政策を決定する内閣の長たる「首相の任命・選定」は、女王もしくは国王にとっての最大の責務といってもよかろう。憲法改正により、下院議長に任命権が移譲されたスウェーデンを除いて、ヨーロッパの七カ国ではいまも君主に首相を任命する権利が備わっている。これは時代遅れの国事行為なのだろうか。

二〇〇五年九月半ばに行われたドイツの総選挙は、史上稀に見る与野党の接戦となった。僅差で多数を得た野党側は、CDU（キリスト教民主同盟）のメルケル党首をドイツ初の女性首相に擁立しようと奮戦し、対する与党側はSPD（社会民主党）党首シュレーダー首相の続投を主張した。こうしておよそ三週間にわたって、ドイツには「事実上」首相が存在しないような状態が生じてしまった。EU（ヨーロッパ連合）の盟主とも言うべき大国ドイツに指導者不在の状態が続き、この問題はドイツ国内のみならず、EUとそれ以外の世界にも衝撃を与えた。

このとき、ドイツ連邦共和国における首相の任命権者であるケーラー大統領は、なぜすぐに動けなかったのか。実は、ケーラーは大統領に就任するにあたって、CDUの推薦を受けていたのである。彼も、歴代の大統領と同じく政党政治家の出身なのである。与野党双方の連合体で議席差がわずか四議席というのでは、どちらが勝利を収めたとも判定しがたい。しかもシュレーダー首相は敗北を認めず、続投を宣言している。

そのようなときに、CDU系の大統領がCDUの党首を首相に据えたりしたら「身内びいき」と言われ、公正中立さに欠けた決定との印象も国民に与えかねない。結局は、一〇月半ばまでにメルケルが「大連立内閣」の首相に就くことで落ち着いたものの、同様の混乱した情況は、やはり第二次世界大戦後に王政を廃止したイタリアでも頻発している。

これに対して、君主制をとるEU諸国では、ここまで深刻な政治危機には発展しなくて済むケースが多い。基本的に二大政党制をとるイギリスを除けば、残りの国はみな多党制であり、歴代の政権の多くが少数党政権か連立政権である。そのようなときに、総選挙の結果や議会での敗北を受けて、誰を首相に据えるかでもめるようなことも多いが、最終的な調整役として乗り出すのが君主なのである。

オランダでも、各党が政権の存続や新たな樹立をめぐって、激しい論戦を展開することがあるが、最終的にはハーグの王宮に各党指導者を集めて、政権に空白が生じないために、強力な主導権のもとで首相を決定するのが女王の役割となっている。同様の現象は、ベルギーやデンマークでも見られる。

またイギリスでも、二〇世紀に入ってから一九一〇年、一九二三年、一九七四年といった具合に、絶対多数を確保できない政党の乱立状態（Hung Parliament）が生じてしまうこともまま見られた。こうしたときも、政権を交代させたり、間を置かないで総選挙を実施する際に、君主がその時々の首相から相談を受けている。

イギリスにおける国制研究の第一人者ヴァーノン・ボグダナも指摘するとおり、君主たちがこのような権力を有することができるのは、彼らが政党を超越した存在だからである。大統領自身が実権を握る第五共和政下のフランスは別として、大統領が政党間の調整役として機能するドイツやイタリアでは、大統領は就任時にはいずれの政党にも属してはならない。しかし所詮は、彼らのほぼすべてが政党政治家の出身なのである。君主のように、元来が政党政治家ではなく、議会政治のなかでも公正中立な立場に立てるような存在ではないのだ。

もちろん、これから本書で見るように、心情的には特定の政党に肩入れしようとする君主も時としてイギリスに登場した。しかし現実政治の世界では、「不偏不党」の立場から政党間の調整を行い、政治的な危機を回避する際に君主が一役買っているのが現状なのである。

このように、現代ヨーロッパ政治において、君主たちは自国の政党政治の安定化のために尽力しているだけでなく、その文化・経済の発展のためにも、親族も使いながら世界中を駆け回って、さまざまな意味での「豊かさ」を国民に享受させている重要な存在なのである。第三章以下で検討するとおり、そのヨーロッパのなかで二度の世界大戦を堪え抜き、他の君主たちが滅亡・没落するなかで唯一その威信を保ち、国民を鼓舞しながら艱難辛苦《かんなんしんく》を堪え忍んだのがイギリス王室であった。

特に第二次世界大戦の時には、自国をヒトラーに蹂躙《じゅうりん》され、やむを得ず亡命生活を続けて、海外から国民のレジスタンス活動を支援していた王室も見られた。その王室のすべてが、実はロンドンに亡命し、当時のジョージ六世夫妻から手厚い保護を受けて、自国が解放されるとともに帰国し、国民から敬愛を集めていった。

その意味でも、「この世で最後まで生き残る国王は五人だけだ。トランプの四人の王様と、イギリス国王である」というエジプト国王ファルークの言葉どおり、イギリス王室こそが中世から二一世紀の現代まで、最前線で生き残り続けた唯一の王室であるといっても過言ではない。そして、そのイギリス王室、さらには歴代の女王や国王たちを支えてきた存在こそが、彼らの秘書官たちだったのである。

秘書官とは何か

では、そもそも秘書官とは何なのだろうか。英語で言うSecretaryは、日本語では「秘書官《セクレタリー》」あるいは「書記」と訳すことが多い。世界史上、彼らこそが陰の存在として、あるいは最高実力者として歴史を動かしてきたのである。

たとえば古代エジプトにおいては、宗教を司る神官たちとともに、ファラオの下で国内外の政治に深く携わっていたのが書記であった。彼らの強みが「読み書き能力」である。書記たちはファラオの命に従い、国内行政に関わる決定事項や、国外へと送られる外交文書を書き取らされていた。このため、国家の重要機密を誰よりも早く正確に知ることができたのである。

やがて、彼らはエジプト政治を支配する存在となった。政治の世界で立身出世を夢見るのであれば、書記になることが何よりの近道だった。同様の現象は、メソポタミアやインドといった他の古代文明国家にも見られる。

中国のように比較的宗教色の薄い文明では、インドやエジプトに存在したバラモンや神官に代わり、まさに官僚たちが主役を独り占めにしていった。彼らもまた、その読み書き能力を買われて官僚に登用され、国家の最高機密を握って、やがては中央・地方で権力の頂点へとのぼり詰めていった。秘書官もしくは書記にとって、そもそも読み書きができるという才能は、古代の世界では権力と隣り合わせの能力であった。

このことは、中世になってからも変わりがなかった。中世ヨーロッパといえば、キリスト教世界である。その中世に、なぜローマ教皇があれだけの権力を握ることができたのか。もちろん、キリスト教という共通の宗教のカトリック教会を司り、「破門」は国外に向かっては侵略の、国内に対しては謀反の容認を意味したので、たとえ相手が神聖ローマ皇帝であろうとも、最大の脅威を与えることができた。一〇七七年の「カノッサの屈辱」はその最も有名な事例であろう。しかし、それだけではヨーロッパ全体（ロシア、ギリシャを除く）を支配できる基盤にはなり得ない。

一三世紀ぐらいまでのヨーロッパでは、ラテン語が共通語《リングア・フランカ》であった。しかし実際にラテン語の読み書きが充分にできる人間は、王侯貴族でさえも数が限られていた。そこで各地の領主たちは、近くにいる司教や修道院長たちに依頼して、ラテン語の読み書きの達者な聖職者たちを提供してもらい、彼らは国内統治の手助けだけでなく外交文書の作成にも携わるようになった。

すなわち、聖職者たちは、ヨーロッパ各地の国内行政や外交的な動きに関する最高機密をすべて握ることになったのだ。司教の城館や修道院へと戻った彼らは直ちに機密事項を上司に伝え、それはそのままヴァチカンへと伝えられた。宗教的な謀反など起こそうにも、情報は教皇に筒抜けだった。こうしてローマ教皇庁は、中世ヨーロッパ世界を牛耳っていったのである。

やがて中世も後期に入り、王侯貴族自身がラテン語の読み書きを身につけ、「自前の」秘書官職を設置できるようになる。そのうえ自国語が行政でも重視され始め、聖職者たちの手助けなど借りなくても済むようになると、教会の権威も弱体化していく。

政治の極意とは、古代でも現代でも変わりがない。いかに素早く正確に情報をつかむか、これに尽きる。特に国家の最高機密になればなるほど、その価値は重い。二〇世紀に生まれた共産主義国家ソ連で、最高の実力者は、国家元首とされた最高会議幹部会議長でも首相でもなかった。それはソヴィエト共産党の機密を握る「書記長」もしくは「第一書記」

だったのである。

これは第二次大戦後にソ連の影響下に入った東ヨーロッパ諸国でも同様だった。さらに冷戦が終結し、二一世紀に入ってからも、中国や北朝鮮の最高実力者の肩書きは「総書記」である。古代は皇帝と側近たちとの会話、現代では国家の最高幹部たちの会議の議事録などを取ることによって、やはり最高の機密を握る者こそが最高の権力へと近づくことのできる人間となっている。

そもそも英語の Secretary という言葉は、ラテン語の secretum に起源を有する。すなわち「秘密」という言葉である。Secretary とは、「秘密（secret）を託された人」を意味する secretarius が、英語に転化した言葉なのだ。まさにシークレットとセクレタリーとは表裏一体の関係にあるわけである。

イギリスにおける秘書官の登場

それではイギリス（一七〇七年にイングランドとスコットランドが合同する前はイングランド）において、国家の要職としての「秘書官」が登場したのはいつごろのことなのか。

英仏百年戦争（一三三七～一四五三年）を引き起こしたエドワード三世の皇太孫リチャード二世（在位一三七七～一三九九年）は、父である「黒太子」エドワードの死もあって、わずか一〇歳でイングランド国王に即位した。彼が国王になった当時、自国が戦争中だったことも手伝って、議会からの監視や統制はきわめて厳格な状態にあった。やがて国王は議会が設置した調査委員会や常任評議会の統制を避けるようになり、宮廷内に新たな行政機構を立ち上げて、寵臣《ちょうしん》政治へと傾いていくこととなる。

こうして一四世紀末までには、宮廷財務室から分離した「国王秘書官室」が発達し、「国王秘書官（King's Secretary）」という役職が新たに登場することになった。国王秘書官は御璽《ぎょじ》を管理し、数名の書記官たちを率いて御璽令状の作成にあたった。これこそ、国王の最も身近な意思表示であったとされている。

最初は国王の側近にすぎなかったこの役職が、イングランド政治の中枢を占めるものへと転じていったのが一六世紀半ばのことである。自らの離婚問題でローマ教皇庁と袂を分かち、イングランド国教会の首長となったヘンリ八世（在位一五〇九〜一五四七年）の下で、この政策を推進したのが、一五三四年に「国王秘書長官（Principal Secretary of State）」に就任したトマス・クロムウェルであった。

彼は、一五二〇年代にイングランド政界で権勢を誇ったトマス・ウルジ枢機卿の下で秘書官として働き、ウルジ失脚後には、ヘンリ八世により側近として登用された。映画『わが命つきるとも』でも有名なサー・トマス・モアの失脚・死刑を決めた一連の政策も、クロムウェルが進めたものである。彼は国王秘書長官として、事実上ヘンリの宰相役を務めた。

この役職は、ウルジやモアが務めた大法官（Lord Chancellor）や、国王評議会議長（後に枢密院議長）などと比べても、格式の劣る二流の官職にすぎなかった。ところが、「国王」の名の下に、外交であろうと内政であろうと、あらゆる問題に関わることができた。ここに目をつけたのがクロムウェルだったのである。国王の怒りを受けて一五四〇年に処刑されるまでのあいだに、クロムウェルは国王の御璽を預かる立場を利用して、内政・外交の行方《ゆくえ》を決定する強力な権限を国王秘書長官職に集中させた。

クロムウェル処刑後はしばらく鳴りを潜めていた国王秘書長官ではあったが、ヘンリの娘エリザベス一世（在位一五五八〜一六〇三年）の治世になって、再び脚光を浴びるようになる。特に、エリザベスの即位当初から彼女を支えた、重臣中の重臣ともいうべきウィリアム・セシルが国王秘書長官に就任してからは、それは最も重要な官職として定着していく。セシル以後にこの役職に就いたのが、フランシス・ウォルシンガム、ロバート・セシル（ウィリアムの次男）と、いずれも政界の最高実力者として内政・外交の双方に辣腕《らつわん》を振るった人物だった。いつしかこの役職は、クロムウェル時代と同じく女王にとっての宰相役となっていった。

しかし、エリザベスが四五年に及んだその長い治世を終えて一七世紀初頭に亡くなると、イングランド政治は新しいスチュアート王朝の下で混迷を深めていく。そしてピューリタン革命（一六四二～一六四九年）と名誉革命（一六八八～一六八九年）という二度の大きな政変を経て、一八世紀初頭にドイツのハノーファーから新たに国王を迎えて、ハノーヴァー王朝が始まる。

この頃までに、国王秘書長官は「国務大臣（Secretary of State）」として、主にはプロテスタント系のドイツ諸国や北欧と対応する北部部局と、カトリック系のフランス・スペインや南欧などに対応する南部部局とをそれぞれ担当する二人体制に変わっていく。このあたりのことは、細谷雄一氏の『大英帝国の外交官』（第一章）に詳しい。まさに、セクレタリーの仕事は「国王」を補佐すると言うよりは「国家《ステイト》」を支えるという、近代的な意味での職務に変容を遂げていったのである。

他方で、ハノーヴァー王朝の開始とともに、イギリス政治に関心を持たない国王が、ジョージ一世（在位一七一四～一七二七年）とジョージ二世（在位一七二七～一七六〇年）という具合に二代続けて登場したため、政治の実権は国王と議会の間でバランスを取りながら政権を運営する内閣（議院内閣・責任内閣）へと移行した。それを決定づけたのが、一七二一年から二〇年以上にわたって二代の国王を支えたサー・ロバート・ウォルポールの登場であった。後に彼は「イギリス史上最初の首相」と呼ばれ、彼が就いていた「第一大蔵卿（First Lord of the Treasury）」が「首相（Prime Minister）」の就くべき官職として認識されるようになる。国務大臣は、もはや首相を補佐する内閣の一員となってしまった。

ロンドンのホワイトホールに建つ外務省庁舎。外務省は1782年から独立した省庁となった。

とはいえ二人の国務大臣は、内政・外交はもとより、一八世紀半ばから次第に拡大する植民地問題も担当しなければならず、その職責は重くなっていった。そして仕事量の激増により国務大臣の職務が破綻をきたし、これがアメリカ独立革命へと結びつくことになる。

アメリカの独立がほぼ確定的となった一七八二年、国務大臣はそれぞれの役職に完全に分けられ、国内問題を担当する大臣（Secretary of State for Home Affairs）と、外交問題を担当する大臣（Secretary of State for Foreign Affairs）、さらには陸軍と植民地を担当する大臣（Secretary of State for War and Colonies）とが誕生した。今日でも、イギリスでは内務大臣と外務大臣はこの名称のままであり（ただし、正確には一九六八年以来、外相は「外務ならびにコモンウェルス担当国務大臣」）、Secretary は Minister より格上の大臣を意味する言葉として使われている。

ちなみに、イギリスから独立したアメリカ合衆国でも Secretary という言葉が大臣職に使われ、国務長官は Secretary of State と呼ばれている。このように一八世紀末までには、かつてのような国王秘書官あるいは秘書長官は姿を消し、同じく「セクレタリー」という名前を用いても、大臣として国王を政治的に補佐する正式な役職となり、国王と大臣たちとの通信を主に担当するのは内務大臣の職務として定着するようになっていった。

新たなる国王秘書官の登場

近代イギリス史上、宮廷内の官職としての「君主のための秘書官（Private Secretary to the Sovereign）」を初めて採用したのは、一八世紀後半から一九世紀前半にかけての六〇年近くにわたって在位したジョージ三世（在位一七六〇～一八二〇年）である。ハノーヴァー王朝三代目の君主である彼は、曾祖父や祖父とは異なり、イギリス政治に強い関心を示した謹厳実直な国王だった。

しかしその態度は、時として柔軟に対応しなければならない問題に取り組む際に、彼の姿勢を硬直化させてしまうこともあった。その最たる事例がアメリカ独立問題である。アメリカの独立が正式に決まってから五年後の一七八八年冬に、ジョージは精神病にかかってしまう。このときは、翌年二月に恢復して職務にも復帰したが、その後も精神的には不安定な状態が続いた。しかも、彼が病気から立ち直った直後の一七八九年七月にはフランス革命が起こった。この後、ヨーロッパ全体が、フランス革命戦争およびナポレオン戦争へと巻き込まれていく。

フランスでナポレオン・ボナパルトが皇帝ナポレオン一世として即位した翌年の一八〇五年八月のこと。二二歳の若さで王位に即いたジョージ三世も、いまや六七歳に達していた。毎日勤勉に政務に励む老国王を襲ったのが眼疾《がんしつ》だった。大臣たちからの報告書に目を通し、自ら訓令を書き上げていたジョージには耐えられない病であった。

そこで、当時首相を務めていた辣腕《らつわん》宰相ウィリアム・ピット（小ピット）は、国王の次男ヨーク公爵フレデリック王子の秘書官を務めていたサー・ハーバート・テイラーを、臨時に国王の秘書官とする旨を奏上した。ヨーク公は当時、陸軍総司令官の要職にあり、特別に秘書官を用いていた。父王の急病ということで、ヨーク公もテイラーの転任を認めた。国王自身も、テイラーの秘書官としての能力に定評のあることは熟知していたため、喜んでピット首相の申し出に応じることとなった。こうしてテイラーは近代最初の「国王秘書官（Private Secretary to the King）」として、二〇〇〇ポンドの年給で転任する。

テイラーの主な仕事は、目の不自由な国王に代わって、国王と大臣たちとの書簡のやり取りを仲介することだった。すなわち、大臣たちからの手紙を国王のために代読（朗読）するとともに、国王からの返信や訓令を代筆するといった職務である。これはひとつ間違えば、権力を乱用できる大変な役職でもあった。

しかし、テイラーは国王と同じように謹厳実直であり、相手がピットであろうが、彼の宿敵のチャールズ・ジェイムズ・フォックスであろうが、公正に対応した。このため、国王秘書官としてのテイラーの存在は議会内でも与野党の双方から認められ、大臣たちからも信頼を勝ち得ることに成功した。新たなる国王秘書官という役職は、イギリス政治のなかで定着していくかに思われた。

摂政皇太子の誤算と秘書官の消滅

けれども「国王秘書官」は、わずか六年で消滅してしまう。一八一〇年一〇月に在位五〇周年を迎えたジョージ三世が、再び精神病にかかってしまったのである。今回は七二歳という高齢に加え、ナポレオン戦争のさなかでもある。しかもナポレオン帝国の拡大は、とどまるところを知らないかのように続いていた。

翌一一年の二月に摂政法が成立し、皇太子のジョージ（後の国王ジョージ四世）が「摂政皇太子（Prince Regent）」として国王の執務を代行することとなった。職務の引き継ぎが済んだその年の五月で、テイラーも国王秘書官職をお役ご免となってしまう。しかしその功績が買われて、彼はそのままシャーロット王妃付きの秘書官となり、王妃が一八一八年に亡くなるまでその職にあった。

父王とは異なり、快楽追求主義者で、政界での評判もよくなかった摂政皇太子は、その翌年の一八一二年三月に側近のジョン・マクマホン陸軍大佐を自らの「秘書官」に任じ、同時に手許金会計長官にも据えた。

ところがここで、思わぬ反発が議会内で生まれた。四月一四日の下院審議で質問に立った野党側議員のチャールズ・ウィンは、摂政皇太子に秘書官を付けることは「国制史上ありえないこと」であると、これに反対した。ウィンは、これまでのイギリスの歴史のなかでも、大臣たちこそが国王にとっての秘書役を務めてきたのであり、国王と大臣の中間に違法な存在を置くべきではないと述べた。

実際に、ジョージ三世にとっても「秘書官《セクレタリー》」とは「国務大臣《セクレタリー・オブ・ステイト》」を意味しており、一七八二年以降は、とりわけ内務大臣がその任に当たってきたはずである。ただし、国王の場合には高齢と眼疾という問題も重なり、臨時の措置として秘書官の設置が認められたのだが、「若くて壮健な摂政皇太子には、そのような存在は必要ない」とウィンは指摘した。

父親の長寿もあってか、皇太子もその年には五〇歳を迎えており、必ずしも「若い」とは言えなかったかもしれないが、しかし父王に比べれば確かに若いし、目が悪いわけでもない。野党側の議員たちは、このウィンの発言にみな賛同した。

これに対して与党側は、スペンサ・パーシヴァル首相と外相のカースルレイ子爵とが苦しい答弁を行った。摂政皇太子はまだ就任して日も浅く、戦争時の国王が果たさなければならない激務に一人で対応するのは難しいため、秘書官を付けるべきであると弁明したのである。

結局、ウィンが提出した秘書官の設置に反対する動議は、賛成一〇〇票に対して反対一七六票で否決された。しかし、議会内からの思いがけない反対にあった摂政皇太子は同年六月、秘書官の給与を国庫からではなく自らの手許金から捻出するという条件を提示し、それ以上の反対が議会からあがることもなくなった。

ところが先の国王秘書官テイラーとは異なり、マクマホンは最悪の秘書官だったのである。そもそも出自もはっきりせず、アイルランドの小地主の出身を自称するマクマホンは軍隊で出世した後に、皇太子に気に入られた人物だった。

もともと資産家ではなかった彼が、五年余にわたる秘書官職を経て一八一七年九月に亡くなったとき、九万ポンド相当の土地・財産を残したとされている。秘書官の給与は、手許金会計長官職と併せても年三〇〇〇ポンドだったにもかかわらず、である。実は彼は、摂政皇太子が多忙であるのをいいことに、爵位や勲章を授与する権限をほぼ一任されており、そこに群がる者たちからかなりの賄賂を受け取っていたのではないかと考えられている。

さらに、マクマホンの死に伴って次に秘書官に就いたサー・ベンジャミン・ブルームフィールドが、この官職の名声を一挙に傷つけてしまった。彼もまた軍人の出身で、一八〇六年から皇太子付きの侍従武官となり、皇太子に気に入られていた人物だった。しかしこれといった才能もなく、ただ権力と富を得るために摂政皇太子の秘書官となり、マクマホンと同じように、名誉を欲しがる連中からかなりの金を受け取っていたようである。

しかも悪いことに、一八二〇年一月に国王ジョージ三世が亡くなると、摂政皇太子はそのままジョージ四世（在位一八二〇～一八三〇年）として国王に即位し、ブルームフィールドもそのまま「国王秘書官」となってしまう。これ以後、ジョージ四世は大臣たちと直接会うこともなく、ブルームフィールドを通じて接触するようになった。

これに反発したのが首相のリヴァプール伯爵だった。彼は国王と大臣とのあいだに第三者が介在することには反対だった。国王にとっての「セクレタリー」とは秘書官のことではなく、大臣のことであるという強い信念を持っていた。こうした考えを持っていたのは何もリヴァプールだけではない。閣僚たちの大半がそうだった。そのようなときに、ある幸運がリヴァプールを救ってくれた。それを契機にジョージ四世が政界で孤立しただけでなく、国民の人気も急落してしまったのだ。世に言う「キャロライン王妃事件」である。

ジョージ四世には六歳年下のキャロラインという王妃がいたのだが、実は二人の関係は結婚当初から冷え切っていた。ジョージは皇太子時代の一七八五年に二三歳で「結婚」していたが、これはまったくの極秘であったばかりか、父王から無効の扱いを受けていた。相手の女性がカトリック教徒だったのである。イギリスでは一七〇一年の王位継承法以来、王族はカトリック教徒とは結婚できない。しかも一七七二年の王族婚姻法により、国王の許可なくして結婚することもできない。放蕩者の皇太子は、この二つの禁則を同時に犯したのである。

その後、国王の斡旋によって従妹のキャロラインと結婚した皇太子ではあったが、一〇年前に結婚した例の女性との関係は相変わらず続いていた。結婚の翌年（一七九六年）にはジョージとキャロラインのあいだにシャーロットという王女が生まれたが、二人はほとんど別居状態となっていた。そして、その後シャーロットが身ごもった子供とともに一八一七年に急逝すると、キャロラインはヨーロッパ大陸に一人で旅に出かけてしまう。対するジョージも、数多くの愛人たちと浮き名を流していた。

そのキャロラインが急遽《きゅうきょ》帰国を決意したのは、愛する叔父であり義父でもあったジョージ三世逝去の知らせを受けた一八二〇年一月のことであった。ところが、新国王ジョージ四世は彼女に会おうとしなかったばかりか、彼女との離婚をイングランド国教会に要請した。

しかし、教会はこれを拒絶した。仕方がない、離婚は法律的に進めさせようと、国王はリヴァプール首相に命じて、議会に王妃離婚法案を提出させる。これは議会内はもちろんのことながら、連日新聞や雑誌を賑わせることになった。その結果、世論はキャロラインに同情的となり、ジョージは非難の対象となった。結局、貴族院を通過した法案は下院で否決され、離婚は成立しなかった。

この翌年七月、キャロラインはウェストミンスタ寺院で行われる夫の戴冠式に「王妃(Queen)」として出席しようと出かけるが、寺院の扉は無情にも彼女の鼻先で閉められてしまう。国王が彼女の出席を禁じたのである。この事件は世論のキャロラインへの同情をますます強め、反対に国王は非難の的となっていった。しかしそのわずか一カ月後の一八二一年八月に、キャロラインは腹膜炎で急死してしまった。「国王による毒殺説」まで囁《ささや》かれるなか、ジョージ四世の人気は即位当初から失墜の一途をたどっていったのである。

この一九世紀の「ダイアナ事件」とも言うべき一連の出来事のおかげで、逆にリヴァプール首相の立場が強まった。「キャロライン王妃事件」は議会内にも国王に対する不信感を生み、国王が政界での立場を回復するためにはリヴァプール首相以下、大臣たちからの協力が不可欠となったのである。

ジョージ四世はキャロラインの死から五カ月後の一八二二年一月に、リヴァプール首相からの進言を受け入れて「国王秘書官職」の廃止を決定する。現実には、国王の侍医を務めていたサー・ウィリアム・ナイトンが、国王手許金会計長官として「実質上の」秘書官のような役割を果たすこともあったが、ここに国王秘書官は正式な宮廷の役職から姿を消すことになった。

老国王の登場と秘書官の復活

それから八年後の一八三〇年六月、ジョージ四世は在位わずか一〇年で崩御した。一人娘のシャーロット王女を失って以来、国王は再婚することもなく、それゆえ正式な世継ぎもいなかった。このため、王位は弟のクラレンス公爵（次弟のヨーク公は世継ぎを残さず一八二七年に他界）に譲られることとなった。ウィリアム四世（在位一八三〇～一八三七年）の即位である。父親のジョージ三世がシャーロット王妃とのあいだに一五人の子供をもうけたのとは対照的に、その息子たちは子宝に恵まれなかった。このため三男のウィリアムのところに王位が回ってきたわけであるが、彼自身も子供がいなかった。

それだけではない。まさか自分に王位が巡ってくることもないと思っていた彼は、青年時代から海軍将校として活躍し、兄ジョージ四世の治世においても海軍長官を務めるなど、軍事や海軍行政には明るかった。ところが議会政治や政党政治の状況については、無知に等しいものだったのである。しかも、兄とは三歳違いにすぎない。国王になったとき、彼はすでに六五歳になっていた。加えて高齢からくるリューマチのため、手紙を書くこともままならなかった。

こうして、肉体的・政治的に問題を抱えた老国王の即位に伴って、再び「国王秘書官」を設置する必要性が生じたのである。しかし政府としては、ジョージ四世のときのマクマホンやブルームフィールドのような秘書官に出てきてもらっては困る。即位当時に首相を務めていたウェリントン公爵は、かつて国王の兄ヨーク公爵と父ジョージ三世の秘書官を務めて政界からも信頼されていた、サー・ハーバート・テイラーを秘書官として再び呼び戻すことにした。

初めて国王秘書官に就任したときはまだ三〇歳という若さのテイラーだったが、いまや五五歳になろうとしていた。ヨーク公、ジョージ三世、シャーロット王妃という、ウィリアム四世とゆかりの深い人々の秘書官を四半世紀にわたって務めてきたテイラーである。すぐにウィリアム四世からも信頼を得ることとなった。

ところで、ウィリアム四世が国王に即位した頃のイギリス議会政治は、選挙法改正問題をめぐって混沌とした情況に直面していた。小ピットが政権について（一七八三年）以来、実に半世紀近くにわたって与党の地位を占めてきたトーリ（Tory）も、ここへきて分裂状態となってしまっていた。

トーリは、左派の旧カニング派と右派のウルトラ・トーリがそれぞれ離脱してしまい、彼らは野党ホイッグと提携するようになっていた。そして国王即位からわずか五カ月後の一八三〇年一一月一五日、議会採決に敗れたウェリントン首相は内閣の総辞職を余儀なくされ、ここにホイッグの最長老、グレイ伯爵を首班とする三党派の連立政権が樹立される運びとなった。しかし国王にとって、グレイの首相就任は有り難いことだった。二人は四〇年来の友人関係にあったのである。この後、国王はグレイに頻繁に相談しながら議会政治に対応していく。

とはいえ、グレイ政権が進めようとしていた第一課題は、下層中産階級にまで選挙権を拡大し、有権者の少ない選挙区を廃止していくという議会改革だった。保守的な国王は、当初はあまり乗り気になれなかったが、グレイの説得もあって、翌三一年初頭までには改革に同意することになる。

しかし議会内には、自分たちの利権が侵されると怯える野党トーリからの激しい反発が見られた。政府側が提出した選挙法改正案は、貴族院でたびたび否決の憂き目にあった。ついに一八三二年五月に、グレイは貴族院で法案を通すため、改革賛成派の人物を大量に貴族に叙してほしいと国王に要請した。叙爵の権利は国王大権（Royal Prerogative）の一部であったが、貴族のインフレを起こしてしまっては貴族の価値も減少してしまう。何よりもそれは、政府の裁量が国王の大権を上回り、国王の権威を傷つけることにもつながるだろう。
最終的には国王がウェリントンとも相談し、法案に反対するトーリ議員を貴族院審議に出さないよう欠席を促すかたちで、法案は無事に議会を通過したのである。このような、ホイッグ対トーリ、下院対貴族院という衝突が起きたときに、老国王ウィリアム四世は双方の指導者であるグレイおよびウェリントンと慎重に話し合いながら、事態が深刻な政治危機へと発展しないように巧みに対応した。

その際に、与野党の指導者に対する国王からの書簡を代筆し、彼らからの書簡を代読しながら、時には国王の手となり足となって、選挙法改正論争に関わったのが、国王秘書官テイラーであった。後にグレイは、このときテイラーが「実に公正無私なかたちで」、与野党間の調整に立ってくれたと賞賛している。

このように、ジョージ四世時代とは対照的に、私利私欲にかられて政治家たちから賄賂を巻き上げるような秘書官は姿を消し、政治的な危機にあたっては国王を補佐して、政治的に公正中立な立場から調整にあたるような秘書官が新たに登場するようになったのである。

テイラー自身も一八三五年の二月に、時の保守党（トーリが一八三四年一二月から改名）の首相サー・ロバート・ピールに次のように語っている。「国王にお仕えする際に最も重要なことは、この国の最も高位で責任ある立場に立つ人々に対して、私自身が偏見を持ってはいけないということである」。テイラーは、国王から信頼を得ていたばかりではなく、グレイやウェリントン、ピールといった各党の指導者層からも信用を得て、「国王秘書官」という役職をイギリス政治に不可欠のものとした。

ところがそれは、つかの間の出来事で終わってしまった。一八三四年七月にグレイ首相が引退すると、後任にはホイッグのメルバーン子爵が納まった。メルバーンはその温厚な性格も手伝って、国王と悪い関係にはなかった。しかし、国王とは四〇年来の親友でもあったグレイほどの信頼まで得ていたわけではなかった。政権発足からわずか四カ月後、貴族院議員のメルバーンに代わって下院で首相の代行役を果たす「下院指導者」の人事問題をめぐって、国王と首相が対立してしまう。

そして一一月一四日に、国王はついにメルバーンを更迭してしまった。政権は保守党側に移り、ピールが首相となった。これは議会審議や総選挙の結果ではなく、国王自身の判断で「首相の首を切った」、近代政治史上で最後の事件となった。

この後、三四年の暮れに議会を解散し、総選挙に踏み切ったピール政権ではあったが、過半数の獲得に失敗した。翌三五年二月から始まった議会では、ホイッグ・急進派・オコンネル派という野党三党派が政府を激しく攻撃し、四月にはピール政権も総辞職に追い込まれていく。その結果、「長老政治家」グレイ伯爵の斡旋でメルバーンが首相に復帰することとなった。

しかしメルバーンは、テイラーのことを信用しなくなっていた。そもそも前年の一一月に下院指導者の人事をめぐって国王とのあいだに確執が生じたときにも、テイラーは終始国王の味方をして、メルバーン更迭という暴挙を止めようとはしなかった。テイラーとしても、国王とは気心が知れているグレイが相手であれば、両者のあいだで仲裁役を務めることも比較的容易ではあったが、メルバーンは国王からそこまでの信頼を寄せられてはいなかった。

そうなると、両者のあいだで対立がエスカレートしてくると、テイラーはどうしても国王に肩入れしてしまう。一八三五年四月のメルバーンへの大命降下にしても、国王の当初の意思とは異なっていた。ピールから辞表を預かった国王は、まずグレイを招請して、彼に首相への就任を要請していたのである。いまだわだかまりが解けていなかったメルバーンが真っ先に呼ばれるようなことはなかった。結局、グレイが高齢を理由に就任を辞退し、彼の推挙でメルバーンにお鉢が回ってきたのだ。

こうした経緯から考えても、メルバーンはいつまた国王と対立して、首相の座から追われるかも知れないと、戦々恐々としながら政権を維持していかなければならなかった。しかも、国王と直接話し合う機会はますます少なくなり、国王秘書官のテイラーが両者のあいだに介在するようになっていった。

メルバーン首相は、相変わらず、いざというときに国王に肩入れするテイラーを相手に、次第に秘書官という官職をイギリス政治から排除したいと考えるようになっていく。すなわち、国王と大臣とのあいだに第三者が介在するのは、国制（憲法）に違反する行為であると反発するようになっていたのである。老国王が崩御し、次に新しい国王が登場するときまでには、国王秘書官など廃止してしまおうという方へメルバーン首相の心は固まっていた。

第一章

女王秘書官職の確立と定着

ヴィクトリア女王秘書官を務めたチャールズ・グレイ。近代イギリスで初めての正式な「秘書官」。(The Royal Collection © 2022 Her Majesty Queen Elizabeth II)

女王の即位と秘書官の消滅

一八三七年六月二〇日。七二歳の老国王ウィリアム四世が亡くなった。世継ぎのいない国王の後には、次弟のケント公爵エドワード王子（一八二〇年に他界）の一人娘が女王として即位した。この後、二〇世紀初頭までの六四年近くにわたりこの国を統治し、大英帝国の最盛期を築き上げた、ヴィクトリア女王（在位一八三七〜一九〇一年）の登場である。

当時まだ一八歳という若年の女王は、伯父の老国王とは違うかたちで、イギリス政治における相談役を必要としていた。しかし、女王はその伯父とは異なって、秘書官を設けるようなことはしなかった。彼女が真っ先に頼った相手とは、首相のメルバーン子爵だったのである。

メルバーンは女王とは性格的にも合い、温厚で紳士的な人柄も幸いして、これ以後のイギリス政界において女王の寵臣となっていく。それと同時に、これまでのウィリアム四世時代に、国王と大臣とのあいだに介在する第三者ということで、メルバーン自身が最も嫌悪していた「君主の秘書官」という役職を廃し、自らが秘書官役を兼任するかたちで、首相として女王を支えていったのである。

こうして、ジョージ三世時代に登場し、ジョージ四世時代には一時的に姿を消したものの、ウィリアム四世が即位した一八三〇年代からイギリス政治に再登場して、徐々に定着しつつあった「君主の秘書官」は、ここに廃止されてしまった。

これ以後は、女王の宮廷はさながらメルバーンの独擅場《どくせんじょう》となった。他方でイギリスの政治は、次第にその勢力を固めつつあった右派の保守党と、種々の改革を進めようとしない政府に愛想を尽かすようになっていた左派の急進派＝オコンネル派とのあいだにはさまれて、メルバーンのホイッグ政権が徐々に弱体化していたさなかでもあった。そのようなときに、「寝室女官事件」は起こったのである。

一八三九年五月に、植民地行政関連の法案で議会の信頼を失ったと感じたメルバーン首相が、女王に辞任を申し出た。何とか慰留しようとした女王ではあったが、メルバーンの意志は固かった。早速、保守党党首のサー・ロバート・ピールが招請されるが、女王が「今後とも政治の諸事全般にわたって、メルバーン卿に相談したい」などという国制（憲法）に違反するような要求を出すや、ピールと女王との関係は一気に険悪化してしまう。

そして両者の確執は、寝室女官の人事問題で頂点に達した。政権交代に伴い、宮廷内の人事も一新するのが慣例であるにもかかわらず、即位当初から身の回りの世話をしてきたホイッグ系の女官（彼女らの夫や兄がホイッグ政権の閣僚だった）をそのまま留めたいとする女王と、慣例どおり保守党系の女官に換えたいピールの見解とは、平行線をたどるだけであった。結局、ピールは政権の樹立を辞退し、メルバーンが首相に復帰した。

この事件は、女王自身がこれより六〇年後に、当時の女王秘書官ビッグ（第三章の主役）にも洩らしているとおり、明らかに国制に違反した行為であった。しかし裏を返せば、まだ二〇歳になったばかりの一八三九年当時の女王が、いかにメルバーンやホイッグ政権の側を信頼していたかを明確に示した事件であったともいえよう。このように、ヴィクトリア女王は時として議会内の特定の党派に肩入れし、憲政の常道を踏み外してしまうことが、この後たびたび生じるのである。

秘書官を押しつけられた王配殿下

そのような女王に転機が訪れたのが結婚だった。「寝室女官事件」の翌年、一八四〇年二月に女王は従弟（母の兄の息子）にあたるザクセン・コーブルク・ゴータ公爵家のアルバート王子と結婚した。やがて、感情にとらわれずに冷静に政治的な判断を下せるアルバート公が、ヴィクトリア女王の相談役として浮上するようになり、その結果、諸党派のあいだで公正中立的な立場から調整を行うという、立憲君主制の本来のあり方に徐々に近づいていくことになる。しかし、結婚当初のアルバートには、まだその役割は果たせなかった。

アルバート自身が結婚する直前にヴィクトリアに伝えているとおり、「人々も、言葉も、習慣も、生活様式も、[国家における]立場も、まったく違うところに行かなければならない」ことは、彼にとっても不安であった。そこで、メルバーン首相は、この王配殿下に秘書官(Private Secretary)を付けて、イギリスの政治文化に慣れさせていってはどうかと女王に進言した。敬愛するメルバーン卿の提言を女王が退けるはずはなかった。ここでメルバーンがアルバートの秘書官にと推した人物がジョージ・アンソンだった。

アンソンは、当時二八歳とまだ若く、二一歳のアルバート公にも年齢が近かった。人柄も温厚で、若いが博識であり、アルバート公ともすぐにうち解けられるだろうし、秘書官として申し分のない人材に思われた。何しろ彼は一八三六年以来、すでに四年間も秘書官職についており、この職務について経験を積んでいたのだから。

ところが、彼が秘書官として仕えていた相手というのが、ほかならぬメルバーン首相本人だったのである。アンソンは、ホイッグの政治家で当時メルバーン政権の郵政長官を務めていたリッチフィールド伯爵の甥にあたり、その関係から首相秘書官に就いていたのである。メルバーンの意図ははっきりしていた。アルバート公と結婚してからも、女王さらには宮廷に対する自らの影響力を保持しようとしたのだ。実際にこの後、メルバーンはしばしばアンソンを介して宮廷内の情報をつかんでいくとともに、自らの見解をアルバート公に受け入れさせようと試みた。

イギリスでの生活に一抹の不安を感じていたアルバートにとって、秘書官を得られるのは願ってもないことであったが、このメルバーンからの「押しつけ」に対しては、日頃は文句ひとつ言わない彼ではあったが、我慢の限界を超えてきた。これでは、せっかくイギリスの宮廷に入っても、自分の意思が尊重されず、すべてにわたって「押しつけ」られてしまう。アルバートはヴィクトリアに不満を告げたものの、女王は愛する夫と信頼する忠臣とのあいだにはさまれて事態を静観するしかなかった。

結局、アルバートはアンソンを素直に受け入れた。しかしこれが、結果的には〝吉〟と出た。二人は性格的にも合い、アルバートはこの少し年上の秘書官からイギリスの政治や宮廷に関わる多くのことを学んだ。アンソンはホイッグ系の出自にもかかわらず、決して党利党略に左右されることもなく、この翌年の一八四一年八月にメルバーン政権が総辞職に追い込まれてピールの保守党政権が誕生した後も、中立性を保って政府とアルバート公とのあいだを取り結んでいった。

八年後にアンソンが若くして急死したとき、アルバートは嘆き悲しみ、次のような言葉を残している。「彼は私にとって唯一の親友だった。私がここ［イギリス］にきて以来、我々はすべてにおいて常に行動を共にした。彼は私にとって、ほとんど兄のような存在だった」。

このようなアンソンの助けを借りながら、アルバート公はイギリス政治の仕組みはもちろん、公正中立な立場から諸党派の指導者たちと接していくという、立憲君主になくてはならない資質を学んでいくことになったのである。「寝室女官事件」からわずか二年ほどしか経っていなかったにもかかわらず、ヴィクトリア女王がピールに政権を託すことができたのは、政治家としてのピールの力量を高く評価していたアルバート公が、女王に助言を与えたことも大きく響いていた。

ピール政権成立の翌年、一八四二年にメルバーンが脳卒中で倒れ、政治の第一線から事実上退くと、宮廷内で女王に最も大きな影響を及ぼすことができるのは、この王配殿下となったのである。

自ら選んだ秘書官

アルバート公から絶大な信頼を寄せられるようになっていたアンソンは、一八四六年の暮れに、女王手許金会計長官（Keeper of the Privy Purse）へ格上げされることになった。このため、アルバート公は新たに秘書官を探さなければならなくなる。今回は、誰かの「押しつけ」ではなく、自分の意思で決められるのだ。

とはいえ、政府とのあいだできちんと相談をしなければ、あの摂政皇太子ジョージのときのように、いつまた解任されるかわからない。そこで、アルバートは早速、ホイッグ政権の首相を務めるジョン・ラッセル卿と会うことにした。ラッセルは、この年の六月に穀物法の廃止をめぐって保守党内に亀裂が生じ、ピール政権が倒壊して以来、政権を率いていた。

すぐにラッセル首相と会見した女王夫妻は、アルバート公の秘書官に適任と思われる人物を探し出した。陸軍中佐のチャールズ・フィップスである。彼はこの年、ちょうど女王付きの侍従武官（Equerry）に任命されたばかりだった。女王夫妻とラッセル首相が彼に注目したのは、その出自と経歴である。

フィップスは、外相・海相などを歴任した政界の大物マルグレイヴ伯爵の次男であり、実兄のノーマンビ侯爵もホイッグの大物で、当時はパリ駐在大使を務めていた。摂政皇太子の秘書官を務めたマクマホンやブルームフィールドとは違って、名門の家柄だったのである。さらに彼らと異なっていたのが、すでに秘書官として経験を積んでいたことだった。

フィップスは、父マルグレイヴ伯爵が海軍大臣だったとき、さらには兄ノーマンビ侯爵がジャマイカ総督、アイルランド総督、内務大臣を歴任したとき、その秘書官を務めていた。ウィリアム四世のときのテイラーと同じく、やはり秘書官としての経験はあるほうが望ましい。こうして、兄のノーマンビ大使にも相談を入れた後、女王夫妻とラッセル首相の要請もあって、フィップスがアルバート公付きの秘書官に転任することが決まった。アルバート公は、この一八歳も年上のベテランの秘書官とすぐにうち解け、彼を手足としてイギリス政治に深く関わっていく。

他方で、手許金会計長官に回されたアンソンは、新しい秘書官の登用に軽い嫉妬を覚えたようだが、フィップスの公正な人柄についてはよく知っており、この人事には賛成であった。アルバートもアンソンに気を遣って、しばらくは二人の側近の職掌を分けておくことにした。フィップスはアルバートの日常の書簡を管轄するとともに、陸軍総司令部(Horse Guards)、アルバート公が名誉連隊長を務める連隊、さらに彼が団長を務めるバース勲章(Order of the Bath)関連の連絡役となることが決められた。陸軍出身のフィップスはこういうときに便利であった。

さらなる秘書官の任命

ところが、それからわずか三年で、アルバートは再び新たなる秘書官を選ばなければならなくなった。王配殿下としてイギリスに来て以来、つねに彼を支えてくれたアンソンが一八四九年一〇月、まだ三七歳という若さで亡くなってしまったのである。

アルバートの悲しみと失意は大きかったが、新たに女王手許金会計長官を選ばなければならない。アンソンの後任には、この三年にわたってつねにアルバート(さらにはヴィクトリア女王)を支えてくれたフィップス秘書官が就任し、改めてアルバート自身の秘書官を探すことになった。

そこで浮上したのが、フィップスと同じく、やはり女王付きの侍従武官を務めていたチャールズ・グレイ陸軍大佐だった。彼は、一八三七年に女王が即位して以来の侍従武官であった。しかも、アルバート公ともゆかりが深かった。一八四〇年初頭に、アルバートがヴィクトリアと結婚する直前、イギリス最高位のガーター勲章（Order of the Garter）を彼に届けに、コーブルクに使者として遣わされたのがグレイだったのだ。

さらにグレイの出自も、フィップスに負けず劣らずの名門だった。父は選挙法改正を進めた大政治家の第二代グレイ伯爵、そして兄はラッセル政権で陸軍大臣（植民地大臣も兼任）を務める第三代グレイ伯爵である。加えて、グレイには四年ほどの下院議員の経験があり、選挙法改正を進めていたころの父グレイ首相の秘書官も務めていた。

アルバート公は早速、フィップスの時と同様に、グレイを秘書官として登用したい旨をラッセル首相に伝えた。自身の政権の陸相の弟が王配殿下の秘書官となることに、ラッセルに異存があろうはずもなかった。そして当のグレイも、日頃から宮廷で接しているアルバート公の秘書官になれることに大喜びだった。一〇月二二日の女王の日誌にも、次のように記されている。「アルバートは、グレイ大佐から秘書官職を喜んでお受けしたいとの大変に素晴らしい手紙を受け取った。彼も大変に喜んでいるようだ」。

こうして四五歳のグレイ大佐は、晴れてアルバート公付きの秘書官に任じられたのである。ただし、女王手許金会計長官に転任したフィップスは、この後もアルバート公にとって実質上の「秘書官」役を続けていくので、一八四九年以降は事実上の二人体制で、この王配殿下を支えていくこととなる。

読者のなかには、これまでの秘書官たちに共通点があることにお気づきの方もおられるだろう。テイラー、マクマホン、ブルームフィールド、フィップス、グレイと、いずれも陸軍の軍人出身なのである。なぜであろうか。まず秘書官は、同時にボディーガードにもならなければならない。国家にとって最も大切な要人たる女王や皇太子、王配殿下を暴漢や暗殺者から守るという役目を担うには、軍人であることが望ましい。

次に、フィップスがアルバート公の秘書官に就任した直後に、陸軍関係の連絡に関わったことを思い出してほしい。国王や女王、さらには王配殿下は陸海軍の最高司令官や、それに準ずる軍事的な役職に就くものである。数多くの名誉連隊長や名誉艦長にも就いている。そうした職務に関わる連絡を行う際に、軍事的な知識があったほうが望ましい。

そしてもうひとつ、これから本書で見ていくとおり、彼らは国家の最重要機密に関わる存在なのである。女王・国王と大臣たちとの連絡を手助けし、政党指導者間に対立が生じれば、ときには君主がそれを調整する際の手助けをしなければならない。しかし、そうした機密をむやみに口外されては困る。そのようなときに役立つのが、将校として任官されるときに「守秘義務」を誓う軍人であろう。

もちろん、秘書官としての当人の自覚や人格によっても大きく左右されるであろうが、本書でこれから取り上げていく秘書官たちはいずれも、回顧録や手記を公開して王族や政府のスキャンダルを暴露するようなことは、いっさいしていないのである。ほんの数年間、王族たちに仕えただけで、マスコミに情報を流したり、スキャンダルまがいの暴露本を書いて荒稼ぎするような昨今の風潮とは、まったく異なっているのだ。彼らこそが、まさに身体を張って政治的抗争や世間の好奇の目から歴代の君主たちを守ってきた、最も重要な存在となったのである。

政党政治の混迷と秘書官の役割

フィップスやグレイがアルバート公の秘書官に任じられた一八四六年以降のイギリス政党政治は、保守党・ホイッグの双方が分裂したことにより、ちょうど混迷期に突入した頃でもあった。たとえば、ある首相が議会での採決に敗れて辞意を表明したにもかかわらず、いずれの政党も絶対多数を確保していなかったり、種々の問題で連立政権が樹立できず、一週間以上も後継首班を決められないといった状況も見られた。

後に保守・自由（二〇世紀半ば以降は保守・労働）の二大政党制が確立され、政権交代が比較的容易に進んだ時代とは違っていた。そうした際には、首相の選定に窮した女王夫妻が政界の第一線から退いた「長老政治家」に相談をして、次の首相を選ぶといった現象も見られた。まさに明治・大正期の日本の元老のような存在である。

彼らがそのような役割を担えたのは、もはや現役の政党指導者ではなく、「公正中立な立場」から判断を下せると自他共に認められていたからにほかならない。何度も繰り返すようだが、これこそが立憲君主制下の政党政治において、裁定者としての君主にとっても必要な資質なのである。しかし一八五〇年代末に近くなると、そうした「長老政治家」たちも徐々に姿を消し、君主たるヴィクトリア女王自身が政党間で種々の裁定にあたらなければならなくなった。そのようなときに彼女を補佐したのが夫のアルバート公であり、彼の手足となって動いたのが秘書官たちであった。

一八五八年五月に、保守党の第二次ダービ政権はインド問題で窮地に陥った。折からのインド大反乱（シパーヒーの反乱）で、本国からインド総督府に送られた極秘文書の内容がどういうわけか外部に流れてしまい、強圧策をとるように指示したことが露顕してしまったのである。下院では政府に対する不信任動議が出される勢いとなった。

そこでダービ首相は女王と会見し、議会の解散をちらつかせて議会内の動きを抑制したいので、女王から解散のお許しを得たと発言する許可がほしいと申し出た。しかし女王は、本当に解散・総選挙を行うのであれば別だが、ただ「脅し」に使うだけだとしたら許しを出すわけにはいかないと、これに反対する。今度は、女王と首相のあいだで意見が分かれてしまったのだ。

そこでアルバート公は、ある人物から意見を聴こうと、フィップスを密かに遣わすことにした。元首相で七四歳のアバディーン伯爵である。「長老政治家」たちが死去・隠遁した後となっては、いまだ現役の政治家ながらも「準長老政治家」的な位置にあったアバディーンの見解には重みがあった。また伯爵は、アルバート公とは二〇年近くにわたって交友を続けてきた信頼すべき人物でもあった。フィップスによれば、アバディーンも女王と同意見であり、「脅し」のためだけに、さも女王から解散のお許しを得たかのように振舞うのは国制に違反すると考えていた。

結局このときは、議会内の動きも沈静化され、これ以上の大きな政変にまでは発展しなかった。しかしこの一件からもわかるとおり、「長老政治家」が姿を消した後のイギリス政治では、女王とそれを補佐するアルバート公とが政党間の抗争を調整する重要な立場に立たされていた。それに伴い、女王夫妻と政党指導者（あるいは各党の長老たち）との中継ぎ役を演じるようになったのが秘書官たちであった。これは、二〇世紀後半を経て今日まで続く慣習のさきがけとなった。

アルバートの死と秘書官の処遇

ところが、イギリス政党政治が混迷期にあって、政党間の調停者としての君主の存在がますます重要になった矢先に、大変な事件が起こってしまった。一八六一年一二月一四日にアルバート公が急死してしまったのである。体調が悪化していたなかで、腸チフスを患っての呆気ない最期であった。しかもその原因のひとつを作ったのが、大学で問題を起こした皇太子アルバート・エドワード（愛称バーティ：後の国王エドワード七世）だったから、女王にとっては二重の衝撃であった。

これ以後、女王とバーティとの関係は悪化するとともに、女王自身はほとんど隠遁生活に入り、ロンドンでの政治・社交生活からいっさい身を引いてしまう。王室にとっても危機的な時代の始まりとなった。他方で、アルバートの死で「失業」してしまったグレイの処遇をめぐっては、この後、女王と政府とのあいだで激しい確執が生じることになった。

女王は、これまで夫と彼女自身とを支えてくれたフィップスとグレイの双方を、改めて「女王秘書官（Private Secretary to the Queen）」として採用したいと考えていた。グレイもこの申し出にいたく感激した。ところが、ここで待ったがかかってしまう。この二年前の一八五九年六月から自由党（ホイッグが同年に他党派と結成）最初の政権を率いていたパーマストン首相が、これに反対したのである。

パーマストンは一八三〇年にグレイ政権で外相に就いて以来、イギリス外交を長年にわたってリードしてきた実力者であった。彼はフィップスとグレイの両人が、今後とも女王の身の回りのお世話をするのにはまったく異存がなかったが、「秘書官」として登用されることには強い難色を示したのである。パーマストン自身が女王に送った手紙によれば、こうだった。

［両人を秘書官に任ずるという］公式な採用はしばらく待ったほうがよろしいでしょう。君主への秘書官の登用は、この国では常に大変な注目を集めてきましたし、多くの嫉妬を生みだし、また議会内にも不調和を生みだす原因となってきました。

初めは閣外大臣であったとはいえ、パーマストンは一八〇九年以来、実に半世紀以上にわたるその政治生活の大半の時期を閣僚としてこの国を支えてきたのである。序章でも紹介したが、一八一二年四月に、摂政皇太子の秘書官としてマクマホンを登用することに反対する動議が下院で提出されたとき、彼は与党側で陸軍事務長官としてこれを見聞していた。そして、君主が肉体的にも精神的にも正常なときに秘書官を付けることに、大変な反発があがったことに驚かされたのである。

その後、一八三〇年にウィリアム四世がテイラーを秘書官として採用してからは、特にメルバーンが首相に任じられて以来、政府内にも国王秘書官の存在に対する反発は消えていなかった。そのメルバーン政権に外相として入閣していたばかりか、首相の義弟（妻がメルバーンの実妹）でもあったのがパーマストンだった。

三〇年来の政治的盟友にして義兄のメルバーンから、国王秘書官という役職がイギリス政治に不必要であるとの批判を、パーマストンはいやというほど聞かされてきた。こうしたことが重なって、パーマストン首相は一八六一年一二月の時点で、ヴィクトリア女王に新たに秘書官職を置くということに慎重になっていたのである。

パーマストンとグレイの衝突

アルバート公が亡くなった四日後、一二月一八日にパーマストン首相から上記の書簡を受け取った女王は、早速グレイにその内容を伝えた。さらに首相の提案として、フィップスはこれまでどおり女王手許金会計長官に留まると同時に、グレイは「宮廷付き侍従武官(Resident Equerry)」として、この後も女王の側にお仕えできるとも伝えられた。

しかしグレイには納得がいかなかった。すぐに彼は枢密院議長のグランヴィル伯爵に書簡を送り、自身の見解を詳細に書き記した。これまでどおり陛下にお仕えできるのはこの上なく嬉しいことだが、「その職務の名称は「フィップスとともに」共同秘書官(Joint Private Secretaries)にすべきである」。「陛下は現在、誰かしらの補佐を受けて執務に当たられる必要に迫られているのであり、実際そうなのだ。世間はそのような職務にあたる存在が、現実にいるということを知るべきなのである」。

グレイの気持ちもわからないでもない。同じく秘書官という役職なのに、王配殿下なら問題はなく、女王だとなぜいけないのか。しかも、アルバートの死によって心身共に疲弊している女王の手紙を代読・代筆する必要性が、現に出てきているのである。まさにかつてテイラーが、ジョージ三世やウィリアム四世に対して果たした責務と同じではないか。それなのに「宮廷付き侍従武官」というのでは、納得がいかなかったのであろう。

この後、グレイ（およびその背後にいる女王）とパーマストン首相の見解とは平行線をたどるばかりとなった。この両者のあいだで仲介役となったのが、もうひとりの「秘書官」フィップスとパーマストン政権の内務大臣サー・ジョージ・グレイであった。彼は「秘書官」グレイの従兄にあたった（父親が第二代グレイ伯の実弟）。

実を言えば、「女王秘書官」という名前にこだわっていたのはグレイだけだった。フィップスのほうは、これまでどおり女王に仕えられるのであれば、名前などどうでもよいと考えていたのだ。ただしそれは、すでに女王手許金会計長官という、高位の宮廷官職を手にしていた余裕からとも考えられよう。

しかし、フィップスはパーマストンに対して、グレイをかばうような手紙を書き送っている。「女王秘書官」という名前が得られるのであれば、それはフィップスにとっても名誉である。グレイとフィップスには何も他意などない。「我々はただ女王をお助けし、お仕えできれば有り難いと思っている。ただし、女王はこれから政務を執り行うにあたり、

パーマストン子爵。19 世紀半ばに外相・首相を歴任した。「女王秘書官」の役職名には最後まで反対し続けた。

補佐官を必要とされていることは痛切に感じておられるようだ」。

パーマストンにも他意などなかった。グレイとフィップスが女王夫妻から絶大な信頼を寄せられていたのは明白だし、これからも女王を助けてもらいたいという気持ちには変わりがなかった。問題なのは「女王秘書官」という名称だった。フィップスへの返信のなかで、この七七歳の老首相は半世紀前の議会審議の有様を振り返りながら、次のように述べている。

君主の秘書官などという官職は、この国では大変なねたみを生みだす原因にすぎない。すなわち、そのような役職など、君主にとっての無責任な助言者として、国制（憲法）に違反する存在であるとの非難が湧き起こってくるだろう。それゆえ私は、グレイには新たな役職名は与えずに、侍従武官として陛下に仕えてもらいたいのだ。

さらにパーマストンは、グレイ内相を通じて、従弟のグレイ自身にも伝えさせている。「ジョージ四世がマクマホンを秘書官に任じたとき、パーシヴァル首相が議会で彼の擁護に立った。しかし実は、パーシヴァルはその直後に、摂政皇太子に次のように言っている。もしそのような人事について、皇太子から事前に相談を受けていたら、これに反対していただろうと」。パーシヴァルの下で陸軍事務長官を務めたパーマストンの言葉には重みがあった。さらに政府貴族院指導者のラッセル伯爵（一八六一年に受爵）も、首相の方針には全面的に賛成であった。

結局、折れたのはグレイのほうだった。彼は女王付きの侍従武官ということで了解した。しかし、その本心を知ってもらおうと、覚書を作成して女王に奉呈することだけは許しを得た。グレイのせめてもの抵抗だった。

現在の女王には、その書簡類を扱う、信頼のおける役職が必要であることは周知の事実である。それこそ秘書官の責務であり、女王に対して誰がそのような職務を務めようとも、女王陛下の秘書官（Her Majesty's Private Secretary）として名実ともに認められるようにすべきなのである。

女王自身にこれ以上の災厄が降りかからないためにも、グレイは今回は身を引いた。しかしこの後、彼を待ち受けていた職務とは、まさに彼が予見したとおり、「女王秘書官」のそれにほかならなかったのである。

フィップスの死と新たなる挑戦

アルバート公が亡くなって一カ月も経たない一八六二年一月一〇日、傷心の癒えないヴィクトリア女王は、パーマストン首相に書簡を送った。ところがそれは、「あまりにも弱り、疲れ切っているので、グレイ将軍の筆を借りて書いた」ものであった。

すなわち、グレイは早くも女王の手紙を代筆する役目を仰せつかったのである。その日の女王の日誌によると、「グレイ将軍は、パーマストン卿宛の書簡を私の名前で書くことに、少々神経質になっていた。しかし叔父さま［傷心の女王を慰めにきていたベルギー国王のレオポルド一世］と私が、書くように勧めた」ようである。

先にパーマストン政府と論争をしたときに、女王の書簡類を扱う「秘書官」の必要性を声高に唱えていたグレイではあったが、いざ「女王の名の下に」書簡を書くとなると、さすがにためらいが生じたのかもしれない。しかも受取人は首相なのである。

この書簡を受け取ったパーマストンは、女王が書簡を書く際に「補佐役をおつけになったことを喜ばしく思います」と返信を寄せてきた。首相はグレイが女王の書簡を代筆することに何の反発も示さなかったどころか、君主＝大臣間の交信が途絶えなくなって有り難いと感じていたのである。パーマストンが懸念していたのは「秘書官」という名前だけであったのだ。

この後も、グレイは女王のために手紙を代筆したり、場合によっては、大臣たちからの書簡を代読していく。こうしていつしか三年の月日が流れていった。一八六五年一〇月、パーマストン首相は在任中に八〇歳で亡くなった。あまり容態が思わしくないとの情報がパーマストンの家族から、スコットランドに滞在中の女王の側に仕えるグレイのもとにも伝えられており、グレイはすぐさま、閣内第二位とされているラッセル外相とコンタクトをとっていた。

こういう時には、閣内に内相のグレイやインド相のサー・チャールズ・ウッド（グレイの妹メアリの夫）といった親族を多数抱えているグレイの血脈がものをいう。彼らから正確な情報を集めてみると、パーマストンに「もしも」のことがあった場合には、次期首相にはラッセルが就くことがほぼ確実だったのである。

ついにパーマストンが亡くなり、グレイは早速にバルモラル城（スコットランドでの女王の居城）からウィンザー城へと移る支度に大急ぎで取りかかるとともに、ウェストミンスタ寺院で執り行われる予定の葬儀には、皇太子を参列させる手はずも整えさせていく。そして一〇月末には、ウィンザーでラッセルが女王に謁見し、正式に首相の大命を降下された。アルバートが亡くなってから初めての政権交代は、グレイのこうした尽力もあって、滞りなく終えることができたのだった。

それから四カ月後の一八六六年二月二四日、女王手許金会計長官サー・チャールズ・フィップスが亡くなった。享年六五。アルバート公が初めて自分で選んだ秘書官だった。フィップスの死に伴い、後任の会計長官が必要となった。これまでの慣例からも、グレイが就くことが適当であろう。そう判断した女王は早速、グレイに打診した。ところが、彼からの返事は意外なものであった。

私は会計長官の職務にはうといですし、何よりもその職に就くことで陛下の秘書官としての職務が疎かになってしまうのが問題です。むしろ秘書官という名前をお与えいただき、これまでどおりの職務を遂行させていただければと存じます。陛下がこれをお許しいただければ、政府からも反対の声などあがらないことでございましょう。ただ唯一、反対があがるとすれば、秘書官という名称に関してでしょう。しかし私につきましては、是非とも秘書官という立場を認めていただきたいのです（傍点部は、原文では下線で強調されている。以下、本書ではすべて同様である）。

女王は、はっとさせられた。思えばこの四年間、グレイは事実上「女王秘書官」の職務を忠実にこなしてきている。ところが正式な役職名は、女王付きの「侍従武官」にすぎない。「秘書官」という名称にあくまでも反対したパーマストンは、もうこの世にはいない。すぐさま女王は、ラッセル首相に書簡を送った。

グレイ将軍の位置づけを明確に認めるべきです。すなわち女王秘書官として。すべての政府要人が秘書官を持っている（首相など二人もいるはずですが）のに、女王にいないというのはおかしいではないですか。この四年間、グレイ将軍とサー・チャールズ・フィップスは実際に秘書官として仕えてくれました。グレイ将軍など、二九年にわたって宮廷に仕え、「アルバート」公に一二年、私に四年も秘書官として仕えてくれているのですよ。

女王はグレイを秘書官として正式に認め、『官報（Gazette）』にもその旨を掲載すべきだと首相に伝えた。

ラッセルとの論争

しかしラッセル首相は、グレイを「女王秘書官」に任じることには消極的だった。彼はパーマストンと女王との交信記録を読んでから、閣僚とも相談のうえで、改めて返答したいと女王に伝えた。実は、すでにグレイ自身はラッセルに別途書簡を送り、自分は女王手許金会計長官などではなく、「女王秘書官」になりたいのだと力説していた。

誰が務めることになろうとも、女王にとって秘書官が不可欠となっていることは、周知の事実である。もし私が秘書官という名称で役職に就けないのであれば、陛下も大変に落胆されることでしょう。

しかし、蔵相で政府下院指導者のウィリアム・グラッドストンやグレイ内相と相談したうえで、ラッセルはグレイ将軍に「女王秘書官」を名乗らせることには難色を示した。三月一日、首相は女王に次のような書簡を送っている。

グレイ将軍が陛下の秘書官役を続けることに関して、私に異存はございません。ただし、そのような役職は、ウィリアム四世が崩御された一八三七年以来、正式に認められたことがございませんし、『官報』で正式に報ずるのはよくないと思われます。現に一八一二年には、下院で国制に違反するとの大変な反発があがりました。

ラッセルは、グレイには会計問題に詳しいサー・トマス・ビダラフを付けて、共同の手許金会計長官（Joint Keepers of the Privy Purse）に就任してもらいたいと、改めて女王に願い出た。それと同時に、グレイ自身に対しては、一八一二年四月のマクマホン問題の時の下院議事録を送付して、これが国制に関わる問題として政府を窮地に陥れそうになったことを強調した。

グレイは今回も、政府に対して譲ることになった。これ以上、女王を政府との確執に巻き込むわけにはいかないと判断したのである。女王にもその気持ちはよくわかっていた。三月一日の彼女の日誌である。「ラッセル卿から奇妙な手紙を受け取った。秘書官の称号を与えずに、グレイ将軍をサー・トマス・ビダラフとともに共同の女王手許金会計長官にするというのだ！　かわいそうな将軍はこれを受け入れるつもりのようである」。

女王はグレイに、ラッセルに対して言いたいことがあるのであれば、はっきり言ってもかまわないと許可を与えた。そこでグレイは長文の手紙を首相に送った。「女王秘書官の責務は、どのような名称であれ、果たさなければならないものであります。そしてその場

ロンドンのウェストミンスタに建つ国会議事堂。19世紀半ば以降、二大政党のあいだで激しい論戦が繰り広げられた。

合には、開かれた率直なかたちで、その職務を公にすべきです」。

ラッセルも負けてはいなかった。確かに彼自身も首相秘書官を二名抱えている。しかし「女王の秘書官と大臣たちのそれとでは大きな違いがある。書簡の写しを取ったり、それをまとめておく作業に関しては違いなどない。しかし唯一の違いというのはこうだ。もし私の秘書官が私に助言をしても、責任を取るのは私でよい。女王秘書官の場合にはそうもいかないだろう」。

これも確かに正論ではあった。とはいえ良識を備えたグレイが、女王に不用意に政治上の助言など与えるはずもない。政治上の助言を呈することができるのはあくまでも大臣であることぐらい、父も兄も大臣だったグレイ自身が誰よりも知っていることだった。

グレイにとって不運だったのは、タイミングだったのである。パーマストンとフィップスが相次いで亡くなったこの時期は、実はイギリス政治の転換期にあたっていた。労働者階級にまで選挙権を広げるべきであるという、いわゆる「第二次選挙法改正」の動きは、これに消極的だったパーマストンの存命中は進めることができなかった。

それが彼の死とともに、一気に動き出したのである。しかも最大の推進者がラッセル新首相だった。イギリス政党政治はこの後、自由党と保守党のどちらが新たなる選挙法改正を実現できるかを争点として競い合う、本当の意味での「二大政党制」の時代に突入する。

フィップスが亡くなったのが、まさにそのような矢先のことだった。ラッセルにとっては、女王に正式な「秘書官」を付けることなどよりも、選挙法改正の実現のほうがはるかに重要だったのだ。しかも、ラッセル自身がこれから議会に法案を提出していくにあたって、議会内に物議を醸し出すことになるかもしれない「女王秘書官」の設置など認めるわけにはいかない。現に半世紀前に、この問題で議会は大揺れに揺れたのである。

下層中産階級にまで選挙権を広げた、先の「第一次選挙法改正」のときに、その推進者であった父を首相秘書官として支えたグレイには、ラッセルの気持ちもわからないでもなかった。とにかくタイミングを見計らうのが得策だ。選挙法改正問題が一段落ついて、政界に波風が立ちにくくなった頃合いを見て、改めて「秘書官」問題を持ち出せばよい。

その間に、グレイ自身は事実上の女王秘書官役として、選挙法改正問題やこれからも予想される政権交代の際に、政党間の抗争の調整役として公正中立な立場から女王が対処するのを手助けして、「秘書官としての実績」を積み重ねていくことになるのである。

女王秘書官の誕生

こうしてビダラフとともに、女王手許金会計長官という新たな役職に就いたグレイではあったが、その三カ月後には早くも「女王秘書官」としての職務が彼を待ち受けていた。ラッセル政権が議会に提出した選挙法改正案は、一八六六年六月の下院審議で自由党内部の反対派からの造反に遭い、わずか一一票差で敗北を喫してしまった。

当時、女王はバルモラル城におり、この突然の政変でウィンザーに戻ることになった。その手配をすべて統轄するとともに、ラッセル首相やグラッドストン蔵相と頻繁に連絡を取り合い、従兄のグレイ内相からも情報を得て、グレイはこの問題に対処しなければならなかった。六月二〇日には、ラッセルが辞任の意向にあることを伝え聞いたグレイは、早速にそれを女王に報告するとともに、野党第一党の党首ダービ伯爵とも連絡を取り、組閣の意向を確かめることになった。

六月二六日までにウィンザーに到着した女王は、すぐにグレイをダービのもとに遣わし、二八日に御前に参内させた。ここに保守党の第三次ダービ内閣が成立することとなる。そしてこの時から、与野党が入れ替わって政権交代が行われる場合には、「女王秘書官」が次期首班と目される人物のもとに遣わされて、その人物を御前にお連れするという慣習がイギリス政治に定着していくのである。

このようにして成立したダービ政権は、秋頃から新たな選挙法改正案を閣内で検討し、翌一八六七年三月までには、保守党議員を主要会員に擁するカールトン・クラブで議員総会も開き、党内の意見をとりまとめることにも成功を収めた。そして、直後に法案も議会に提出され、審議は順調に進められていった。

今がチャンスだ。四月初頭、グレイは政府下院指導者を務める蔵相のベンジャミン・ディズレーリに「秘書官」の件を切り出した。早速にディズレーリはダービ首相に相談する。ディズレーリ自身は、グレイを正式に「女王秘書官」に任命することに賛成だった。「これで貴卿は、現在煩わされている〔宮廷に関わる〕面倒な問題から逃れられるかもしれない」。ダービもまったく同意見だった。一八六七年四月二五日。ダービ首相はグレイに次のような書簡を送った。

ディズレーリがしばらく前に貴兄からの書簡を見せてくれた。貴兄は女王秘書官として正式に認めてほしいと望んでおられるようだ。私は、そのような任命に反対することなど、単なる勿体ぶり（merest pedantry）にすぎないと思わざるを得ない。もし陛下がお望みであれば、貴兄の任官を官報にも載せるように、すぐに手配するつもりである。

グレイが長年、待ち望んだ手紙だった。すぐに感謝の返信を送るとともに、女王にもその旨を伝えた。ここに、イギリス史上初めての「女王秘書官」が正式に登場することとなった。ヴィクトリア女王付きの侍従武官として宮廷入りしてから、実に三〇年の歳月が流れていた。

政権交代と秘書官の役割

ダービ政権が進めた第二次選挙法改正は、その年の八月に議会で成立した。こうして、都市の労働者階級（ただし世帯主に限る）にまで選挙権が拡大した。大役を果たし終えたかのように、野党自由党のラッセル伯爵が党首を引退し、グラッドストンに譲ることとなった。そして与党保守党にも、世代交代の波は押し寄せていた。

翌一八六八年二月初旬、ダービ首相は引退の意向を密かにグレイに書簡で伝えた。女王にお伺いを立ててほしいというのである。当時ダービはリヴァプール近郊の屋敷に、女王はワイト島のオズボーン・ハウスに滞在していた。すぐにグレイはダービの書簡を女王に見せ、女王も惜しみながらも首相の引退を容認することとなった。後継者には、党内有力者の意向も受けて、蔵相のディズレーリが内定していた。

そこで女王の命を受けて、グレイがディズレーリとまずは会見した。ディズレーリも、首相の大命を受ける意向にはあった。しかし問題もあったのである。ユダヤ系の小説家出身というディズレーリは、大貴族の多い保守党内では異色の存在だった。このため、同じく大貴族のダービの下でなら仕えるが、ディズレーリの下で閣僚になるつもりはないという有力者も何人かいたのである。

グレイはそのままロンドンに留まり、保守党有力者たちと会見を重ねて情報の収集にあたり、オズボーン・ハウスに逐一報告した。特に動向が注目されたのが、三次にわたるダービ政権を常に内相として支えたスペンサ・ウォルポールと、ダービの側近で外相を二度務めた、玉璽尚書のマームズベリ伯爵の二人であった。双方ともに、ディズレーリ政権には入閣しない様子を見せていた。このままでは、保守党政権の存続も危ぶまれる。

そこで動いたのがグレイ秘書官だった。マームズベリの説得はダービに任せるとして、ウォルポールに入閣を働きかけたのである。女王からも、ディズレーリ次期首相からも、ウォルポールの留任を託されたグレイは、早速説得交渉にあたった。ロンドン郊外のイーリングにあるウォルポール邸を訪れたグレイは、不在であったウォルポールに手紙を残し、女王も貴兄の留任を望んでおられると切々と説いた。

その後も、グレイからの説得をうけたウォルポールは、ついに内相としてディズレーリに仕えることを約束せざるを得なくなる。他方のマームズベリの留任も決まり、こうして二月二七日にはディズレーリ政権が発足することとなった。

この保守党政権の下で、この年の一一月に総選挙が実施された。労働者階級が本格的に参入した初めての総選挙である。しかし結果は、選挙法改正を政府として推進した保守党ではなく、野党自由党の大勝となった。各地の選挙区から投票結果が伝わってくるなかで、一一月二三日にはディズレーリの辞任が濃厚となった。それと同時に、サー・ジョージ・グレイやハリファクス子爵（サー・チャールズ・ウッドが一八六六年に受爵）といった自由党幹部からの情報で、野党党首グラッドストンが首相を引き受けるであろうとの観測もグレイのもとに伝わってきていた。

ところが、ここで問題が生じた。次期政権に、おそらく外相として入閣するであろう自由党の大物クラレンドン伯爵に対して、女王が懸念を感じていたのである。女王は、プロイセン主導型での統一が現実化しつつあった対ドイツ外交をめぐって、クラレンドンとは見解を異にしていたのである。女王が統一に賛成であるのに対して、クラレンドンはプロイセンの野望に懐疑的だった。

ここで、再び動いたのがグレイだった。彼は義弟のハリファクスと密かに会談し、女王がクラレンドンの外相就任には否定的な見解を示していることを、グラッドストンに極秘に伝えてほしいと要請した。それはグラッドストンが大命を降下されるときに、女王が直々にその旨を伝えてもかまわない事柄ではある。しかし、グレイ自身が女王にも述べているとおり、「陛下の反対が、その役職に別の人材を登用する直接の引き金となったかのような印象を与えてはまずい」と考えた、秘書官の機転の利いた判断による行動だった。

女王もこれに納得し、ハリファクスからの回答を待った。グラッドストンと会見したハリファクスがグレイに持ち返ってきたのは、党内の情勢を見てもクラレンドンを外相として入閣させないとまずいという、女王にとってはまことに残念な回答だった。とはいえ、グレイは女王を自由党内で決めるべき人事問題から引き離すことに成功し、この後、政権とのあいだにしこりを残しかねない問題を穏便に抑えることにもつながった。

一一月三〇日にディズレーリ首相は、女王にお会いしたいので謁見の機会を整えてほしいとグレイ秘書官に伝えてきた。翌一二月一日、ウィンザーを訪れたディズレーリは辞任を申し出た。後任には野党第一党の党首グラッドストンを推挙した。そこで、一八六六年にラッセルからダービへと政権が移って以来の慣習となった、女王秘書官がすぐに次期首相と目される人物と連絡をとり、御前にお連れするという手段が採られた。グレイは早速、チェスター近郊のグラッドストン邸へ駆けつけ、彼をウィンザーに連れてきて、女王から改めて大命が降下されることとなった。

今回の政権交代は、総選挙の結果が直接的に響いたイギリス史上最初の事例であった。これまで、総選挙の結果がすぐに政権交代をもたらしたことはなかった。たとえば一八四一年の総選挙の際にも、与党側が明らかに敗北し、野党保守党が過半数を制していた。しかし新しい議会を開いたのはホイッグ政権のメルバーン首相であり、その議会審議で敗北を喫して、改めてメルバーンは総辞職を決意したのである。

今回は、敗北した保守党のディズレーリは潔く「敗北」を認めてすぐに自由党に政権を譲り、グラッドストン首相の下で改めて新しい議会が召集されることとなった。有権者の大半を下層中産階級や労働者階級といった大衆が占めるようになり、総選挙の結果は政府に対する民意の現れとなっていたのである。さらに、ちょうどこの頃から、保守党も自由党も全国的な組織化が図られるようになり、彼ら大衆が党員の大半を占めるようになっていった。

時代は徐々に、貴族政治の時代から大衆民主政治の時代へと移り変わりつつあった。それに伴い、政権交代の際に重要な役割を果たすのは、政党政治が大衆に根ざし、各政党の色分けが明確になった今となっては、超党派的な「長老政治家」ではなくなっていた。そのような政治家は、二大政党制の時代には存在し得ないのである。それに代わって、君主自身が超党派的な存在として、政権交代を円滑に進め、それを手となり足となって助けていったのが「女王秘書官」だった。

秘書官職の確立とグレイの死

こうしてイギリスに二大政党制、大衆民主政治が登場しつつあるなかで、政権交代や政党間の確執などにあたって、公正中立な立場から調整を試みた女王は、彼女にとっての最初の秘書官グレイの補佐によって、その責務を全うしていった。

実は、グレイが女王の補佐をするようになった一八六一年末以降は、イギリス王室にとって最大の危機の時代でもあったのだ。アルバートの死で意気消沈した女王は、バルモラルやオズボーンといった亡き夫との思い出の地に籠もったままで、議会の開会式や重要な会議などを欠席しがちになったのである。

さらに、その代役を務めるかのように一八六三年には成人に達し、コーンウォール公爵として貴族院に議席をもった皇太子のバーティに対しても、夫の死に責任があるとして女王は冷ややかな態度を示し、彼をできるだけ政治の世界からも遠ざけてしまっていた。このため一八六四年頃からは、「もうこの国には女王も君主制もいらないのではないか」という声が、議会外の民衆だけでなく議員たちからも上がるようになっていたのである。

しかも一八六七年の選挙法改正、翌年の政権交代により、いまや民衆は有権者として政治に直接影響を及ぼせる存在になっていた。そうしたなかで、女王と政党指導者との確執を回避し、政権交代に際してこれを円滑に進めたのが女王秘書官のグレイだった。彼は確かに、家系的にはホイッグ（自由党）だったかもしれない。しかし、彼自身が党派色を露わにして、女王を補佐したことは一度もない。その証拠に、彼を念願の「秘書官」として正式に認めたのは、自由党のパーマストンでもなければラッセルでもない。保守党のダービ政権だったのである。

女王が二大政党のあいだで公正中立の立場を堅持するには、それを支える秘書官自身も公正中立でなければならなかった。その意味でも、グレイはこの君主制の危機の時代に、イギリス政党政治の転換期において理想的な秘書官であったともいえよう。

一八七〇年三月末、グレイは心臓発作で倒れた。そして三月三一日、ついに帰らぬ人となった。享年六六。ヴィクトリア女王は、即位当初から支えてくれた廷臣をまたひとり失ってしまった。正式な秘書官に任ぜられてからまだ三年しか経っていなかった。

それは裏を返せば、グレイが努力して築き上げた「女王秘書官」という役職が、ここへきて再びイギリス政治から姿を消してしまうことも充分にあり得ることを意味した。この後、この役職をイギリス政治で定着させていけるだけの良識と行動力にあふれた秘書官が登場するのであろうか。一九世紀半ばの転換期に登場した「女王秘書官」という役職が生き延びるか否かは、それを担う人物の動向如何にすべてがかかっていたのである。

ポンソンビの着任と秘書官職の定着

一八七〇年四月一日、ヴィクトリア女王は忠臣チャールズ・グレイ将軍の亡骸に対面するためにロンドンへと向かった。その彼女に、ひっそりと付き従う男性の姿があった。陸軍大佐のヘンリ・ポンソンビ。この一四年前の一八五六年から五年間、アルバート公付きの侍従武官を務めた人物だった。アルバート公が亡くなってからはカナダで軍務にあたり、その後イギリスに戻ってきていた。今回、女王のお供をして弔問に訪れた相手は、彼が長年敬愛してきた「チャールズ叔父さん」だった。グレイは、ポンソンビの妻メアリの母エリザベスの実弟だったのである。

実は三月二六日に、グレイが発作で倒れたという知らせを真っ先に女王に伝えたのがポンソンビだった。グレイの容態を見た侍医サー・ウィリアム・ジェンナーからの報告で、グレイの最期が近づいていると知った女王は、彼の後任の秘書官を探さなければならなくなった。

そのようなときに急浮上してきたのがポンソンビだった。そもそもアルバート公付きの侍従武官として顔見知りであったばかりか、グレイの義理の甥にもあたる。さらにアイルランド総督府では、三代の総督に秘書官として仕えた経験もある。これほど打ってつけの人材もいなかった。早速、女王は手許金会計長官のビダラフを通じて、ポンソンビに内々に就任を打診する。大佐の返答は「陛下のお望みの役職であれば、いかなる立場であれ、喜んでお受けする」とのことであった。この返事を聞いた直後に、グレイ将軍が亡くなった。

ポンソンビを供に連れての弔問を終えると、女王は改めて彼に秘書官への就任を要請した。こうして四月二日には、ポンソンビは女王秘書官職に就くことが決まった。この旨は早速にグラッドストン首相にも伝えられ、了承を受けるとともに、すぐさま『官報』にも正式に掲載される。「チャールズ叔父さん」が身をもって女王と政府に尽くしてくれたおかげで、彼の愛した甥っ子ヘンリは誰からも反対されずに、「女王秘書官」としてイギリス政治に登場することができたのである。グレイがパーマストンやラッセルと論争に及んだのは、たかだか八年から四年前にすぎなかったのだが、いまや隔世の感があった。

サー・ヘンリ・ポンソンビ。ヴィクトリア女王に25年間仕え、女王秘書官職を定着させた。The Royal Collection © 2022 Her Majesty Queen Elizabeth II

新しくなったのは、秘書官に対する認識だけではなかった。君主制に対する風当たりが強まり、一時は「共和制危機」とまで呼ばれる状態になっていたのが、皇太子の病気問題（第二章で詳述する）や女王の政治への復帰に伴い、一八七〇年代半ばまでには再び女王も君主制もイギリス政治のなかでなくてはならない存在となっていた。そうしたなかで、この新しい秘書官は女王の手となり足となって、二大政党のあいだで公正中立な立場から調整にあたることも多くなっていった。

ポンソンビは、グレイの係累であることからも想像できるとおり、やはり自由党（ホイッグ）系の家系に生まれ育っていた。父は陸軍中将でベズブラ伯爵家の出身であり、母はスペンサ伯爵家のお嬢様だった。いずれもホイッグの名門貴族である。母の姉がホイッグで首相を務めたメルバーン子爵に嫁いでおり、その関係からパーマストン子爵の親戚にもあたる。「女王秘書官」に反対したメルバーンもパーマストンも、自分たちの係累がその役職に就くことになろうとは夢にも思っていなかっただろう。

しかし彼は、前任者の「チャールズ叔父さん」と同様に、だからといって自由党の側に肩入れするようなことは断固としてなかった。たしかに、ポンソンビは終生グラッドストンとは仲がよかった。さらに、一八七四年に自由党が総選挙で敗北し、保守党が第二次ディズレーリ政権を誕生させると、事態は少々複雑となった。女王はディズレーリとは人間的にウマが合い、過剰といわれても仕方ないほどに、彼とその政権に肩入れするようになる。

逆に、ディズレーリの強引な帝国主義政策を批判する自由党のグラッドストンは、一八七〇年代末までには女王の嫌悪の対象となってしまった。他方で、ディズレーリ（一八七六年八月からはビーコンズフィールド伯爵）は女王からの寵愛をいいことに、それまで秘書官をとおして行ってきたはずのさまざまな交信も、ポンソンビを介さずに直接女王とコンタクトを取るようになってしまう。これには、さすがにポンソンビも不愉快さを隠せなかった。とはいえ、そのために保守党政権の足を引っ張るようなことはせず、むしろ公正中立な立場を貫きとおしたのである。

ビーコンズフィールド首相は、その任を終えようとする頃までには、ポンソンビ秘書官に対する評価を大きく変えるようになっていた。「私は、ポンソンビはホイッグだとばかり思っていたが、彼は完全に公明正大な人物だった」。

一八七八年にビダラフが亡くなったときには、女王手許金会計長官を兼任させることとした。そして翌七九年には、バース勲章の勲二等（Knight Commander of the Bath：これ以後、「サー・ヘンリ・ポンソンビ」となる）を与え、さらにその翌年、首相を辞任するにあたって、ポンソンビを枢密顧問官（Privy Councillor）に推挙したのもビーコンズフィールド卿だったのである。

女王の勇み足とポンソンビによる軌道修正

そのビーコンズフィールド卿が辞任を余儀なくされたのが、一八八〇年四月の総選挙の結果を受けてのことであった。折からの不況に加え、前年から開始していた第二次アフガン戦争でも失敗が続き、七九年の秋から始まったグラッドストンによるミドロージアン・キャンペーン（列車・演説・新聞を駆使した、近代最初の本格的な選挙運動といってよい）で政府に対する風当たりが強くなっていたのだ。

四月初めまでには、自由党側が四〇〇議席を超える地滑り的な大勝利をつかみそうな気配となり、保守党政権の総辞職は避けられないかに思われた。当時、女王はドイツ南部の温泉保養地バーデン・バーデンで療養中だった。そこへ保守党惨敗という「ひどい電報」が届けられた。女王は、自由党に政権が移ることには批判的だったが、総選挙の結果を見れば、政権交代は必至である。しかしその場合にも、女王はグラッドストンが首相になることには断固反対だった。

そこで女王は、ビーコンズフィールドが辞任する場合にはハーティントン侯爵を招請して、彼に組閣の大命を下そうと考える。実はグラッドストンは、先の総選挙で敗北した直後の一八七五年一月に自由党党首を辞任していた。その後も、下院議員として留まってはいたものの、自由党は貴族院指導者のグランヴィル伯爵と下院指導者のハーティントン卿（侯爵位は父であるデヴォンシャ公爵存命中の「儀礼上」のもの）とが二人指導体制で党を支えていたのである。

しかし、その間に、ビーコンズフィールド政権はスエズ運河会社の株式買収やロシア＝トルコ戦争への強引な介入など帝国主義政策を採り続けていたにもかかわらず、野党自由党幹部はいっさいこれを攻撃しなかった。このため、引退したはずのグラッドストンがこれに業を煮やして、再び議会の内外で政府批判を展開し、その頂点とも言うべきものがスコットランドで展開したミドロージアン・キャンペーンだったのである。

ビーコンズフィールドの帝国主義政策を全面的に支持し、首相から「インド女帝（Empress）」の称号まで献上されていた女王は、グラッドストンの反政府的な姿勢に不快感を抱き、八〇年四月初めの段階でも、「あの半分頭のおかしい男」に政権を託すつもりなどないと息巻いていたのである。

ところが、ここで待ったをかけたのがポンソンビだった。ビーコンズフィールド首相に会うこともなく、いきなりハーティントンを呼ぶのは順序が逆である。まずは首相に会って、正式な辞意を聞いてから、後継首班を推挙させるのがイギリス政治の常道となっていたはずである。どうしてもグラッドストンを首相に据えたくない女王の感情が、理性に先走ってしまったゆえの言動だった。女王も「我に返り」、ポンソンビの意見はもっともであるということで、ハーティントン招請は取りやめて、とりあえず帰国の途を急ぐこととなった。

四月半ばにウィンザーに到着した女王は、早速ビーコンズフィールドと会見した。総選挙の最終結果は、自由党四一四議席、保守党二三八議席で、内閣総辞職はやむを得なかった。そこで彼の助言にもとづき、すぐに自由党下院指導者のハーティントンが呼ばれ、組閣の大命が降下された。

ところが、ハーティントンは躊躇《ちゅうちょ》する。今回の自由党の大勝利がグラッドストンの功績であることは自明の理である。貴族院指導者のグランヴィルも同意見だった。ポンソンビが血脈にものを言わせて、事前に自由党長老たちの見解を徴しておいたのもよかった。「ハル叔父さん」ことハリファクス卿、サー・ジョージ・グレイ、そしてグレイ伯爵と、八〇歳前後に達していた長老たちはみなポンソンビの親戚だった。彼らの一致した見解も、グラッドストンを首相に据えるべきであるというものだったのである。

女王もついに諦めた。ここに七〇歳のグラッドストンが党首に返り咲くと同時に、第二次政権を樹立することとなった。この後、同政権はたびたび女王と衝突し、女王は最後までグラッドストン首相に全幅の信頼を寄せることがなかった。その仲介役を務めたのが、グラッドストンの親友であり、女王の秘書官ポンソンビであった。先のビーコンズフィールド政権の時とは異なり、ポンソンビは政権と女王とをつなぐ重要な架け橋となっていったのである。

二大政党間の調整と女王の矯正

グラッドストンを個人的に嫌っていた女王ではあったが、与野党のあいだで政争が深刻化し、議会政治に支障が生じるような場合には、個人的な感情を捨てて、公正中立な立場から両党のあいだに入ることもあった。自由党政権は一八八四年夏に、地方の労働者階級(農業労働者や鉱山労働者で世帯主)にまで選挙権を拡大する「第三次選挙法改正」を議会に諮った。

ところが、これは地方の選挙区で根強い人気を持つ自由党が党利党略のために進める政策である、と保守党が反発した。保守党としては、党の基盤となる都市の選挙区に定数是正のかたちで議席を再配分するのであれば、選挙法改正に協力してもよいと持ちかける。自由、保守両党の対立は深刻化した。九月の審議でも、保守党の牙城とも言うべき貴族院で、政府側が出した改正案が否決された。事態は下院を率いる自由党のグラッドストンと貴族院で勢力を誇る保守党のソールズベリ侯爵との、意地の張り合いとなった。

ここで女王が仲裁に入ることとなった。グラッドストンには、議会内外で世論を煽って貴族院を非難するような言動は控えるよう促すとともに、ソールズベリに対しては政府の改正案に理解を示すよう訴えかけた。それでも対立し合う両党の姿を見て女王は呆れかえり、「政党がこの国を滅ぼそうとしている。貴卿が貴族院に第三の政党を組織して、この国と国制とを守るべきである」と友人のアーガイル公爵に伝えている。

アーガイルは女王が最も信頼する政治家のひとりであり、女王の四女ルイーズが彼の長男ローン卿と結婚していたほどであった。そのアーガイル公は、両党の最高指導者であるグラッドストンとソールズベリの直接会談で打開を図るべきではないかと女王に進言していた。女王もこれを受けて、この両指導者に会談を開くよう持ちかけるとともに、「アーガイル公のような与野党いずれにも与《くみ》していない人物を仲介に立てて、会談を持ったらどうか」とも考えた。

しかし、これは誤りだった。アーガイルは、第一線から退いていたとはいえ自由党の貴族院議員だったのである。たしかに、彼はグラッドストンの選挙法改正にもあまり協力できず、かといってソールズベリに肩入れするわけではなかった。しかし彼は、あくまでも一自由党議員にすぎない。政党政治が大衆化・組織化されたこの時代にあって、一八五〇年代に登場したウェリントン公爵やランズダウン侯爵のような超党派的な人物など、もはや活躍しえない状況となっていたのである。

むしろ仲介役になるのであれば女王自身か、それが不可能であれば、女王秘書官ポンソンビが適任であった。「選挙法改正危機」と呼ばれた九月から一一月にかけて、実際にポンソンビこそが各党指導者のあいだを駆け回り、彼らと何度も書簡をやり取りして調整にあたっていたのである。

そしてようやく一一月半ばに、グラッドストンとソールズベリの直接会談がポンソンビの仲介もあって実現し、政府側が議席の再配分を約束することで選挙法改正案を貴族院で通過させるという「密約」が交わされた。ここに長かった与野党間の対立も収束していくこととなったのである。ポンソンビは女王の手腕を讃えたが、その実、彼女の代わりに現実に動いていたのは彼自身だった。

この翌年、一八八五年の六月に、グラッドストン政権は予算案が議会で敗北したことを受けて総辞職に追い込まれた。当時、女王はスコットランドのバルモラル城に滞在していた。彼女のもとには、この五年前から秘書官補（Assistant Private Secretary）に就いていたアーサー・ビッグ大尉（第三章の主役スタムファーダムのこと）がいたが、ポンソンビはロンドンだった。そこで今回も、ポンソンビが与野党双方の指導者と連絡を取って、政権交代を円滑に進める手助けをすることになった。

女王は、この突然の辞任劇に、すぐに動こうとはしなかった。グラッドストンが辞任するのなら、バルモラルにきて報告してもらいたい。とはいえ、七五歳のグラッドストンをスコットランドに来させるのも大変である。「グラッドストン氏が来られないようであれば、ハーティントン卿を遣わすように」と女王はビッグを通じてポンソンビに電報を打った。

しかしポンソンビは、これをやんわり断った。「ハーティントンを遣わすなど、女王が彼に組閣を要請するのではないかとあらぬ誤解を受ける要因となるだけです。ここは私がソールズベリ侯と極秘に会って、意向を確かめてみます」。女王もこの見解に同意して、ポンソンビに任せることにした。グラッドストンに会いたくない女王が、またしても犯してしまった勇み足だった。

ソールズベリは政権を引き受けるのはやぶさかではなかったが、問題がひとつあった。先に示しておいた一八八〇年の選挙結果のとおり、保守党は自由党に一七〇議席以上の大差を付けられた少数党政権を率いなければならない。たとえ政権についたとしても、すぐに議会審議で敗北してしまえば何にもならない。そこで、政権について早々に議会を解散し、総選挙に打って出られることを女王が了承してくれるのであれば、政権を引き受けてもよいというのである。

ところが、これにはグラッドストンが難色を示した。議会の解散を陛下にお願いできるのは「現職の首相」だけである。まだ大命も受けていない人物が、組閣の条件として持ち出すのは本末転倒であろう。とはいえ、自分はいま、解散・総選挙を行うつもりはない。結局、政権は保守党に譲るものの、自由党側はよほどの争点でも持ち上がらない限り、少数党たる保守党政権を議会で攻撃はしないと約束することで、総辞職に踏み切ることとなった。

このとき、ソールズベリは組閣するにあたって、自由党側の約束に関して「女王からの保証を頂きたい」と要望したが、これを即座にポンソンビがはねつけた。「もしそのような保証を与えてしまったら、陛下のお名前を政争に持ち込むことになる」というのがポンソンビの見解だった。

六月半ばまでにウィンザーに戻っていた女王は、こうしてソールズベリに大命を降下し、保守党に政権は移譲された。「この長い問題に関わって、本当に疲れた」と女王は日誌に記している。しかし本当に疲れたのは、政権交代の可能性が高まったにもかかわらずいつまでもバルモラルを離れず、ようやくウィンザーに帰ってきた女王などではなく、ロンドンで与野党指導者のあいだを駆け回って調整にあたったポンソンビのほうだったのである。

秘書官職の定着とポンソンビの死

政権を樹立したソールズベリは、その年の一一月に議会を解散して総選挙に乗り出した。結果は、保守党が二五〇議席、自由党が三三四議席となり、政権の存続はキャスティング・ヴォートを握るアイルランド国民党次第となった。しかし同党の第一課題は、一八〇一年以来併合されたかたちとなっているアイルランドに、自治権を与えるというものであった。ソールズベリをはじめ、保守党はこれに反対だった。

ところが、これに共感を示していた人物がいた。野党の自由党党首グラッドストンである。アイルランド国民党は保守党ではなく自由党へと急接近するが、自由党のなかにも、アイルランドへの自治権の付与には反対する勢力がかなりいた。政局は流動的となっていた。

一八八六年一月末に、ソールズベリ保守党政権は下院での審議に敗れ、総辞職を決意した。ワイト島のオズボーン・ハウスにいた女王は、アイルランドへの自治権付与にはもともと大反対だった。何としてでも、今回こそはグラッドストンを政権につけたくない。それが女王の本心だった。

そこで彼女はソールズベリと図り、自由党の大物でアイルランド自治問題に反対している、元海相のジョージ・ゴッシェンを招請して意見を聴こうと考えた。すぐさま秘書官のポンソンビがゴッシェンのもとに遣わされるが、ポンソンビ自身はこれに反対だった。これでは、女王がゴッシェンに組閣を依頼するのではと勘違いされてしまう。幸いゴッシェンのほうも良識を備えており、ポンソンビの考えと同意見だった。

女王は、一八五〇年代の内閣危機を解決した「長老政治家」のウェリントンやランズダウンのように、ゴッシェンに意見を聴きたかったのである。本当はアーガイル公爵を呼びたかったのであるが、彼は所領のスコットランドで病気療養中だった。しかし、相手がアーガイルであろうと同じである。ゴッシェンは自由党の一下院議員にすぎない。そのような彼が、党首のグラッドストンを差し置いて女王の招請に応じることなどできない。

女王からの再三の要請にもかかわらず、ゴッシェンは参内を辞退した。その間に、ポンソンビはグラッドストンのもとを訪れ、彼をオズボーンに連れて行く。結局、二月一日には、グラッドストンに首相の大命が降下された。ゴッシェンがいみじくも後に女王に弁明しているとおり、「かつてのウェリントン公もランズダウン侯も、今日の下院議員とは異なり、政争からより自由な立場に立たれていた」のである。

このように、女王が国制の常道を踏み外しそうになると秘書官であるポンソンビがその軌道を修正するといった状態が、一八八〇年四月の政変以来、たびたび生じていたわけである。その背景には、女王が過度にビーコンズフィールドを偏愛し、また逆にグラッドストンを過度に嫌ってしまったという、彼女の感情の乱れが関係していた。

一八四〇年代から五〇年代にかけてであれば、アルバート公がそのような乱れを正すことができたが、彼の死後には秘書官たるポンソンビの責務となっていた。ポンソンビはまたまた「チャールズ叔父さん」の遺訓をきちんと守り、女王が政党間の抗争や政権との確執に巻き込まれそうになるのを未然に防ぎ、諸政党のあいだで公正中立な立場を維持できるように常に気をつけていなければならなかった。一八九〇年代に入り、秘書官としての経歴も二〇年を超える頃、ポンソンビの心身は急速に衰えを見せるようになっていく。

一八八六年以降のイギリス政治は、アイルランド自治問題をめぐる自由党内の分裂で、ますます問題が生じるようになっていった。そのようなさなかの一八九二年八月に、第二次ソールズベリ保守党政権が総辞職に追い込まれた。いつものとおり、ポンソンビが女王からの招請の書簡を携えて、グラッドストンに手渡しし、そのまま彼を御前に連れて行くことになった。

女王は渋々ながら、この八二歳の「老大人（Grand Old Man：一八八〇年代以降のグラッドストンのあだ名）」に組閣の大命を下した。このとき、彼は妻に宛てて次のように記している。「ポンソンビが老け込んでいたのには衝撃を受けたよ」。ポンソンビはグラッドストンより一六歳も「年下」なのである。その彼が「老大人」から老け込んでいたなどと言われるほどに、彼の身体は衰えていたのだ。

その「老大人」グラッドストンも閣内で孤立して、一八九四年三月には首相を引退することになった。今回もポンソンビが彼と女王とのあいだを取り次いで、同じく自由党のローズベリ伯爵が政権を担うことになる。

ポンソンビは、彼が女王秘書官として着任したときからの親友グラッドストンの引退を悲しんだ。それと同時に、自らもそろそろ引退の時期にさしかかっていることを痛切に感じていた。「チャールズ叔父さん」が在職中に息を引き取ったのは六六歳の時だった。その安らかな死に顔を女王とともに見つめていた甥のヘンリは、いまやそのときの年齢を超えて六九歳になっていた。

　四七歳という若いローズベリ首相は、同年一一月には議会の解散問題で混乱を引き起こし、またもやポンソンビが与野党のあいだで調整を行わざるを得なくなった。しかしもう、彼の体力にも限界のときが訪れていたのである。翌一八九五年一月早々にポンソンビは脳卒中で倒れ、その後、右半身不随の状態が続いた。女王は、いまや自らの分身ともいうべき存在となっている、この忠臣の容態を危惧した。

　ポンソンビに恢復の兆しは見られず、ついに彼は妻を介して辞任を申し出た。後任には、彼を一五年にわたって秘書官補として支えてきたアーサー・ビッグが選ばれた。それから半年後の一一月二一日にポンソンビは静かに息を引き取った。その日の日誌に女王はこう書いている。「彼の喪失は私には計り知れないほどである。彼は常に、巧みに仕事をこなし、冷静で、優しく、頼もしい存在だった」。

　ポンソンビは、「チャールズ叔父さん」ことグレイと同様に、まさに女王と国のためにその一生を捧げた。イギリス政治が、貴族政治の時代から大衆民主政治の時代へと大きく変わっていくなかにあって、この二人は「女王秘書官」として立憲君主制を支えてきたのである。

　ポンソンビの辞任を受けて新しく秘書官となったビッグは、次のように女王に奏上している。「グレイとポンソンビという名前が、陛下の命を受けまして、これから［私が］就かせていただくこの役職を高貴にして名誉あるものとして築き上げたのでございます」。
こうして、「女王秘書官」は、この叔父と甥のコンビがヴィクトリア時代の大半の時期にわたって、イギリス政治のなかで示してきた献身的な役割によって、ここに確立・定着していったのである。

それでは、この新しい宮廷官職は、二〇世紀という新たな時代のなかでどのような役割を果たしていったのであろうか。

第二章

二大政党のはざまで

ノウルズ男爵。エドワード七世に皇太子時代から40年も仕えた「バーティ」の代弁者。（The Royal Collection © 2022 Her Majesty Queen Elizabeth II）

新国王バーティの登場

一九〇一年一月二二日。この国を六四年近くにわたって統治してきたヴィクトリア女王が、ワイト島のオズボーン・ハウスで息を引き取った。享年八一だった。明治の文豪である夏目漱石は、当時ちょうどイギリスに留学中であり、女王の壮麗な国葬を目撃したひとりでもあった。その彼が人々の口から漏れ聞いた言葉が、「幸先の悪いスタート」だった。女王の死は、それまでの一九世紀といういわば大英帝国の世紀が終焉を迎え、この後、イギリス自体が衰退してしまうのではないかという不安を人々に抱かせた。

しかし、逆もまたしかりであった。夫であるアルバート公の死後、後半生を喪服で通した謹厳実直で、ある意味で堅苦しいヴィクトリア女王の時代が終わり、陽気で洒脱な皇太子の新時代が到来したのである。この「万年皇太子バーティ」とも呼ばれたアルバート・エドワード王子は、一六世紀半ばのテューダー王朝の時代以来、絶えて久しかった国王の名前「エドワード」をとって、エドワード七世として即位することとなった。

マーク・トゥエインの小説『王子と乞食』のモデルとなったエドワード六世（在位一五四七～一五五三年）以来、実に三五〇年ぶりの「エドワード」国王の登場である。とはいえ、先代のエドワードがわずか九歳で即位したのとは対照的に、バーティはこの年の一一月の誕生日で満六〇歳という年齢に達していた。

　本章でこれから見ていくとおり、皇太子時代のバーティはまさに苦しい下積みの連続であった。父アルバート公の死後、母親から疎まれ、政治的公務にも携われない日々が続いた。そのため、ロンドンやパリなどで社交界の寵児となり、酒に女性に芸術に関心を深めた皇太子だった。一九〇一年と言えば、世はまさに「ベル・エポック（よき時代）」である。それは派手好きで、どこか憎めない、そして国民からも愛されていたバーティの時代に他ならなかった。

　そしてこの皇太子バーティを、これまで三〇年にわたって支えてきたのが秘書官サー・フランシス・ノウルズだった。ノウルズはこの後、エドワード七世となった彼を、引き続き「国王秘書官」として補佐していくこととなる。

真っ二つに分かれる評価

　ところで、このノウルズほど、毀誉褒貶《きよほうへん》の分かれる国王秘書官はいないであろう。ヴィクトリア女王の侍従武官から秘書官補となり、次いでエドワード七世、ジョージ五世にも秘書官補として仕え、宮廷に四〇年以上仕えたサー・フレデリック・ポンソンビ（前章に登場したサー・ヘンリ・ポンソンビの次男）は、後年ノウルズのことを「四〇年にわたってすべてを自分の手に握り続けたワンマン」であったと評している。さらに、本章で後述するが、一九一〇年前後の議会法危機の際にも、「自由党政権の道具となり、国王秘書官に不可欠な公正中立さに欠けていた」とも述べている。

これに対して、グラッドストン首相の下で首席秘書官を務め、その後には大蔵省の高官へと移籍したサー・エドワード・ハミルトンは、エドワード七世が即位した直後の日記にノウルズについて次のように記している。「国王はあのような人物を手足としてお使いになれるのだから、本当に幸せなことだ。彼以上に、的確な判断力を備え、迅速に行動できる者などいないだろう」。

いったいどちらの証言が正しいのだろうか。二人はともに、ノウルズの身近で何十年と彼を見てきた人物たちである。このふたつの評価は、実は両方とも正しいと言ってもいいだろう。ノウルズは極めて慎重な人物で、国王がイギリスの国制の常道を踏み外さないために常に適切な助言を与え、国王を守り続けた。

その反面、保守党の政治家たちとは敵対することも多く、自由党政権に肩入れしたと言われても仕方のない場面も見られた。しかしその背景には、皇太子時代から数えても四〇年にわたる、ノウルズの秘書官としての全人生が関わっていたのである。それでは早速、その点を検討していくことにしよう。

由緒ある家系

サー・フランシス・ノウルズは、ヴィクトリア女王が即位した一八三七年に陸軍軍人のウィリアム・ノウルズ将軍の長男として生まれた。父は軍人として活躍した後、アルバート公の知遇を得て軍事教育評議会議長などを務めていた。アルバート公が亡くなった翌年、一八六二年には皇太子アルバート・エドワード王子付きの会計局長官（ならびに会計検査官）となった。やがて、皇太子より四歳年上の息子フランシスも、父親の手伝いをして皇太子を支えるようになり、一八七〇年には皇太子付きの秘書官（Private Secretary to the Prince of Wales）に就任する。

ノウルズ家と王室との関係は、父ウィリアムの代から始まったわけではない。フランシスが皇太子秘書官に着任する三〇〇年ほど前、一五七二年に彼と同じ名前のご先祖サー・フランシス・ノウルズが、女王エリザベス一世の会計官（Treasurer）に就任している。

彼はその後、二四年間にわたって会計官を務め、亡くなった一五九六年には息子のウィリアム・ノウルズが女王の会計検査官（Comptroller）ならびに枢密顧問官となり、ノウルズ家は引き続き女王を支えていくことになった。そして女王が亡くなる前の年、一六〇二年には父と同じ会計官となり、翌年ノウルズ男爵（Baron Knollys）、そして晩年の一六二六年には時の国王チャールズ一世（在位一六二五～一六四九年）からさらにバンベリ伯爵(Earl of Banbury)を受爵している。エドワード七世の秘書官ノウルズはその末裔にあたり、一族と王室との関係は実に三〇〇年に及ぶ名門の家柄であった。

皇太子バーティの苦悩

そのノウルズが、会計局長官の父とともに支えた皇太子は、前章でも触れておいたが、アルバート公の死に責任があるという理由で一八六一年一二月以来、ヴィクトリア女王による厳しい監視下に置かれていた。一八六三年に二一歳に達した皇太子は、デンマーク王女のアレキサンドラと結婚し、コーンウォール公爵に叙されるとともに枢密顧問官にも列せられたものの、貴族院や枢密院での政務に携わることは許されていなかった。バーティの能力を過小評価していた女王が、彼を政治の中枢に近づけることを嫌ったのである。バーティが枢密顧問会議で女王の補佐役に任じられたのは、ようやく一八九八年になってのことだった。そのときには、皇太子も五七歳になっていた。今日のように、慈善事業などを行う各種団体が王族に後援者への就任を要望する時代であったならば、その天賦の才ともいえる人を惹きつける力で、バーティも活躍する場は充分にあったはずである。しかし一九世紀半ばの当時は、そうした団体も多くなく、皇太子は事実上、時間をもてあましていたのが現状であった。

アルバート公が亡くなった後は、公からの信任の厚かったサー・ウィリアム・ノウルズが会計局長官として皇太子の相談役となり、年齢の近い息子のフランシスもバーティのお相手をする機会が多くなった。フランシスはすぐにバーティの人柄に魅了され、彼の才能が政治に生かされていないことを残念に思った。特に、女王がロンドンの社交界やヨーロッパの王室外交の表舞台から退くようになっていた当時、彼女の代行として陽気なバーティは打ってつけであるように思われた。

実際に一八六六年に、クリミア戦争以来関係が悪かったロシア皇室との和解を成功させたのが、女王の反対を押し切って、義理の妹にあたるダウマーとロシア皇太子アレクサンドル（後の皇帝アレクサンドル三世）の結婚式に出席したバーティだった。

とはいえ、そのバーティが時には勇み足をしてしまうこともあった。一八六〇年代のヨーロッパ国際政治は、一八一五年以来のウィーン体制が崩壊する最後の混乱期にあたっており、プロイセンがドイツ統一をめざしてビスマルク首相の下で活動を活発化させていた。そのドイツ統一をめぐる闘争ともいうべき普墺戦争が勃発する直前、一八六六年六月に、バーティはロンドン駐在のフランス大使に、プロイセンを封じ込めるために英仏同盟を結ぶべきだと論じていた。

この見解は、やがてオーストリアを破ったプロイセンが最後の闘争となる普仏戦争へと乗り出す直前の、一八七〇年夏にも繰り返された。この発言に、ロンドン駐在のプロイセン公使ベルンシュトルフが抗議するとともに、その内容はプロイセン本国にも伝えられた。当時のプロイセン皇太子フリードリヒ（後のドイツ皇帝フリードリヒ三世）の妻は、バーティの実姉ヴィクトリアだった。すぐにこの話は姉から母へと伝わり、バーティは女王から厳しい叱責を受けることになる。

このとき、女王からの指示もあって、すぐさまプロイセン公使館に駆けつけ、ベルンシュトルフ公使に「皇太子がそのような発言をなさるはずがない」と弁明をしたのが、皇太子秘書官に就任したばかりのノウルズだった。着任早々、ノウルズは王室外交の大騒動に巻き込まれたわけである。

ノウルズの働きでバーティは救われた。バーティは、昔からよく知っているこの秘書官を全面的に信頼するようになっていた。こうした「勇み足」をたびたび仕出かす皇太子にとって、慎重で優れた判断力を備えたノウルズは頼りになる存在だった。皇太子バーティと秘書官ノウルズとは、こうして早くも信頼関係を打ち立て、ここに、この後四〇年にわたって続くことになるコンビが誕生した。

病からの恢復とインドへの道

女王と皇太子の関係が悪化の一途をたどっていた一八六〇年代末から七〇年代初頭にかけては、イギリス王室の名声もまた悪化を続けていた。口さがない新聞や雑誌は、議会の開会式にも姿を現さない女王も、その名代を果たすこともできない放蕩息子の皇太子も、もうこの国にはいらない、君主制自体が必要ないなどと書き立てた。

議会内には、それに同調するような議員まで現れるに至った。世に言う「共和制危機」の到来である。こうしたなかで、グレイやポンソンビといった女王秘書官たちが必死になって王室の名誉を守り続けていたのだが、ここに転機となる事件が起こる。

一八七一年一一月末になり、いつも元気な皇太子バーティの姿が見えなくなった。皇太子は重い病に冒されていたのである。病名は「腸チフス」。ちょうど一〇年前に父アルバート公の命を奪ったあの病気である。普段は息子を疎んじていた女王も、この時ばかりはバルモラルからすぐにバーティの屋敷へと駆けつけ、寝ずの番で息子の看病に当たったった。そして運命の日、一二月一四日が訪れた。アルバート公の命日である。しかもその日は、ちょうど亡くなって一〇周年でもあった。

一進一退の容態が続くなか、この日、皇太子の病状は奇跡的に恢復へと向かう。その後も体調は順調によくなり、年明けにはまた家族とともに生活を送ることができるようになった。あの世からアルバート公が助けてくれたかのようだった。

救われたのはバーティだけではなかった。皇太子が重病に倒れたというニュースが国中を駆けめぐるや、それまで王室や君主制を批判し続けていた新聞や雑誌の論調ががらっと変わってしまった。女王を非難する者など誰一人いなくなった。それどころか、すべての新聞・雑誌が皇太子の一日も早い恢復を祈願するようになったのである。

そして、アルバート公の命日を境に意識を取り戻した皇太子の様子に国民は安堵した。これに乗じるかたちで、翌一八七二年二月にはセント・ポール大聖堂で皇太子の恢復記念礼拝が、グラッドストン政権の肝いりで大々的に執り行われた。もはや、「王室はいらない」「イギリスを共和制にすべきである」などと声高に叫ぶ者は姿を消してしまっていた。

この一連の病気騒動においても、ノウルズ秘書官は常に皇太子の側に仕え、看病する女王を補佐するとともに恢復後の皇太子の身の回りの世話にも余念がなく、グラッドストン首相やポンソンビ女王秘書官とも連携を取りながら恢復記念礼拝を無事に終えたのである。王配殿下の病死によって引き起こされた王室の危機は、皇太子の病気と恢復によって幕を閉じることになった。

病気を奇貨として母子の関係にも一応の修復が見られたものの、この後もバーティは公務を与えられることがなかった。体調も完全に元に戻り、元気になった三一歳の皇太子に、また憂鬱な「下積み生活」が待ち受けていた。

そこで動いたのがノウルズだった。一八七五年春に、皇太子は思いきった計画を秘書官に打ち明けた。皇太子妃とともにインドを訪れたいというのである。母である女王はもとより、歴代国王の誰もが行ったことのないこの「帝国のなかの帝国」を次期国王である皇太子が訪れるともなれば、上は藩王《マハラジャ》たちから下は庶民に至るまで、インド各地で大歓迎を受けることになろう。しかも、イギリスによるインド統治にはずみをつけることにつながろう。

ノウルズもこの考えに大賛成だった。しかし女王の許しが得られるか否かはわからなかった。早速ノウルズは女王秘書官のサー・ヘンリ・ポンソンビとインド大臣のソールズベリ侯爵に連絡を取り、皇太子の計画を伝えた。案の定、女王は難色を示したが、ディズレーリ率いる保守党政権は反対ではなかった。ただ、時期として今は暑すぎるであろうから、冬から訪問するということであればよいのではないか、とソールズベリは政府の見解を伝えてきた。

ノウルズはすぐにインド通の政治家・軍人・学者たちからなる顧問団を組織し、彼らからインドに関わるあらゆる知識を得られるように皇太子を助けた。それと同時に、相変わらず皇太子の計画には否定的な女王を説得してもらうべく、ポンソンビにも協力を求めた。

今回の計画は、すべて皇太子の発案によるものです。殿下はインド訪問に大変な関心を示されており、ご自身の手ですべて旅行の日程なども調整されたいとのことであります。殿下は、ご自身で責任を持って行動をとられるだけの、優れた感覚を充分に備えておられるものと思われます。

ノウルズがポンソンビに送った手紙の一節である。秘書官として仕えて五年が経過していたが、ノウルズがいかに皇太子の能力と人柄を高く評価していたかを物語るような言葉である。ノウルズからの書簡を受け取って、ポンソンビも女王の説得に努めた。そして、ついに女王も折れた。

一八七五年一一月九日、皇太子一行を乗せた船はボンベイ(現・ムンバイ)に到着した。そのなかには、秘書官ノウルズの姿もあった。彼自身も初めて目にするインドの光景に心を打たれた。それと同時に、各地での盛大な歓迎行事にも目を見張った。

訪問は今のところ大成功を収めています。支障など何一つありません。現地の王侯たちは、皇太子殿下の訪問を心から喜んでいます。予想をはるかに上回る大歓待です。

ノウルズが一二月にポンソンビに宛てた報告である。皇太子一行は四カ月に及ぶインド訪問の旅を終え、七六年三月一三日には帰国の途に就くこととなった。

ディズレーリとグラッドストンのはざまで

大成功に終わった皇太子のインド訪問は、ある意味で当時のイギリスによるインド政策とも完全に合致するものだった。皇太子一行がインドに到着した直後に、エジプト太守が手放すことになったスエズ運河会社の株式一七万六六〇二株（全株式の四四％）は、ディズレーリの素早い動きによりイギリス政府が取得することとなった。政府は運河会社最大の株主になりおおせていた。

そして皇太子一行が帰国した直後に、ヴィクトリア女王がインド女帝に即位することが決まった。さらに翌一八七七年一月一日をもって、歴史上初めて、ひとつにまとまった「インド帝国」が成立したのである。インド大反乱の鎮圧から二〇年。各地の藩王《マハラジャ》たちとねばり強く交渉を続けてきた成果でもあった。それと同時に、帝国が成立する直前に、「将来のインド皇帝」である皇太子バーティがイギリスの王位継承者として初めて各地を訪問したことが、これに大きな影響を与えたことも想像に難くない。

イギリスはこの後も、インドを大英帝国の中枢に据え、「帝国の道」とも呼ばれたインドへの航路を脅かすロシアとの対決姿勢も強めていった。特に一八七八年三月には、バルカン半島と地中海への進出を決定的にしたロシアに対して、ビーコンズフィールド（ディズレーリ）首相はインド軍をマルタ島に派遣する示威行動《デモンストレーション》に出て、両者の衝突は最終的にビスマルクを仲裁役としてベルリン会議で回避された。

七四歳の老軀を押してこれに出席し、オスマン帝国からキプロスを割譲させた老首相の帰国を待ち受けていたのは、「名誉ある平和」という評価のもとに集まった、女王から庶民に至るあらゆる階級の者たちの賞賛の声だった。ビーコンズフィールドには、イギリス最高位のガーター勲章が授けられた。

しかし、こうした一連の外交政策について、インド訪問で実績を上げたにもかかわらず、皇太子はまったくの蚊帳の外に置かれたままだった。バーティの不満は高まるばかりとなった。これを代弁して、政府に不満をぶつけたのがノウルズだった。

一八七七年の春に、皇太子は地中海クルーズに出かけたが、そのときに同船したイタリア皇太子のウンベルトが東方問題（オスマン帝国とその周辺をめぐる問題）の現状について実によく知っており、イタリアより東方問題に深く関わっているはずのイギリスのバーティが何も知らずに恥をかいてしまった。

これも、イギリス政府が皇太子に外交文書などをまったく見せてくれないからであると、ノウルズはポンソンビに不満を伝えた。しかし、そのような指示を出していたのは、実は女王自身だったのである。インド訪問から皇太子が帰ってきた直後に、女王はビーコンズフィールドにこう指示した。「皇太子に在外公館への訓令の写しなどは送らなくてよい。それほど重要でない書類だけを見せるように」。皇太子はまたもや行き場を失ってしまった。

ところが、こうした状況に変化が訪れるようになったのが、一八八〇年四月に総選挙で勝利を収め、自由党政権の首相に復帰したグラッドストンが登場してからのことである。グラッドストンは以前から、皇太子とは仲が良かった。同じく女王から疎んじられていたこともまた、ますます両者を近づけた原因であったかもしれない。

グラッドストンは、首相や関係閣僚が女王に閣議決定や検討事項を報告する、いわゆる内閣文書も、外交文書もすべて皇太子に見せることにした。将来の国王になる人物として、当然見ておく必要があると判断したのである。もちろんこのことは女王には秘密であった。このため、グラッドストンの秘書官の一人、サー・アルジャーノン・ウェストが、密かにノウルズに文書を送ってくれていた。皇太子はもちろんノウルズも、グラッドストン自由党政権には感謝の気持ちで一杯だった。

さらに、ノウルズが秘書官に就く以前から皇太子の周りに集まってきていたローズベリ伯爵、ハーティントン侯爵、スペンサ伯爵といった自由党の若手貴族たちは、いまや主要閣僚としてグラッドストンを支えていた。彼らからも皇太子やノウルズに、次々に政府の最高機密が伝えられてきた。保守党政権に疎んじられ、自由党政権に好意を抱かれるなかで、いつしかバーティもノウルズも「自由党寄り」になっていたとしても不思議ではない。

一八九八年五月に、元首相グラッドストンが八八歳で亡くなり国葬となったとき、皇太子バーティは女王の反対を押し切って、この恩人の棺の介添人となった。国民から絶大な人気を寄せられていたこの「老大人」に四度も首相として仕えられたにもかかわらず、女王はいっさい国民の前に姿を現さず、コメントも寄せることはなかった。しかし皇太子が息子ジョージ（後の国王ジョージ五世）を伴って棺の介添人となったことで、国民の王室に対する反感は急速に和らげられたのであった。

「独裁者」ノウルズの誕生

グラッドストンが亡くなってから三年後、ヴィクトリア女王も崩御した。四〇年に及んだ「下積み生活」に別れを告げ、バーティはエドワード七世として国王に即位した。それに伴って、ノウルズは皇太子秘書官から国王秘書官へとそのまま横滑りすることとなった。しかし同じく「秘書官」とはいえ、業務は大幅に増大した。グレイやポンソンビの時代から、首相や大臣たちは緊急の場合を除いて、君主に直接書簡を送ることは少なくなった。まずは秘書官と連絡を取って、秘書官が君主に伝えるのである。

皇太子時代とはわけが違い、国王ともなれば、大臣たちはもとより、政治・経済・宗教・文化など国内のさまざまな分野の関係者たち、そして諸外国の王侯や政府関係者たちからも書簡や文書が山のように届いた。しかもいまやイギリスは、世界に冠たる大英帝国である。自治領となったカナダやオーストラリアはもちろん、インドを筆頭とする植民地からもさまざまな報告書や訓令を仰ぐ伺いが連日届けられるのである。

このすべてに目を通して、国王の代わりに書簡や訓令を送ったのがノウルズだった。しかもそれを、彼はすべて自筆で書いた。一八七〇年代半ばまでにはタイプライターも発明され、政府や王室の一部でも使われ始めていたのだが、ノウルズはあくまでも自筆の書簡にこだわった。国王もノウルズに全面的に任せていた。国王は書簡や報告を受け取ると、すぐに草稿を書いてノウルズに送る。それをノウルズが国王の名の下に再度草稿を書いて、国王のお許しを得てから送るのである。

そのために、手紙の受取人は国王の読みにくい字ではなく、ノウルズの比較的読みやすい文字に接することができた。しかも、時として感情的になって「きつい」表現が使われる国王の草稿を、トーンダウンさせて和らげていくのもノウルズの仕事だった。そのおかげで、国王と政府との対立を何度回避することができただろうか（それでも、これから見ていくとおり、国王と政府の対立は頻発したが）。

この大変な仕事を、ノウルズはほとんど自分一人でやってのけた。もちろん書き上げた手紙を届けたりするのは従僕の仕事である。しかし国王がやり取りする書簡のすべてはノウルズのもとを経ていた。このためノウルズは、エドワード七世の国王秘書官に就任するにあたり、数人の事務官を除いては補佐役は必要ないと国王に進言した。

最晩年のヴィクトリア女王の秘書官を務めていたアーサー・ビッグは、新しい皇太子（ジョージ）の秘書官に「格下げ」となって就任させられた。それでも国王はノウルズの仕事量が激増することを見越して、そのビッグの下で秘書官補を務めていたフレデリック・ポンソンビを引き続きノウルズの下で秘書官補として雇うことに決めた。

ポンソンビは早速、国王がロンドンに有する私邸マールブラ・ハウス（セント・ジェームズ宮殿のすぐ隣り）に出向いたが、初出勤の彼を待ち受けていたのは「仕事が何もない」という状況だった。

> 国王秘書官補に任ぜられたとき、私は大変な量の仕事が待っているものと思い、翌朝一〇時にマールブラ・ハウスに向かった。ところがそこで私は、フランシス・ノウルズから手助けなど必要ないと告げられたのである。これは私を非常に驚かせた。やるべき仕事などありすぎることを私は知っていたからである。他の全員があくせく働いているなかで、私一人が何もせずにぶらぶらしていることほどいやなものはなかった。侍従武官でさえもやることがたくさんありすぎて、私と話す暇もなかったのだから。

ノウルズは秘書官補を付けることに本心では反対であったのだが、心優しい国王が親切心から付けてくれるのだからと、あえて逆らわずにいたのである。もちろん、何もさせずに給料を払うわけにもいくまい。やがてポンソンビは、国王が海外に出向くときなどに、高齢のノウルズに代わってお供をするようになっていく。バーティが還暦で即位したのだから、ノウルズは六四歳になっていたのだ。

とはいえ、国王が海外にいるときも、国王に宛てられる書簡はすべてロンドンでノウルズが扱うことになっており、ポンソンビが述べているとおり、ノウルズは「ワンマン」あるいは「独裁者」といってもいいぐらいに国王の執務に関するあらゆる問題を取り仕切っていった。エドワード七世に関する優れた研究書を残したサイモン・ヘッファーも指摘するとおり、彼はさながら「国王の代弁者《マウスピース》」であった。

サー・フレデリック・ポンソンビ。ヴィクトリア女王、エドワード七世、ジョージ五世と、三代の君主に秘書官補として仕えた。The Royal Collection © 2022 Her Majesty Queen Elizabeth II

国王からのご褒美

けれども、ノウルズは決して国制に違反するような存在ではなかった。国王は、即位した翌年の一九〇二年六月に予定されていた戴冠式にあわせて、大がかりな「叙爵・叙勲」にとりかかることになった。その事務的な作業を取り仕切ったのもノウルズだった。ところが、そのノウルズには内緒で、国王は一九〇二年二月にソールズベリ首相に次のような指示を出している。「ノウルズを枢密顧問官に任ずるように」。枢密院は元々はヘンリ八世の時代に創設され、その当時の内閣のような役割を果たしていた国王の諮問機関である。一八世紀半ばまでには、ウォルポール以降の首相たちによって議院内閣制・責任内閣制が確立され、枢密顧問会議も形式的なものとなってしまう。とはいえ、その顧問官はれっきとした国王の相談役であり、政治の諸事全般にわたって国王から諮詢《しじゅん》に与《あずか》る位置づけを与えられている。

現実には、やはり枢密顧問官に任じられている「閣僚」たちが、担当の問題について相談に与るわけだが、政党政治のなかで公正中立な立場に位置する人物が、枢密顧問官の資格で国王に助言を与えることは国制には違反しないのである。

一八八〇年に、ビーコンズフィールド首相が辞任するにあたり、これまでの功績を讃え

ウェストミンスタ寺院。中世以来、歴代国王の戴冠式が行われている。

てポンソンビ女王秘書官を枢密顧問官に任じたのが、君主秘書官としては最初の任命であった。もちろん、ポンソンビが保守・自由両党のあいだで「公正中立な立場」を守っていたため、彼が女王に助言を呈することにもこれといった批判は出されなかったわけであるが、それと同時に彼が枢密顧問官であったことも、女王の補佐役としてその後の立場を強めることにつながったとも考えられる。

今回、ノウルズも枢密顧問官に任ぜられることで、国王の補佐役として改めてその立場を強めることになった。さらに、これまた本人には内緒で、国王はノウルズを男爵に叙すことを発表する。この三〇年間、常に彼を支え続けてきてくれたことに対する、国王からの感謝の気持ちであった。男爵にして枢密顧問官にまでのぼり詰めたノウルズの感慨はいかばかりであったろうか。君主秘書官のなかで、爵位を与えられたのはノウルズが初めてであった。

エドワード七世は謹厳実直だった母とは異なり、豪華絢爛たる儀礼を重んじる勲章好きの国王だった。戴冠式に先立ち、彼はメリット勲章（Order of Merit）とロイヤル・ヴィクトリア勲章頸飾（Royal Victorian Chain）という新たな勲章を創設した。さらに、最高位のガーター勲章からこれら新設の勲章に至るまでの叙勲、ノウルズのケースに代表される叙爵（これには貴族ではないが准男爵《バロネット》や勲爵士《ナイト》も含める）など、戴冠式にあわせて一五四〇件もの栄誉を与えることとなった。

これは、次のジョージ五世のとき（一九一一年）の五一五件と比べても圧倒的な多さである。それは九年ぶりの戴冠式だったが、今回はなにしろ六四年ぶりの一大イベントである。エドワード自身の勲章好きも関係していたのであろうが、この一五〇〇件以上に及ぶ栄誉について、政府と緊密にやり取りを続けながら確定していったのがノウルズだった。もちろん、自分自身の栄誉は除いて。

なかには大変な事件も待ち受けていた。今回の栄誉は、国内の功労者だけでなく、海外の親戚たちも対象となっていた。オーストリアの帝位継承者で、後に暗殺されるフランツ・フェルディナント大公などにガーター勲章が贈られた。また、戴冠式に出席する各国の代表たちにも栄誉が待ち受けていた。日本から出席した小松宮彰仁親王にはバース勲章の勲一等（Knight Grand Cross of the Bath）が贈られた。日本の皇族としては初めての叙勲である。

ところが、思わぬトラブルも生じた。最高位のガーター勲章をもらえるものと思って、ペルシャ皇帝のムザッファロ＝ディーン＝シャーがお祝いの品を携えてやってくることになった。けれどもこの後、シャーにブルーリボン（ガーター勲章の別称）を贈ってもらいたいバルフォア首相やランズダウン外相といった保守党政権の幹部と、国王のあいだで対立が深刻化してしまった。

詳しい話は拙著『女王陛下のブルーリボン』（第三章）に譲るとして、このときに生じた対立は、両者のあいだで後々までしこりとして残ることになる。その両者のあいだを何とか穏便に取り結んだのが、国王秘書官ノウルズ男爵だったのである。

さらにノウルズは、国王が信頼を置くもう一人の側近イーシャ子爵とともに、戴冠式の準備にも取りかからなければならなかった。六四年ぶりの戴冠式とあって、前回のものを覚えている者などほとんどいない。ノウルズなど一歳のときの出来事であるし、国王自身はまだ生まれてもいなかったのである。

古い文献を調べて何とか準備が整った矢先に、今度は国王が盲腸炎になる。結局、戴冠式は八月九日に延期されたが、無事に終えることができた。式そのものは、まさに派手好きなパーティを象徴するような世紀の祭典となった。

バルフォアとの因縁の始まり

戴冠式を終えた国王エドワード七世が最も関心を示した政策分野が外交だった。当時のイギリスは、七つの海を支配する大英帝国という一般的な評価と表裏一体の関係で、世界大のスケールで列強と縄張り争いを演じていた。ロシアとはユーラシア大陸全体で、ドイツとはアフリカ・太平洋で、そして新興の大国アメリカとは南北アメリカをめぐって対立が深刻化していた。

しかし、最大のライバルはフランスだった。エジプトから南アフリカまでの大陸縦断政策をとるイギリスは、サハラ砂漠を突っ切るフランスの大陸横断政策といつ衝突してもおかしくない状態だった。実際に一八九八年には、ファショッダ事件でそれが現実のものになるかもしれなかった。

先に皇太子時代のエピソードを紹介したとおり、バーティはプロイセン＝ドイツよりもフランスに親近感を抱いており、フランス語も得意で、ベル・エポックの文化にも精通していた。このため、国王に即位したエドワード七世が最初の公式訪問を望んだのは、姉の息子である甥の「ウィリー」ことヴィルヘルム二世が統治するドイツ帝国ではなく、フランス共和国だった。

シャーへのブルーリボン騒動が一段落ついた後の一九〇三年春に、国王はポルトガル、イタリアを経て、パリを公式訪問したいと政府に打診する。フランス政府側も国王の訪問を歓迎する意向であった。バルフォア首相にも異存はなかった。

ところがここで、国王は思わぬ決断をしてしまう。フランスを訪問する前に、イタリアにも立ち寄るつもりだが、ローマではイタリア国王にはもちろんのこと、ローマ教皇とも会見すべきであろうというのである。イギリス国王がローマを公式に訪問するのだから、教皇に会わないのは失礼にあたるというのが国王の見解だった。

しかしバルフォア首相の考えは違った。たしかに、メアリ一世（在位一五五三〜一五五八年）の血の粛清の時代や、その後のスペイン・フランスといったカトリック勢力によるイングランド侵攻の可能性が高まった一七世紀後半までとは異なり、カトリックに対する反発はイギリス国内でも弱まってはいる。一九世紀前半には、それまで設けられていたカトリック教徒に対する政治的差別も撤廃された。とはいえ、国王がヴァチカンを訪れることには、国民から非難があがる可能性がないとは言い切れなかった。

すでに国王は三月末までには最初の訪問国ポルトガルに向けて出航しており、この後、ヴァチカン訪問をめぐる問題は、イギリスに残って事後処理を託されたノウルズが国王と政府とのあいだで調整していくこととなった。ノウルズも、最初は国王のヴァチカン訪問には反対だった。

しかし、簡単には前言を翻さないパーティの性格をよく知っていたノウルズである。バルフォア首相に対して、国王のヴァチカン訪問には断固反対するようノウルズは迫った。しかし優柔不断な態度を示したバルフォアは結局、国王のヴァチカン行きを黙認してしまう。国王は、ローマ教皇レオ一三世と親しく会見を行った。イギリスがローマ教皇庁と袂を分かってイングランド国教会を設立して以来、国王が教皇と公式に会見を行うのは、近代イギリス史上初めてのことだった。

会見は終始和やかに進み、イギリス＝ヴァチカン関係は一気に深まった。イギリス国内にも特に反発の声はなく、国王による外交は成功を収めたと言ってもよい。しかし今回の騒動で、国王の気分は穏やかではなかった。バルフォアに対する怒りで爆発寸前だったのである。それを何とかなだめ、国王が本国へと送付する書簡を穏便な表現に改めてバルフォアの責任問題にまで発展しないよう気を遣ったのが、国王に随行した秘書官補のポンソンビであった。

他方でイギリス国内では、国王が最後の訪問地フランスに到着した直後にノウルズ秘書官がバルフォア首相に書簡を送り「国王がお戻りになったら、すぐに謁見してわだかまりを解くよう」助言していた。これにもとづき、首相は帰国後の国王にすぐに会見を申し込み、いろいろと話し合ったものの、一度生じたわだかまりを解くことはできなかった。

政治家であるとともに名高い哲学者でもあったバルフォアは、のらりくらりとしてつかみどころのない人物だったが、国王によるヴァチカン訪問を止めることができなかった今回の一件で、ノウルズも彼に対する不信感を強めてしまう結果となった。

英仏協商をめぐるさらなる対立

国王と政府とのあいだに物議を醸したヴァチカン訪問の次は、いよいよ今回の旅行の主眼でもあるパリ訪問が待ち受けていた。五月一日に国王はパリに入った。しかし、ファショッダ事件やボーア戦争（南アフリカ戦争）の記憶がいまだ鮮明に残るパリ市民の態度は、当初は冷やかであった。

ところが、大統領との晩餐会や、国王自身が催す午餐会・舞踏会などで、このフランス好きのパーティが流暢なフランス語でユーモアを交えて行う演説は、次第に彼らの心を捉えていった。そして、国王が公式訪問を終えてロンドンに帰ろうとするときには、街角で「国王万歳！」という声がこだまするぐらいにパーティはパリ中の人気者になっていた。国王による親善外交は大成功に終わった。

こうして英仏両国のあいだに生みだされた友好関係は、同年夏には今度はフランス大統領のイギリス訪問につながり、ますます強められていった。そして翌一九〇四年四月、ついに英仏協商が結ばれ、アフリカや東南アジアでの両国の勢力範囲が確定されることになった。英仏両国はもはやライバルではなく、友人となった。

協商が締結された四月初め、エドワード七世は、王妃アレキサンドラの実家であるデンマークのコペンハーゲンに滞在していた。国王も異国の地で、この英仏両国の関係改善を心から祝った。ところが、そのようなお祝いムードをぶち壊すような事態がこの直後に生じてしまう。原因を作ったのは、またもやバルフォア首相であった。

英仏協商の内容を議会で説明したバルフォアは、今後フランスと領土の分割・割譲などについて取り決める場合には、議会に諮ったうえで検討していきたいと発言した。しかしこれは、これまでのイギリス政治の慣例とは明らかに異なっていた。

たとえば、これより一四年前の一八九〇年には、ドイツとのあいだにベルリン協定が結ばれ、イギリスが北海に浮かぶヘルゴラント島（シュレスヴィヒ=ホルシュタイン西部）をドイツに割譲する代わりに、東アフリカのザンジバルおよびペンバ島を獲得することが取り決められた。このとき、領土の割譲問題はヴィクトリア女王からの裁可だけで決定され、議会に諮られるようなことはなかったのである。

この一件をバルフォアが知らないはずはなかった。何しろ、この協定を結んだイギリス政府を率いていたのが彼の叔父であるソールズベリ侯爵であり、バルフォアはその政権に閣僚として入閣していたのであるから。たしかに、彼はアイルランド担当大臣であったため、直接的にこの問題に関わってはいなかったかもしれないが、閣議の席で協定の内容やその決定過程はすべて見聞きしていたはずである。

英仏協商に関わるバルフォアの発言は、高級紙『タイムズ』から疑問視された。これを読んだノウルズ秘書官は、すぐさまコペンハーゲンの国王に注進する。当然のことながら、国王は烈火のごとくに怒り狂った。領土の割譲という問題は、国制上、議会とは独立して君主こそが権限を有しているはずである。バルフォアの発言は「国王大権の侵犯にほかならない」。

国王はすぐにノウルズに書簡を送り、バルフォアと会って真相を究明するように命じた。今回も首相はつかみどころのない様子を見せ、自分は法律の専門家や外務省高官たちと相談のうえで、あのような発言を議会で行ったのだと弁明した。その直後に、国王自身も帰国してバルフォアに会うことになった。ノウルズは、首相がこの問題を事前に国王に相談せずに勝手に進めたことに関して、「バルフォアを譴責《けんせき》すべきです」と国王に迫ったが、事件直後の興奮から冷めていたエドワード七世はそこまでには至らなかった。

カーズン問題とさらなる不信感

ノウルズのバルフォアに対する不信感はさらに強まった。この翌年の一九〇五年五月に、インドで問題が生じた。当時のインド総督は、外務政務次官から転身し、インド行政を大きく刷新してきたカーズン男爵だった。その彼が、インド軍総司令官のキッチナー将軍と真っ向から衝突したのである。原因はインドにおける軍事行政や人事について、どちらに最終的な権限があるのかという問題だった。

カーズンは、一九〇二年にはエドワード七世の名代としてインド皇帝即位式典を大々的に行い、インド各地にイギリス国王の威厳を根付かせた功労者だった。対するキッチナーはスーダン遠征の成功で国民的な英雄となっており、陸軍の大御所でもあった。この二人の実力者の衝突は、本国にその決着が託されることとなった。インド担当大臣ブロドリックの見解は、やはり陸軍に関係する行政や人事は、たとえ総督が国王からインド統治の全権を託されているとはいえ、陸軍に任せるべきであるというものだった。国王もこれには同意を示した。

このような指令を受け取ったカーズンは、六月には総督からの辞任を申し出た。鼻っ柱の強いカーズンは、イギリス本国の保守党政権の内部でも頭痛の種だった。結局、八月には国王もカーズンの辞表を受け取ることとなる。そして九月一日、国王は政府にひとつの提案を行った。カーズンの気持ちを汲んでやるためにも、五年にわたって総督として仕えてきた彼の功績を讃え、現在の男爵から「伯爵に陞爵《しょうしゃく》」させてやってはどうかというのである。

政府による今回の決定は、明らかにカーズンの敗北となった。誇り高いカーズンに敗北意識を抱かせずに、気持ちよく退任させてやりたい。不満緩和の意味も含めての国王の配慮であった。ノウルズもこれに賛成し、早速にバルフォアに提言した。

ところがバルフォアは、これに反対だった。「そのようなことをしたら、キッチナーとブロドリックが間違った方針を取り、カーズンが正しかったかのような印象を世間に与えてしまう」というのが理由であった。たしかにカーズンが子爵を飛び越えて伯爵へと陞爵するというのは、かなりの厚遇である。ちなみに敵対したキッチナーは、この時点では子爵に叙せられているに過ぎなかった。

しかし国王は、「カーズンのような人物にはそれぐらいの栄誉を与えておけば、後々しこりなど残らない」と考え、政府に再考を促させた。それでも政府はカーズンへの叙爵には難色を示し、国王もそれ以上の無理強いはしなくなった。カーズンが伯爵となるのは、皮肉なことにそのエドワード七世が崩御し、ジョージ五世が戴冠式を迎えたときの叙爵（一九一一年）まで待たなければならなかった。

かつてであれば、叙爵の権限は国王に一任されていたのだが、ヴィクトリア女王がビーコンズフィールド首相を寵愛するようになってから、勲章はもとより爵位についても政府の裁量が重視されるようになっていた。

とはいえ、宮廷の人事まで勝手に決めることはできない。「カーズン問題」で国王と政府との見解にずれが生じていたそのとき、バルフォアは低位の宮廷人事について国王に相談せずに進めようとして、ノウルズ秘書官から非難を浴びている。「「A・J・［アーサー・ジェームズ・バルフォアのこと］」は本当にひどすぎる。彼には、国王が採用を承認なさるかわからないような人事を勝手に進める権限も根拠もない」。バルフォアの秘書官サンダースに宛てたノウルズの書簡である。

政権交代と国王の歓喜

しかしこのとき、すでにバルフォア政権は断末魔の状態にあった。一九〇三年頃から保守党の内部には、新興の工業大国ドイツやアメリカに対抗していく意味からも、帝国内に特恵関税を設けるべきであると主張するグループと、あくまでも自由貿易を堅持すべきであるとするグループとの対立が顕在化するようになっていた。バルフォア自身は両派の中間に位置していたが、一九〇五年の夏までには、もはや政権を維持し続けることが難しくなっていたのである。その旨は、ノウルズも大蔵省高官のハミルトンから密かに聞いていた。そして秋までには、政権交代の可能性も高まっていた。

国王は、これまで衝突の続いた保守党から、個人的に親しい政治家の多い自由党へと政権が交代することを内心大いに喜んでいたようである。とはいえ、これは国王にとって、政権党が入れ替わるという意味での最初の政権交代となる。一九〇二年七月にソールズベリからバルフォアに首相が交代したときは、同じ保守党政権内部での交代であり、しかも叔父から甥への世襲のようなものだったので、これといった手続きなどを踏む必要はなかった。しかし今回は違う。

一一月の末までに、国王とノウルズ秘書官とは、ヴィクトリア女王時代の前例をもとにして「政権交代のあり方に関する覚書」を作成することとなった。すなわち、首相が辞意を表明したら次期首班について意見を求め、その人物に君主の秘書官が会い、さらに見解を求める。首相を引き受けるようであれば、その人物を御前にお連れする。

そして、①次期首相と最初の会見の際に、君主は外相の名前を把握しておく、②その最初の会見の際に、それ以外の主要閣僚の名前も聞いておくこともある、③先の女王は、時としてある人物が閣僚に就くことに反対なさることもあったが、基本的には首相に閣僚を決める権限がある、④宮廷官職についてはその限りではなく、女王が決められた、⑤閣僚の任命について女王が助言を行うこともある、⑥辞めていく前首相は個人的に書簡を君主に出し辞任を正式に願い出る、といった内容である。

この直後の一二月一日、首相秘書官のサンダースから「バルフォア辞任の意向」を伝え聞いたノウルズは、バルフォアと国王の会見の後に、野党自由党の党首サー・ヘンリ・キャンベル＝バナマンに書簡を送り、国王のもとに招請させた。こうしてキャンベル＝バナマン政権が誕生することになった。しかし現実には、それほど単純ではなかった。

この当時、内紛に包まれていたのは保守党だけではなかった。自由党も、キャンベル＝バナマン派とローズベリ元首相の流れを汲むハーバート・ヘンリ・アスキス率いる派とに分かれていたのだ。そしてアスキスやリチャード・ホールデン、サー・エドワード・グレイ（第一章に登場したサー・ジョージ・グレイの孫）といったアスキス派の大物たちが、自由党政権への入閣に難色を示していたのである。こうした状況は夏頃から明確であり、ハミルトンを通じて政権交代が近いことを予測していたノウルズが、九月の段階ですでにホールデンに次のような書簡を送っていた。

貴兄や貴兄の友人たちが入閣しないと、陛下は困った立場に立たされることになる。貴兄ら抜きで、サー・HCB［ヘンリ・キャンベル＝バナマン］が政権を作っても、国にとっても、党にとっても不幸をもたらすだけだろう。

この説得が功を奏して、アスキス派は入閣を受諾する。実際に一二月に政権が交代したとき、アスキスは大蔵大臣、ホールデンは陸軍大臣、グレイは外務大臣として、それぞれ入閣を果たし、キャンベル＝バナマン政権を支えていくこととなった。自由党内部に知己の多かったノウルズならではの離れ業であった。この自由党政権は、途中で首相が交代するものの、この後一九一五年五月まで一〇年近くにわたってイギリス政治をリードしていくこととなる。

キャンベル＝バナマンの辞任とノウルズの裁量

しかし、ノウルズの斡旋で成立した自由党政権ではあったが、キャンベル＝バナマン首相はすでに重い病に悩まされていたのである。政権発足の二年後、一九〇七年一二月末に、首相秘書官のアーサー・ポンソンビ（国王秘書官補ポンソンビの実弟）が、首相の体力はもはや重職には堪えられないと伝えてきた。翌一九〇八年三月初めに、エドワード七世はダウニング街一〇番地の首相官邸に異例の訪問を行った。

国王が首相の許を訪れるというのは滅多にないことである。それぐらいにキャンベル＝バナマンの容態は深刻だったのだ。しかし、体調が思わしくなかったのは七一歳の老首相だけではなかった。六六歳の老国王も内臓に障害を抱えるようになっていた。首相と会見した直後に、国王は療養のためフランス南西部の保養地ビアリッツへと向かった。イースター（復活祭）明けには帰国する予定であったが、それまではキャンベル＝バナマンに首相として留まってほしいと要請するために、わざわざダウニング街にまで足を運んだのである。

他方で、キャンベル＝バナマンの後継人事については、自由党幹部とつながりの深い国王秘書官ノウルズが、国王も交えた幹部たちとの意見交換で調整を進めていた。候補者としてはアスキス蔵相が挙がっており、党内の見解もほぼ一致していた。この後、国王がビアリッツで療養生活を送っているあいだは、万一の場合に備えてロンドンに留まったノウルズが後継首班問題について一任されるという、これまた異例の状態となったのである。

国王は、もしキャンベル＝バナマンが辞任せざるを得なくなったら、アスキスをビアリッツまで来させるようにと、ノウルズに指示を与えていた。この後、約一カ月ほどは、国王とノウルズとの交信が続き、ロンドンの状況がビアリッツに逐一報告されていくとともに、新しい政権の人事に関する国王の見解がノウルズからアスキスらへと伝えられることになった。

一九〇八年四月初旬、ついにキャンベル＝バナマンの体力にも限界が訪れた。四月五日に、ついに辞任する。本来であれば、国王がすぐにでも帰国すべきところであったが、当の国王自身も体調が思わしくなく、動けない状態だった。このため、ノウルズはアスキスをビアリッツへと送り込み、異国の土地で首相の大命が降下されるという前代未聞の政権交代となった。

この間に、ロンドンではノウルズ自身がマスコミへの対応に追われ、国王の容態が悪いので、今回はこのような措置が取られたことを早急に報道陣に説明した。まさに、老齢の首相と老齢の国王とのあいだに生じた、異例ずくめの首相交代劇であった。

この両者のあいだで奔走し、後継首班の選定や新政権の閣僚人事などについて、国王秘書官がここまで深く関わるという現象も異例であった。そのノウルズにしろ、キャンベル＝バナマンより一歳年下なだけで、すでに七〇歳を超えていたのである。キャンベル＝バナマン前首相は、辞任から二週間ほど後の四月二二日に亡くなった。

アスキス政権と国王との乖離

五六歳と働き盛りのアスキスを首班に据えて、自由党政権は再出発を迎えた。ところが、帰国した国王と新しい自由党政権のあいだには、次第に溝が生じてしまうことになる。

まずは、新政権で大蔵大臣に就任したデイヴィッド・ロイド＝ジョージと、商務院総裁（通商産業大臣）のウィンストン・チャーチルの二人が、大衆相手の演説や新聞・雑誌で世論を煽動するような態度に出ていることに、国王は我慢ならなかった。

特に彼らの外交問題に関する発言が増え、「いまや英独戦争は不可避になってしまったかのようである」などとチャーチルが発言する一方で、ロイド＝ジョージは「ドイツにより接近できるような政策に転換すべきである」と世論に訴えた。国王は、外交問題はグレイ外相の領分であり、蔵相や商務院総裁が公式の場で口出しすべきではない、と不快感を伝えた。秘書官のノウルズも「ロイド＝ジョージもチャーチルもジェントルマンではない」と、国王の見解を代弁してアスキス首相に不満を伝えていた。

他方で、国王はグレイ外相とのあいだにも問題を抱えていた。一九〇八年暮れに、グレイ外相は国王に対して、オスマン帝国宰相キアミル・パシャにバース勲章の勲一等（別称レッドリボン）を与えてほしいと要望した。キアミル・パシャがイギリスを訪問するにあたっての「手みやげ」のつもりだった。しかし、国王はこれを突っぱねてしまう。オスマンは、もはやイギリスにとって同盟者と呼べるほどには近い存在ではないというのが理由であった。

これに対してグレイは、かつて一九〇二年にペルシャ皇帝が訪英したとき、シャーにはガーター勲章が、首相にはバース勲章勲一等がそれぞれ与えられているので、東洋人だからという理由でキアミル・パシャに受章を諦めるように説得するのは難しいと切り返した。たしかにペルシャの首相に贈られたのは事実であり、これ以外にも日本の伊藤博文元首相（一九〇二年）や桂太郎首相（一九〇五年）などにレッドリボンが贈られたことがあった。しかしペルシャの一件は特例であり、日本とは日英同盟を結んでいる間柄である。

ここで動いたのがノウルズだった。彼は六年前のシャーのブルーリボンをめぐる騒動をアスキス首相に詳細に伝え、そのときの国王と政府との衝突を繰り返すような真似だけは避けたほうがよいと忠告した。アスキスもグレイもこれ以上、パシャへのレッドリボンを催促するようなことはなかったが、国王と自由党政権とのあいだには若干のしこりを残すこととなった。

人民予算と国制危機

むしろ問題はこれからであった。オスマン帝国の宰相への叙勲問題が一段落ついた一九〇九年には、さらに大きな問題がイギリス政治全体を揺るがすこととなり、最晩年に達しつつあった国王エドワード七世を政治危機に巻き込み、ある意味で国王の寿命まで縮めてしまうのである。きっかけはアスキス政権の出した「人民予算（People's Budget）」だった。

二〇世紀初頭のイギリスには、急速に大衆民主政治の波が押し寄せてきていた。エドワード七世が即位した五年後の一九〇六年には、本格的な議会政党としては初めて、労働者階級を母体とする労働党（Labour Party）が結成された。労働者たちは、自分たちの真の代表を議会へと送り込むようになっていたのである。この結果、既成の大政党である保守党や自由党も、労働者の取り込みに躍起となっていた。

一九〇九年の四月にアスキス自由党政権は、老齢年金の供出を新たに盛り込んだ予算案を議会に提出した。しかし新たな年金の創出のためには、新たな財源が必要となる。そこで、政府が目を付けたのが相続税であった。これまで主に動産に対して課せられていた税金を、土地・建物などの不動産も対象とする相続税の大幅アップで、老齢年金も供出できるというわけである。ところが、これに猛烈に反対したのが地主貴族階級《ジェントルマン》の牙城とも言うべき保守党であり、貴族院だった。野党保守党側は、この予算案と正面から対決していく姿勢を強めていった。

ここでまた登場したのが、ロイド＝ジョージとチャーチルである。前者が「公爵ひとりにかかる費用でドレッドノート（巨大戦艦）二隻は維持できる」と演説し、後者も予算案を国民の審判にかけるため解散・総選挙を行うべきだなどと発言した。予算案には、ドイツに対抗すべく海軍力の増強予算も組み込まれていたのである。

これに不快感を示したのは国王だった。国王は、貴族制や国王大権（議会解散の権限はもちろん国王の権利）を蔑《ないがし》ろにするような、これら閣僚たちの暴言をこれ以上許すなと、アスキス首相に釘を刺すことにした。ノウルズは、政府側貴族院指導者で植民地大臣のクルウ伯爵にこう伝えた。「国王は、どうしてアスキスが同僚にあんな発言を許しているのか理解に苦しんでおられる。あんなに下品で、君主に対して侮辱的な発言はないではないか」。これにはアスキスも恐縮して、すぐにロイド＝ジョージらに注意を促すこととなった。

一部の閣僚たちの暴言には我慢がならなかったものの、国王もノウルズも自由党の予算案には賛成であった。議会で審議が続けられる一〇月半ばに、国王は保守党貴族院指導者のランズダウン侯爵と党首のバルフォアに会見を申し込んだ。自由党が優勢を占める下院は通過するであろうが、予算案が貴族院を通る可能性はほとんどなかった。

二人と会ったのは、保守党が大勢を占める貴族院の内部を調整して、予算案を成立させるためであった。しかし二人とも、この問題で貴族院を制御するのは無理であると協力を拒否してきた。ペルシャ皇帝のブルーリボン事件以来、政権にあったときにも信用できなかったこの二人を国王はますます信用できなくなった。

第一章でも述べたが、一八八四年の秋に第三次選挙法改正問題をめぐってグラッドストン自由党とソールズベリ保守党が対峙したとき、時のヴィクトリア女王は秘書官のポンソンビを使って両党の調整に乗りだし、解決に成功した。今回も、国王エドワード七世は秘書官のノウルズとともに、与野党間の調整に乗り出したかったのである。

しかし、時代は変わっていた。国民のための予算案をアピールして「人民予算」などと名付けられたこの政策は、もはや自由党対保守党だとか下院対貴族院といった、ウェストミンスタ内部の話では済まされなくなっていた。貧しい労働者のための年金を優雅に暮らす貴族階級から捻出させるといった意味で、世論も巻き込んだ、ある種の階級闘争のようなかたちになっていたのである。こうなると、国王の調整は与野党のあいだだけでは済まされない。

人民予算は一一月五日に、賛成三七九票・反対一四九票で下院を難なく通過した。しかし一一月三〇日の貴族院での採決では、賛成は七五票に対して、反対は三五〇票に達していた。日頃は審議に参加しない貴族たちまでが、この時ばかりは議場に姿を現して、自ら反対票を投じたのである。

これにより、事態はますます階級間の対立へと発展するとともに、国制上の問題にもつながった。この数百年間、有権者から選ばれた下院を通過した予算案（税金の使い途）を、選挙の洗礼も受けない特権的な貴族院が否決した事例は一度としてなかった。これは国制に違反するのではないか。

政権内部には、予算案に賛成する人物を貴族に大量に叙して通過させてはどうかなどという声もあがった。もちろん、これは「国王大権の侵犯であり、それぐらいなら退位のほうがまし」とノウルズは政府首脳部に反対意見を送った。国王自身も貴族の大量叙爵（政府側には三〇〇人ぐらいなどという意見もあった）など論外と考え、一二月一五日についに議会の解散を決定する。この決定にアスキスが反対すれば、野党党首バルフォアに政権が回るわけだが、この狡猾な保守党党首は火中の栗を拾うつもりなどなかった。アスキスも解散・総選挙で国民の審判を問うことにした。

議会法危機と国王の死

一九一〇年は総選挙とともに幕を開けた。人民予算が争点となったが、選挙結果は意外にも真っ二つに分かれてしまった。相続税増税に反対したのは地主貴族階級だけではなく、それに連なる専門職階級など上層から中層の中産階級にまで拡がっていたのである。与党自由党は二七五議席、野党保守党は二七三議席だった。

わずか二議席の差で、自由党は政権を維持することとなった。前年の国王との約束で、ランズダウンは次期総選挙で自由党が勝利を収めたら予算案については貴族院を通過させると述べていたため、人民予算は通過する見通しとなった。特に、労働党（四〇議席）とアイルランド国民党（八二議席）とが下院でも人民予算を支持していたので、保守党としてもやむを得なかった（なお、下院の総議席数は六七〇）。

しかし問題は、人民予算だけではなかった。今回の問題を引き起こした、貴族院の国制的位置づけを変更すべきではないかという声が、前年一一月に予算案が否決された段階ですでに高まりを見せていたのである。一九一〇年度議会の争点は、今度は「貴族院改革」問題へと移っていった。

人民予算が貴族院を通過した四月、アスキス政権は新たな議会法案（Parliament Bill）を議会に提出する。そこには、①予算案や課税などの金銭に関連する法案は、貴族院で否決されたとしても、下院を通過すれば成立する、②金銭以外に関連する法案については、貴族院で否決されたとしても、下院を三会期通過すれば成立する、③下院議員の任期を七年から五年にする、といった内容が盛り込まれていた。もちろん貴族院側は、これに大反対だった。

この新たなる議会内の闘争に対して、国王にはなす術がなかった。前年からの国制危機で、国王の身体は急速に衰弱していったのである。総選挙の結果が出てからすぐに、国王はビアリッツへと療養に出かけてしまった。またもやノウルズが、政府と国王との中継ぎ役となった。

ここでノウルズは、思い切った行動に出た。国王の側近イーシャとともに、イングランド国教会最高位の聖職者カンタベリ大主教の公邸ランベス宮殿（ロンドン）で、野党党首バルフォアと極秘に会談したのである。

上記のとおり、議会内の勢力は自由・保守両党が伯仲している。今回の議会法案をめぐっては、あるいはアスキス政権の総辞職という状況もあり得るわけだが、その際には保守党としては政権を担うつもりがあるかどうかを尋ねたのである。前年一二月の段階では、自由党側が四〇〇議席を超える状況であったので政権担当の意志を見せなかったバルフォアではあったが、今回は違う。状況がそうなれば、自分は政権を担当するつもりだと答えた。

与野党間で対立が激しくなった五月、国王はすでにイギリスに戻ってきていた。しかし政争の渦には巻き込まれたくないと、ノーフォーク州の公邸サンドリンガムで引き続き休養生活を送っていた。

エドワード七世の私邸だったマールブラ・ハウスの側から見たウェストミンスタ方面。

ところが帰国早々に、国王は気管支炎を起こしてしまう。そして五月六日の午後一一時四五分、国王はついに帰らぬ人となってしまった。享年六八。在位六三年にして八一歳まで生きた母とは異なり、九年の在位で終わってしまった。近年では、同じく高齢になってから国王に即位したウィリアム四世の七年に次ぐ短さだった。アレキサンドラ王妃がいみじくも洩らしたとおり、「彼は国のために命を落とした」のである。

秘書官失格？　ノウルズの功罪

エドワード七世の死去で、議会内はしばらくのあいだ、政争を休止することとなった。そしてこの間に、皇太子が国王ジョージ五世として即位した。国王秘書官には、皇太子時代からの秘書官であるサー・アーサー・ビッグが着任するとともに、このイギリス史上稀に見る危機のさなかの即位ということもあって、ノウルズ男爵も引き続き、ビッグとの「共同秘書官（Joint Private Secretaries）」という形でこの新国王を支えることになった。

ジョージ五世の側に仕えた経歴からすれば、ビッグのほうが国王により近かったのであるが、年齢的にも年上で（ノウルズはビッグより一二歳年上）、与野党双方の指導者ともつながりをもつノウルズが「格上の」国王秘書官となり、この後もアスキス首相や政府主要閣僚たちとの連絡役はノウルズが務めることとなった。ところが後々、これが物議を醸し出してしまう大事件へとつながったのである。

ウェストミンスタでは国王の喪が明けて、いよいよ議会法案をめぐる与野党の攻防戦が本格化しようとしていた一九一〇年一一月、アスキス首相は今度はこの法案を有権者の審判にかけるために、再度の解散・総選挙を国王に要請することとなった。アイルランド自治問題が紛糾し、一年をおかずして総選挙が行われた事例は一八八五〜八六年に見られたが、同じ年に二度も総選挙が行われるのは前代未聞の話である。ジョージ五世もさすがに、これには躊躇せざるを得なかった。国王は早速、ノウルズ秘書官に意見を求めた。

ノウルズの見解では、国王が解散・総選挙を拒めば、アスキス内閣は総辞職を決意するだろう。そうなれば野党保守党の党首バルフォアを招請して、彼に組閣の大命を降下することになる。しかし一九〇九年一二月の時と同様に、今回もバルフォアは政権担当を辞退するだろう。ここは政府の意向を入れて、異例中の異例の事態ではあるが、議会の解散・総選挙を許すべきである。国王はこの老臣の意見に従い、議会は解散された。そして、史上初めて、同じ年に二回の総選挙となったのである。

ところが一二月総選挙の結果は、なんと与党自由党が二七二議席、野党保守党も二七二議席とまったく同数になってしまった。自由党は今回も、労働党（四二議席）とアイルランド国民党（八四議席）からの協力を受けて政権を維持することとなった。しかし得票数では、自由党（二二九万票）は保守党（二四二万票）より少ないぐらいだった。

こうして、一九一一年度議会では与党側の戦略も功を奏し、またこれ以上の国制危機に陥らないようにと、保守党貴族院幹部たちが事実上の「撤退」を決定したことで、議会法が成立することとなった。貴族院の力は大幅に制約されることになってしまった。

しかし、今回の騒動はそれだけでは収まらなかった。一年に二度の総選挙という異例の事態に導いた「ノウルズの助言」は、自由党に肩入れして保守党政権の樹立を阻止した、国制に違反した行為ではないかとの疑念がバルフォアから発せられたのである。

たしかに、一九一〇年一一月に、アスキスの議会解散要請を受けた国王から助言を頼まれたとき、ノウルズは同年四月二七日のランベス宮殿でのバルフォアとの密談の一件は、いっさい国王には話していない。すなわち、いざというときには、バルフォアは政権を担当する覚悟であるか否かを確かめるための話し合いである。後にこのことを伝え聞いたバルフォアは、議会法案をめぐる騒動が落ち着いた後の一九一一年八月に、もう一人の国王秘書官スタムファーダム男爵（この年にビッグが叙爵）に不満を交えて真実を伝えている。

実は、スタムファーダムはすでに前年一二月の時点で、国王が解散・総選挙を決意される前に、ノウルズがアスキスの要請も取り入れて国王をバルフォアには会わせないようにしたと聞いて、ノウルズに疑問を投げかけたことがあった。「たとえば一八八四年の危機の際には、ヘンリ・ポンソンビが与野党双方のあいだで公正中立を保ったはずだが」というのである。しかし、ノウルズはこれには答えず、一一月に国王に呈した助言は適切なものだったと正当化するだけであった。

このときのノウルズの行為は、同時代的にはスタムファーダムやフレデリック・ポンソンビから、そして近年ではヴァーノン・ボグダナからも批判を受けている。たしかに、四月二七日のランベス宮殿での会合の話を隠し、アスキス首相の議会解散要請を国王に受け入れさせたノウルズの行為は、政党政治のなかで「公正中立な立場」を保たなければならない国王秘書官のそれとしては不適切であったとも言える。その点は著者も認める。

しかし、本章でこれまで見てきたとおり、ノウルズや国王エドワード七世をつねに政争や論争の渦中に置き、彼らを不愉快な思いにさせ、果ては国王自身の命まで縮めたのは誰だったのか。エドワード七世の即位早々の時から、ペルシャ皇帝へのブルーリボン、ヴァチカン訪問、英仏協商問題、カーズン問題、そして最後の人民予算危機と常に国王を苛立たせ、そのたびごとに仲介役のノウルズを悩ませてきたのは誰なのか。

一九一〇年一一月にノウルズがジョージ五世に呈した助言のひとつひとつの言葉の中には、これまでの九年間におよぶエドワード七世時代に経験した、彼自身の苦悩と怒りが密かに込められていたのかもしれない。

秘書官からの引退と古き良き時代の終焉

ジョージ五世自身が、このバルフォアとノウルズのいざこざについて知らされたのは、一九一三年になってからのことであった。その年の三月、ノウルズは国王秘書官から引退を決意した。二五歳の年に、父が皇太子バーティの会計長官に就任し、以来常にその側に仕えてきたノウルズも、いまや七六歳になっていた。まさに半世紀にわたって、ヴィクトリア女王、エドワード七世そしてジョージ五世という三代の君主たちの宮廷を生き抜いた人物だった。

引退のその日、自分が生まれる三年も前から、父のために尽くしてくれたノウルズにジョージ五世は心からの感謝の手紙を送った。「四七年にわたって父に献身的に尽くしてくれた。貴卿以上に、父が信頼を置いて頼った人物などいない」。こうして、ジョージ五世にとっても最も古くから仕えた忠臣が、宮廷の表舞台から姿を消した。

この二年前の一九一一年には、ノウルズはスタムファーダムらと協力して、国王の戴冠式を無事に終えていた。その戴冠式に伴う栄誉の際に、ノウルズは子爵（1st Viscount Knollys of Caversham）へと陞爵していた。軍人出身としては珍しく、彼はあまり勲章を好まなかった。しかし、これまでバーティが授けた勲章は、バース勲章勲一等といい、ロイヤル・ヴィクトリア勲章勲一等といい、辞退することなく素直に受け取っていた。

しかし何よりの栄誉は、彼が四〇年にわたって仕えてきたバーティの死後、同じく四〇年近くにわたって彼を愛し続けてきた、アレキサンドラ王妃（皇太后）の侍従（Lord-in-Waiting）という「名誉職」に就けたことだった。陽気で人なつっこいバーティの真の姿を知っているのは、いまや皇太后とノウルズだけとなってしまった。二人の心にはいつまでも、バーティと過ごした古き良き時代の宮廷生活が息づいていた。

ノウルズ子爵は、一九二四年に八七歳の長寿を全うして息を引き取った。最期まで、皇太后付きの侍従として仕えた彼の宮廷生活は、六二年に及んだ（正式な皇太子秘書官としての年月から数えれば五四年）。その翌年の冬に、アレキサンドラ皇太后も八一歳の生涯を閉じた。こうして「エドワード時代（Edwardian Age）」は完全に幕を閉じたのである。

第三章

大衆政治に立脚する君主制

スタムファーダム男爵（左）とジョージ五世。第一次世界大戦中の野営地で。
（The Royal Collection © 2022 Her Majesty Queen Elizabeth II）

共同の秘書官から単独の秘書官へ

皇太子バーティの時代から数えて四〇年以上にわたり、エドワード七世を支えたノウルズが、引き続きジョージ五世の下で仕えて三年が経過していた一九一三年の春のこと。七六歳の老臣はここに引退を決意した。この後は、皇太子時代から秘書官として国王に仕えてきたスタムファーダム男爵（1st Baron Stamfordham）が単独の国王秘書官として、激動の二〇世紀のなかでイギリス王室を支えていく。

ノウルズよりひと回り年下だったとはいえ、スタムファーダムもすでに六四歳を迎えていた。さらには王室での宮廷官僚としての生活も、実に三三年に達していたのである。その間に経験した役職は、女王秘書官補として一五年、女王秘書官として六年、皇太子秘書官として九年、そして国王秘書官として三年。まさに「秘書官職」を知り尽くしている超ベテランだった。

しかし彼の出自は、前任の君主秘書官たちと比べるとかなり低いものであり、その意味では「異色の」国王秘書官の登場といわれても仕方がなかったかもしれない。スタムファーダム男爵こと本名アーサー・ビッグは、一八四九年にイングランド最北部のノーサンバーランド州スタムファーダムで生まれた。ニューカースル・アポン・タインの北西部に位置するこの小さな村で、父親は教区牧師を務めていた。

インテリの専門職階級の出身とはいえ、家庭は必ずしも裕福ではないし、華麗なる閨閥に連なっていたわけでもない。首相を父に持つグレイ、その義理の甥でやはり複数の首相の一族に連なるポンソンビ、あるいは三〇〇年にわたって王室とつながりを持ったノウルズの家系と比べても、明らかに見劣りするものだった。

やがてアーサーはウリッジ（Woolwich）の陸軍士官学校に入り、砲兵将校としての道を歩み始める。この士官学校でひとりの人物と出会ったことが、その後の彼の人生を変えてしまうことになろうとは、当初は予想だにしていなかったにちがいない。

ヴィクトリア女王との出会い

アーサーが砲兵隊に入隊した数年後、ひとりの亡命フランス貴族がウリッジに入学し、アーサーと懇意となって、彼から軍事に関わるあらゆることを学んでいくこととなる。青年の名前はルイ・ボナパルト。父はフランス第二帝政の「前皇帝」ナポレオン三世。大伯父はかのナポレオン・ボナパルトである。一八七〇年の普仏戦争に敗北したナポレオン三世は、第二帝政の崩壊にともない、イギリスに亡命した。

ロンドン郊外のチズルハーストで亡命生活を続けていた皇帝一家は、やがて御曹司のルイをすぐ近くのウリッジ陸軍士官学校に送り込むこととなった。やがて一八七三年にナポレオン三世は死去し、世が世なら第二帝政二代目の皇帝「ナポレオン四世」となっていたはずのルイは、一介のイギリス軍士官としてアーサーらと訓練を続けていた。

一八七八年、イギリスは南アフリカでズールー族との戦闘に乗り出した。アーサー・ビッグ中尉も南アフリカに向けて旅立った。同じ部隊には、なんとルイもいた。彼は母親が止めるのも聞かずに、ズールー戦争への出征を志願したのである。悲劇は、ビッグ中尉が野戦病院で床に伏していたときに起こった。

一八七九年六月、偵察任務に就いていたイギリス軍騎兵小隊にズールー族が襲いかかった。ほとんど全滅に近い被害を受けた小隊の中には、ルイの姿も見られたのである。病から立ち直ったビッグは、ルイの変わり果てた姿に対面し、言葉も出なかった。そしてこの戦友の遺体とともに、帰国の途に就いたのである。

一八七九年一〇月、悲嘆に暮れるルイの母親ウージェニー皇后は、ビッグ中尉を介して息子の遺体に対面した。ビッグはルイが士官学校の生徒だった時代から、この美しい皇后とは顔なじみであった。皇后の傍らには、ひとりの小柄な老女が悲しげにたたずんでいた。還暦を迎えたヴィクトリア女王その人である。

この後二〇年以上にわたって仕えることになる女王とは、この時が初対面であった。ルイの武勲や、同じ部隊の戦友から伝え聞いた彼の最期を語り終えたビッグ中尉に、ウージエニー皇后はひとつの望みを打ち明ける。自分とともに戦地を訪れてほしいというのである。この希望通り、戦闘が終わった翌年には、ビッグはルイが戦死したモザニ川沿いを皇后と一緒に歩き、楽しかった士官学校時代の記憶を胸に秘めて友を追悼した。

この一連の対応に感謝したのはウージェニーだけではなかった。ヴィクトリア女王も、この若い中尉の心遣いや気の配り方には目を見張ったのである。南アフリカから帰国して早々、一八八〇年八月に、女王は、昇格したばかりのアーサー・ビッグ大尉を女王奉仕官(Groom-in-Waiting)に任ずるとともに、自らの秘書官ポンソンビを補佐させるためにも、女王秘書官補(Assistant Private Secretary)に任命したのである。その日の日誌に女王はこう記している。「ビッグ大尉が任命を受諾してくれた。彼以上に適任の人物などいないだろう」。

この翌年、ビッグは父と同じ教区牧師の娘コンスタンスと結婚した。やがて生まれた長女に、女王の許しも得て付けた名前が「ヴィクトリア・ウージェニー」――彼が最も敬愛する二人の女性の名前である。こうして、この後半世紀にも及ぶ、宮廷での秘書官としての生活が始まることとなった。

秘書官補から秘書官へ

ビッグが女王秘書官補に就任した当時、イギリスの政権はビーコンズフィールドの保守党からグラッドストンの自由党へと移っていた。この両者のあいだでバランスを取りながら、公正中立な立場から女王秘書官としてさまざまな政争に関わったのが、第一章でも紹介したサー・ヘンリ・ポンソンビだった。

このポンソンビの下で秘書官補として一五年にわたって「修行」できたことは、その後のビッグにとっては重要だった。特に就任の四年後には、第三次選挙法改正問題をめぐる与野党の攻防に巻き込まれ、ポンソンビが仲介に立って事なきを得ていた。

こうしたなかで、イギリス政治の常道となっていく二大政党間の対立をポンソンビの間近で見ていたビッグは、その四半世紀ほど後に、今度は自分がその立場に立たされるとは想像もしていなかったことだろう。

いずれにせよ、このときのポンソンビの働きは、その後の秘書官としての生活のなかでビッグにとっての手本となり、これこそ政党政治に対して超然と構える「君主」を支える秘書官としての責務であると考えるようになっていった。これが後に、一九一〇年前後の議会法危機の際に、国王秘書官としてともに仕えたノウルズに対する批判へとつながったのである。

しかし、ビッグが秘書官の鑑として敬愛してきたポンソンビも、ついに積年の激務がたたって体調を崩してしまった。一八九五年一月に脳卒中で倒れたサー・ヘンリは、その四カ月後に辞任を申し出た。五月八日、ヴィクトリア女王はビッグに次のような書簡を送っている。「女王はビッグ中佐を秘書官に任じたいと思います。女王は中佐に全面的な信頼を置けるものと信じておりますし、サー・ヘンリ［ポンソンビ］の下で積まれた経験を生かせるものとも信じております」。

女王と初めて会見してから一五年以上の月日が流れていたが、ビッグは宮廷内で彼女を支える最高責任者となったのである。ビッグは恐縮しながらも、この大役を引き受けた。それと同時に、敬愛するポンソンビが築き上げてきた「女王秘書官」という名前を傷つけないようにと、全力で取り組んでいく。

彼を補佐するのは、前任者の次男フレデリック・ポンソンビであ

ヴィクトリア女王秘書官になりたての頃のサー・アーサー・ビッグ（後のスタムファーダム男爵）。The Royal Collection © 2022 Her Majesty Queen Elizabeth II

る。彼もまた、父親の仕事ぶりを間近で見てきた信頼の置ける人物だった。秘書官に任じられて二週間後の五月二四日、女王誕生日の叙勲で、ビッグはバース勲章の勲二等（KCB）に叙せられた。「サー・アーサー・ビッグ」の誕生である。

その一カ月ほど後に、自由党のローズベリ内閣は総辞職に追い込まれ、ソールズベリの保守党政権が誕生した。この政権は、ヴィクトリア女王下の最後の六年ほどをビッグとともに支えていくことになる。

ヴィクトリア女王は、周知のとおり気難しい女性だった。一八七〇年代までには、発明されたばかりのタイプライターが政府や宮廷の上層部でも徐々に使われるようになっていたが、女王自身はあくまでも手書きの書簡にこだわっていた。大臣たちがタイプで報告書でも作ろうものなら、たちまち不機嫌になってしまった。このため、ビッグもフレデリック・ポンソンビも女王への報告書や書簡はすべて自筆のものとし、秘書官事務局内部でのやりとりはすべてタイプに統一した。合理化の波は宮廷にも徐々に押し寄せていたが、前任者に負けず劣らずの仕事の鬼だったビッグ秘書官は先頭に立って合理化を進めていった。

おかげで政府との手紙のやり取りも滞りなく進み、一八九七年六月の世紀の祭典、女王の「在位六〇周年記念式典」も、世界中から大変な数の賓客や軍隊を招いたにもかかわらず、何一つ支障なく無事に終えることができた。さらにその四年後、一九〇一年一月に女王が亡くなると、ビッグは実に六四年ぶりに執り行われる「君主の国葬」の準備に追われたが、これもまたエドワード新国王の秘書官ノウルズや側近イーシャ子爵などと協力して、無事に世紀の大任を果たすことができたのである。

皇太子の秘書官へ

ビッグの君主秘書官としての職務は六年弱で幕を閉じた。第二章でも述べたとおり、新国王エドワード七世に三〇年仕えてきたノウルズは、秘書官補さえ必要ないと考えていた「独裁者」だった。ましてや「共同の秘書官」など、まっぴらご免というわけである。そこで、ビッグは皇太子ジョージの秘書官へと転じ、三六歳の血気盛んな王子を支える忠臣となった。この後三〇年にわたって続く、ジョージとの関係の始まりである。

ビッグは明るいノウルズとは異なって、謹厳実直な性格だった。このため陽気なエドワード七世よりも、生真面目なヴィクトリア女王や、その孫にあたる皇太子のジョージとのほうが気が合ったのである。この「相性の良さ」という問題は、君主とその秘書官との関係において最も重要な意味合いを持っていた。

すぐにこの秘書官を気に入った皇太子は、一九〇二年の初頭には早くも次のように語っている。「貴兄は最も頼りになる男だ」。この二人にとって、最初の大がかりなイベントがインド訪問だった。一九〇五年一一月から翌年三月までの予定で、皇太子のインド帝国訪問は大々的に行われることとなった。

次期インド皇帝による訪問は、これよりちょうど三〇年前に父エドワード七世が秘書官ノウルズを伴って訪れて以来のことである。そのときは母王ヴィクトリアを説得するのが大変だったが、今回は自らの経験からインド行きの大切さを知っているバーティが、国王としてむしろ息子に訪問を勧めるような状況であった。前回のノウルズ同様に、今回も皇太子は秘書官を伴ってインド各地を訪れることになっていた。

このため、ビッグは事前にインド総督やノウルズなどに意見を聴き、どんな些細な行事であろうとも、事細かに準備を整えていった。南アフリカのズールー戦争には参加したことのあるビッグだが、インド行きは初めてである。時あたかも同盟国の日本が日露戦争で勝利を飾った直後の、一九〇五年一〇月にポーツマスを出航した一行は、予定どおり一一月九日の「国王誕生日」にはボンベイ（現・ムンバイ）に到着した。皇太子が各地で歓待する藩王《マハラジャ》たちに行う答礼のスピーチを考えるのも、秘書官ビッグの仕事だった。

総額二万ポンドをかけて大々的に行われた皇太子のインド訪問は、一九〇六年三月にはこうして大成功のうちに幕を閉じた。翌一九〇七年のクリスマスの日。休暇を取って家族と祝っていたビッグのもとに、サンドリンガムの公邸から一通の手紙が届いた。それは皇太子からのものだった。

貴兄が私の下で働くようになって、七年近くが経過しようとしているとは、まったく光陰矢の如しだな。貴兄は私に感謝などする必要はない。私のほうこそが感謝の気持ちでいっぱいなのだ。この七年間というもの、貴兄は私が生活を送りやすいようにと常に気を配ってくれた。貴兄が準備をしてくれなかったり、スピーチの原稿を書くのを手助けしてくれていなかったら、いったいどうなっていたことだろう。貴兄の助けなくして重要な書簡など何一つ書けなかったことだろう。私は時折、貴兄に対して癇癪を起こしたり、貴兄を不愉快にしてしまうことだろうとは思うが、私に他意などないことは貴兄が一番よく知っていることだろう。私はしばしば貴兄に対して心から感謝している。言葉がうまくないので言いたいことが言えないが、貴兄のような友人を持てて神に感謝している次第だ。貴兄には全面の信頼を置いているし、今後とも最良の助言をくれるものと期待しているよ。

このような手紙を受け取ってビッグの心はいかばかりであったか、想像に難くない。生涯最高のクリスマス・プレゼントだったのではないだろうか。

国王秘書官へ

やがてそのビッグにも、そして皇太子のジョージにも転機が訪れた。一九一〇年五月六日に国王エドワード七世が亡くなったのである。皇太子は、ハノーヴァー王朝に伝統的なジョージという名前を取り、ジョージ五世として即位することとなった。

これに伴って、皇太子秘書官のビッグは、先任者ノウルズ男爵とともに共同の「国王秘書官」へと転じた。すでに先王エドワード七世の時の戴冠式叙勲で、ロイヤル・ヴィクトリア勲章勲一等に叙せられていた彼も、九年にわたってお仕えしてきた新王ジョージ五世の戴冠式にあたってスタムファーダム男爵に叙せられることとなった。ノーサンバーランドの田舎牧師の小倅が貴族に列せられたのである。

しかし、貴族になったからといって喜んでいる暇などなかった。すぐにスタムファーダム卿が取りかからなければならなかったのが、そのイギリス国王としての戴冠式に加え、史上初めての祭典の準備だったのである。「インド皇帝戴冠式典」である。すでに一九〇二年、エドワード七世の時にインド皇帝の即位式典は行われていたが、それは皇帝不在の式典だった。実際に取り仕切ったのはインド総督カーズンである。

しかし今回は違う。新国王ジョージ五世は、インド皇帝としても戴冠式を行うために、イギリス史上初めて皇帝としてインドを訪問することとなったのである。インド各地から藩王《マハラジャ》たちが集まってきた。中には五年前の訪問の際に、皇太子一行を歓待してくれた者たちとの再会を懐かしむ人々も見られた。

こうしてイギリスでの戴冠式に続いて、一九一一年にはインド皇帝の戴冠式も無事に済ませることができた。今回もスタムファーダムが皇帝夫妻に随行し、すべての行事を綿密に準備していったのだった。留守中のイギリスでの業務は、共同秘書官のノウルズ子爵に託されていた。

そのノウルズが高齢で引退した後、一九一三年春からはスタムファーダムひとりで国王を支えていくこととなった。しかし彼はノウルズのような「独裁者」ではなかった。有能な二人の秘書官補を迎えて、激務を分担してもらうこととなった。

ひとりはヴィクトリア女王秘書官時代の六年間、やはり秘書官補として仕えてもらい、ノウルズの下で国王秘書官補を務めてきたフレデリック・ポンソンビ陸軍中佐である。ノウルズの下ではあまり仕事を与えられなかったポンソンビは、スタムファーダムとは人間的にもウマが合い、彼の下で喜んで仕えていった。

もうひとりは、秘書官業務では新人の陸軍少佐クライヴ・ウィグラムだった。彼はインド総督のカーズンの下で副官を務め、先の皇太子のインド訪問の際にジョージ、ビッグの双方から目を付けられていた人物である。国王への即位に伴い、ジョージ自らがウィグラムを秘書官補に任命していた。

陽気なウィグラムは、スタムファーダムにはない資質を持ち、彼が一九一二年に数週間ほど病で寝込んでいたときに、立派に秘書官の代行役をこなし、将来の国王秘書官候補として筆頭に位置づけられていく。

彼ら有能な補佐役の助けを借りて、スタムファーダムはいよいよ単独で国王秘書官としてジョージ五世を補佐していくこととなったのであるが、その矢先に君主制はもとより、イギリス社会全体を大きく揺るがすような大事件に遭遇し、その対処に四年にもわたって追われていく運命にあったのである。

大戦の勃発と宮廷生活の変化

一九一四年六月二八日、ボスニアの首都サライエヴォでオーストリアの帝位継承者フランツ・フェルディナント大公夫妻が暗殺された。祖母ヴィクトリア女王の葬儀と父エドワード七世の戴冠式にあたって、皇帝の名代として出席してくれたこの二つ年上の大公とは、ジョージ五世は家族ぐるみの付き合いがあった。

大公夫妻の暗殺は国王にとってもショックだった。しかしそれ以上にショックを与えたのが、それからわずか一カ月後には、この暗殺事件がヨーロッパの四大国すべてを戦争へと誘い込み、さらに八月四日にはイギリス自身をも巻き込む大事件へと発展してしまったことであった。第一次世界大戦である。

はじめは「今年のクリスマスまでには終わるだろう」と誰もが予想していた戦争は、殺人兵器の殺傷能力が飛躍的な進歩を遂げていたこともあり、この後四年にわたる死闘へと転じていった。正規軍や義勇兵だけでは事足りず、ついに一九一六年までにはイギリスも史上初めて徴兵制を導入せざるを得ない状況へと追い込まれていく。

このように、かつては正規軍同士がひとつの戦場で華々しくぶつかり合って勝敗を決めていたような戦争は姿を消し、まさに国家総動員態勢で事に当たらなければ勝てないような状況になっていた。このため、王室は国民に対して範を垂れるためにも、生活を質素にするよう国王夫妻が率先して努めることとなっていく。

派手好きで美食家の父エドワード七世とは異なり、ジョージ五世は祖母譲りの謹厳実直な性格だった。戦争中は一兵卒や庶民と同じように振る舞い、華美な服などいっさい作らず、新調したのは軍服だけだった。皇太子時代からの趣味であった狩猟は戦争中も続けられていたとはいえ、それは単なる娯楽としてではなかった。前線で指揮する将軍・提督たちや、本国で指導に当たる大臣たちに栄養をつけさせるために、獲物はすべて彼らに届けられていたのである。

もちろん、宮廷での食生活にも変化が訪れた。一九一五年三月、スタムファーダム卿は時の蔵相デイヴィッド・ロイド＝ジョージに次のような書簡を送っている。「国王陛下は、ご自身と宮廷がアルコール類をいっさいお召し上がりにならなければ、一般家庭との格差なども解消されるのではないかと考えておられる」。

ついにバッキンガム宮殿の食卓からアルコール類が姿を消したのである。後に蔵相・首相となるネヴィル・チェンバレンは、戦時中にバッキンガム宮殿での晩餐会に招かれたことがあったが、「スープ、サーモン、チキンとデザートだけで、ワインなどいっさい饗されなかった」ことに驚かされた。国民全体が戦争の苦しみに耐えようとしているときに、王室だけ贅沢が許されるはずもない。謹厳実直なジョージ五世らしい態度であった。この姿に国民も打たれ、彼はやがて「国父」として敬愛を一身に集めていくこととなる。

ウィンザー王朝の名付け親

総力戦（total war）の開始がもたらした衝撃は、バッキンガム宮殿の食卓の上にだけではなかった。これまで見られなかったような現象がイギリスにも襲いかかってきた。敵国に対する激しい憎悪である。

たとえばナポレオン戦争の時などには、ナポレオン本人に対する憎悪や、フランスに対する揶揄などは見られたかもしれない。しかしそれが、そのままフランスそのものに対する激しい敵意にまで発展するようなことはなかった。現に、革命や帝政の嵐を避けて、ブルボン家やフランス貴族たちはイギリスへの亡命を許されていたのである。ところが今回は違った。戦争が長引くにつれ、「ドイツ」はいまや国民全体から憎悪の対象とされ、ドイツ語やドイツ人、さらにはドイツ文化全体に対する反感が広がっていた。

まずはドイツ貴族出身の海軍軍令部長を悲劇が襲った。当時はバッテンベルク公爵家のルイス（ルートヴィヒ）王子が軍令部長を務めていた。彼はヴィクトリア女王の次女であるアリス王女の長女ヴィクトリアと結婚しており、ジョージ五世の義理の従兄に当たった。すでにヴィクトリア時代からイギリスに帰化しており、海軍軍人としての実績も買われて軍令部長になっていた。

しかしドイツ貴族出身というその出自が災いし、「イギリス海軍の機密をドイツに流しているのではないか」などという噂も囁かれた。もちろんしっかりとした根拠のないものではあったが、口さがないマスメディアの餌食にされ、戦争開始からわずか二カ月後の一九一四年一〇月、政府はついにルイス・バッテンベルクを更迭する。

次に、王室自身にも災いが降りかかった。イギリス最高位のガーター勲章は、イギリスが世界に冠たる大英帝国となったヴィクトリア女王の時代以来、世界中の王侯貴族たちから垂涎《すいぜん》の的となっており、ヨーロッパ各国の皇帝や国王たちにもばらまかれていた。国王の従兄でドイツ皇帝ヴィルヘルム二世はもちろんのこと、オーストリア皇帝フランツ・ヨーゼフ一世など、ドイツ系の王侯たち八人にも与えられていた。
戦争が始まって一年近くが経とうとしていた一九一五年五月、新聞各紙やアレキサンドラ皇太后からの要望も受けて、国王は彼らドイツ系王侯たちのガーター勲章剝奪を決意する。勲章の聖堂であるウィンザー城内のセント・ジョージ・チャペルの礼拝堂に掲げてあった、これら八人の勲爵士《ナイト》たちの紋章旗《バナー》が、ついに引きずり下ろされることとなった（詳細は拙著『女王陛下のブルーリボン』第四章を参照）。

　中世以来の外国との戦争経験を有するイギリスで、敵国の君主に与えられたガーター勲章が剝奪の憂き目にあったのは今回が初めてのことだった。総力戦は、王室も社会もすべてを確実に変えていったのだ。

　さらに、今度は王朝の名前である。ヴィクトリア女王の死後、ハノーヴァー王朝は、夫アルバート公（および女王自身の母）の実家から取られて「サックス・コーバーク・ゴータ王朝」と変えられていた。このドイツ系の名前が、よくないのではないかと懸念され始めたのである。

　そこで国王に進言したのが秘書官スタムファーダムだった。一〇六六年のウィリアム一世（在位一〇六六〜一〇八七年）によるノルマン征服以来、王室の居城のひとつとなり、ジョージ四世によって大幅な改修が施され、特にヴィクトリア女王にこよなく愛されたウィンザー城にちなみ、「ウィンザー王朝」ではいかがでしょうか、というのである。質実剛

ウィンザー城。スタムファーダムが名付け親となって、現在に至るまでイギリス王室の家名に冠せられている。

健にして、それでいてどことなく優しさも備えたこの城も町も、イギリス国民には古くから親しみのある場所である。

国王もこれに同意し、一九一七年七月一七日に、ウィンザー王朝は正式なイギリス王家の名称となった。これは一世紀以上を経過する今日でも変わりない。ウィンザー王朝の「名付け親」こそが、国王の最も信頼する忠臣スタムファーダム秘書官だったのである。

王室が家名を変えたことで、他のドイツ系の家々も同調した。先のバッテンベルク家のルイス王子は、ミルフォード・ヘヴン侯爵の爵位を授けられるとともに、家名はイギリス読みの「マウントバッテン」に改めた。彼の次男が、同じく海軍軍人として、後に第二次世界大戦の英雄となるマウントバッテン伯爵（エリザベス女王の夫君エディンバラ公爵の叔父）である。彼は大戦での活躍と、戦後の海軍軍令部長としての働きで、父が受けた汚名をそそぐことに成功した。

さらにジョージ五世自身の王妃メアリも、父方がドイツのヴュルテンベルク公爵家に連なるテック公爵であり、父の死後は彼女の兄弟がテックを名乗っていたが、母方（ヴィクトリア女王の叔父ケンブリッジ公爵の娘）の家名からケンブリッジ侯爵位が改めて実家に授けられることとなった。

チャーチル海相との確執

戦争の開始とともに、国王は国内外を問わず各地を激励に回り、公務は急増した。そのすべてを秘書官として支えたスタムファーダムも、まさに文字通りの寝食を忘れての激務となった。ところが、国王と政府が手と手を取り合ってドイツに立ち向かわなければならないときに、両者のあいだの確執が増えていく。

まずは、バッテンベルクの後任の海軍軍令部長人事をめぐっての、海軍大臣との対立だった。時の海相はウィンストン・チャーチルである。後に第二次世界大戦に首相として臨むことになるチャーチルは、いまでは二〇世紀で最も偉大なる政治家などとも呼ばれ、王室からも絶大な信頼を寄せられていたかのように思われる。たしかにエリザベス二世女王は、即位当初に首相を務めていたこの老臣に全幅の信頼を寄せていた。しかしそれは、第二次世界大戦以降の話なのである。

第二章でも見たとおり、失言の多いチャーチルはエドワード七世から嫌われていただけでなく、その息子のジョージ五世からも不審の目で見られていた。特にチャーチルが海軍大臣に就任して以来、国王は彼の海軍行政に反感を抱くようになっていた。

ジョージ五世は父親（当時は皇太子）の方針もあって、一二歳のとき（一八七七年）からイギリス海軍に入れられて、グリニッジの王立海軍士官学校も卒業していた。生粋の海軍軍人だったのである。このため軍事的な問題はもちろんのことながら、海軍人事にも精通していた。

チャーチルはバッテンベルクの後任に、いまや海軍の伝説的な存在となりつつあったフィッシャー提督を推挙してきた。大戦前に海軍の一大改革を推進しようとしたフィッシャーは、たしかに有能だった。しかしこの七四歳の老提督は、有能な人間にありがちな自説を容易に曲げない性格の持ち主で、周囲ともすぐに衝突した。平時であればいざ知らず、戦時にそのような人物が事実上の海軍のトップとして君臨するのは問題である。国王はこの人事に反対だったが、政府の説得を受け入れた。

ところが、国王の予想は的中した。軍令部長に就任するや、フィッシャーはいきなり衝突する。しかも皮肉なことに、その相手は彼を推挙した張本人、チャーチル海相だった。二人はダーダネルス海峡での作戦（悪名高い「ガリポリ上陸作戦」）をめぐって真っ向から衝突し、一九一五年五月にフィッシャーは辞任してしまう。

国王は、戦時には海軍力を本国周辺に集中すべきであり、各地に分散させるべきではないと考えていたため、チャーチルの作戦には反対だった。そのうえ、老提督は軍令部をめちゃめちゃにして辞任してしまうし、ガリポリ作戦は大失敗に終わってしまい、国王のいやな予感はすべて的中してしまったのである。

フィッシャー辞任と同時期に、イギリスは議会内での諸党派の対立を一時中断して、大連立内閣でこの戦争を乗り切ろうとする。自由党のアスキスを首班とした「挙国一致政権」の誕生である。チャーチルは海相から降ろされ、国王の信頼が篤いバルフォア元首相が後任となった。国王もこれで一安心となった。

しかし、チャーチルとの確執はほんの序の口にすぎなかった。今度は別の人物が、国王の心労をさらに急増させていくとともに、両者のあいだに立つスタムファーダムもこの確執に巻き込まれていく。

ロイド＝ジョージの挑戦

今度の相手は、これまた父エドワード七世からも嫌われていたロイド＝ジョージだった。アスキス挙国一致政権では、軍需担当相に就任したロイド＝ジョージはアスキス首相の戦争指導のあり方に不満を持つようになり、いつしか自らが実権を握って戦争に対処していきたいと考えるようになっていた。特にアスキスは一人息子を戦争で失い、王室が禁酒しているさなかもアルコールに溺れてしまい、これ以上戦争を指導できる立場にはなかった。

戦況が好転しないまま時間だけが経過していったが、ついに一九一六年一二月にロイド＝ジョージはひとつの賭に出た。首相はこれまでどおりアスキスに任せるとして、彼を戦争指導から巧みに引き離し、閣内に戦争指導担当の小グループを形成して、これにすべてを任せるという提案である。もちろん、ロイド＝ジョージはこのグループのリーダーに納まるつもりでいた。しかしアスキスは自分の取り巻きの意見も尊重して、これに反対する。

結局、一二月六日にバッキンガム宮殿で御前会議が召集され、最終的には、保守党党首アンドリュー・ボナ＝ロウの支持を取り付けたロイド＝ジョージが首相となり、アスキス派が閣外へと離脱することとなってしまった。

この「一二月政変」の結果、ロイド＝ジョージは事実上の全権を委託されて、当初の目論見どおり戦争指導のすべてを握った。今回の政変にあたって諸党派の仲裁役となったのは国王であり、その意味でもロイド＝ジョージ新首相は彼に感謝してしかるべきであった。ところが国王を待ち受けていたのは、恩を仇で返すような首相の態度だったのである。

ロイド＝ジョージは首相に就任するや、戦争指導に専念するためにも内閣書記官長職を新設し、閣議の議事録をとらせることにした。これまでのイギリス政治では、閣議が終わると首相（もしくは主要閣僚）が閣議の内容を書簡にしたためて、君主に報告する慣習が定着していた。君主はそれを受けて、種々の政策について自分の意見を述べるのである。ロイド＝ジョージはこの慣習をやめてしまったのである。国王に届けられるのは自筆の報告書ではなく、内閣書記官長モーリス・ハンキーからの議事録だけとなった。

こうした状況が四カ月も続いた一九一七年四月に、ついにスタムファーダムが首相に苦言を呈した。「陛下は閣議録しか渡されないことを大変苦痛に感じておられる。これでは、閣議で話し合われる重要な問題に対して、陛下がご自身の見解を述べる機会がないではないか」。議事録だけ寄越して国王の見解を聞こうとしない態度には、ジョージ五世もかなり腹を立てていたようである。

しかしロイド＝ジョージの回答は、取りつく島もないものだった。彼は蔵相時代から、自分が国王から嫌われていることは重々承知だった。彼は国王の意見など聴くつもりはなかった。スタムファーダムはハンキーにも、「陛下は国軍の最高司令官なのだから、もっと軍事作戦の立案などにも積極的に参加していただくべき」だと訴えていたが、政府はこれにも反対だった。

それどころかロイド＝ジョージ首相は、時としてその閣議録さえ送らなかったり、国王からの直筆の書簡にも返事をしなかったり、枢密院を無断で欠席したりと、それまでの慣例をことごとく無視する態度をとった。いかに世界大戦という「非常事態」とはいえ、これは国制に違反する行為であったとも言える。

特に国王が反感を抱いたのが、陸海軍の作戦に対して、首相がいちいち口を出していることだった。軍務経験のある国王は、軍事は軍人に任せるべきであるとの強い信念を持っていた。国王と首相との決裂は、スタムファーダムがロイド＝ジョージに不満を伝えたとき、実はすでに頂点に達していたのである。

一九一七年二月に、首相はフランスのカレーで主要閣僚とだけ閣議を開き、作戦の都合上、イギリス陸軍を一時的にフランス陸軍の指揮下に委ねるという決定を下した。ところが、これは国王にいっさい相談せずに決められたものであり、そのうえ報告書は三日も後になって届けられたのである。国軍の最高司令官はジョージ五世であって、ロイド＝ジョージではない。しかもこの決定に、西部戦線のイギリス軍総司令官ダグラス・ヘイグ大将も反対の意向を示していた。ヘイグは国王のお気に入りであり、彼が父エドワード七世の副官を務めて以来の仲だった。

国王はすぐさまスタムファーダムを介して前線のヘイグに書簡を送らせ、イギリス軍を他国の軍隊の指揮下に入れようとしているロイド＝ジョージの暴挙を止めるように指示を出した。ところが、ここで慎重になったのはヘイグのほうだった。ロイド＝ジョージは国民から絶大な人気を博している。彼の案に反対すれば、「国王が首相の戦争指導を阻害している」との印象を与えかねない。しかも新聞界の大物はみな首相の味方なので、世論を煽動されては困る。

スタムファーダムも同意見だった。ヘイグを使って阻止するのではなく、国王が直々に首相に会うのがよいだろう。三月一三日、ロイド＝ジョージはしぶしぶ参内し、国王と会見した。国王は、カレーでの閣議録をきちんと見せもせずに、イギリス軍をフランス軍の指揮下に勝手に編入させようとした首相の動向を非難した。ロイド＝ジョージはその場では非礼を詫びたものの、その後も一向に独断的な態度を改めようとはしなかった。

この後も、細かい作戦や人事問題をめぐって、国王と首相との確執は深まるだけであった。この両者の対立が表面化・深刻化しないために、国王秘書官のスタムファーダムが仲介役となって奔走した。ロイド＝ジョージも、これ以上国王からあれこれ言われるようであれば「総辞職もいとわない」とスタムファーダムを脅しつけてきた。国王にとって不運であったのは、この当時のイギリス政界には、ロイド＝ジョージに代わりうる戦争指導者が欠如していることだった。

大戦の終結と王権の衰弱

一九一八年一一月一一日の午前一一時。パリ郊外のコンピエーニュの森でドイツが連合国側に降伏し、四年にわたって続いた第一次世界大戦が終結した。この日の日記に、国王は次のように記している。「今日は本当に素晴らしい日だ。おそらく、この国の歴史にとっても最良の日であろう」。

この四年のあいだに、国王が激励・慰問に訪れた回数は、部隊四五〇回、病院三〇〇回、工場・港湾施設も三〇〇回に及んだ。勲章を直々に与えた数は五万人以上にものぼった。国王の苦労も並大抵ではなかったわけだ。

しかし、国王の日記の言葉とは裏腹に、イギリスさらには王室が受けた勝利の代償は惨憺たるものだった。イギリスは八九〇万人以上の人々を動員し、戦死者は八八万人にのぼった。これに負傷者や行方不明者などを合わせると三〇〇万以上に達する。もはや、一九世紀的な貴族同士の戦いではなく、文字通りの国家総動員態勢で戦う戦争になっていた。「高貴なる者の責務《ノブレス・オブリージュ》」から「国民全体の責務《ナショナル・オブリージュ》」として戦争を遂行する時代へ移り変わったのである。当然、尽くしてくれた国民たちに論功行賞が待ち受けていた。選挙権である。

大戦終結の一九一八年には、男子普通選挙権（二一歳以上）に加え、初めて女性にも選挙権が与えられた（ただし三〇歳以上。男女普通選挙権は一九二八年から）。

しかも今回動員されたのは、狭義の「イギリス人」だけではない。カナダ・オーストラリア・ニュージーランドといった白人系の自治領やインドのような植民地に至るまで、帝国全体が協力してくれなかったら、とても勝てなかった。彼らに対する論功行賞も考えなければならない。さらなる自治権、あるいは新たなる自治権（最終的には独立ということになろう）。今回の大戦で、イギリスは「大衆」と「帝国」とに立脚して勝利をつかんだのである。

反対に、これまでの支配階級とも言うべき地主貴族階級《ジェントルマン》にとっては、第一次大戦は悪夢以外の何物でもなかった。一九一四年の夏に大戦が勃発するや、「高貴なる者の責務」を信じた地主貴族階級や彼らの子弟はこぞって戦場へと馳せ参じた。しかし彼らを待ち受けていたのは、ナポレオン時代のような、華麗なる衣装に身を包み、騎士道精神に充ち満ちた騎兵や歩兵などではなく、機関銃と有刺鉄線と毒ガスだったのだ。

緒戦で彼らの大半が命を落とした。一九一一年の議会法で貴族院の勢力が弱体化させられてまだ日も浅い内に、彼らは貴重な跡継ぎを次々と失っていった。この「失われた世代」と呼ばれた者のなかには、ジョージ五世自身の息子たちも含まれていた。彼らがやがて国王として君臨する時代に、彼らを支えるべき同世代のエリートたちは、その多くが姿を消してしまっていたのである。

そして、その地主貴族階級の頂点に位置する王室の未来にも、暗雲が立ちこめていた。世界大戦の勃発にあたり、王室とて「高貴なる者の責務」から離れていたわけではなかった。国王の次男アルバート王子（後の国王ジョージ六世）は、父王と同様に幼年時から海軍に入っており、一九一六年五月にはユトランド沖の海戦に従軍し、生き残った一人でもあった。王室は幸い戦死者は出さなかった。

しかし他の地域に目を拡げてみると、もはや王室に居場所があるのかどうか、わからないような状態となっていた。国王の従兄「ウィリー」ことドイツ皇帝ヴィルヘルム二世は降伏の直前に退位し、オランダへと亡命した。ホーエンツォレルン王朝はここに消滅する。同じ運命が、オーストリアのハプスブルク家、トルコのオスマン家にも待ち受けていた。

そして大戦が終わる前、一九一七年には、仲の良かった従弟「ニッキー」ことロシア皇帝ニコライ二世に最大の悲劇が襲いかかった。ロシア革命である。ロマノフ王朝は倒壊し、ニッキーは家族ともどもエカテリンブルクでボルシェビキによって処刑された。

「ジョージー」ことジョージ五世は、これら従兄弟たちの運命を目の当たりにするとともに、いまや選挙権を手に入れてますます国政に深く参与するようになった大衆の台頭にも直面していた。ニッキーの悲劇は、たとえ立憲君主制に基づいているイギリスとはいえ、大衆に立脚しない限り、王室の立場は容易に危うくなることを如実に示してくれていた。

大戦での勝利の喜びも束の間、国王は大衆民主政治に立脚する立憲君主制というものを維持するのに、これまで以上に国民の支持を得るために腐心せざるを得なくなっていく。それを支えたのが、終戦の翌年には七〇歳を迎えていた国王秘書官スタムファーダム老卿だった。

第一次大戦はスタムファーダムにも大きな衝撃と悲劇をもたらした。戦争が始まって一年後の一九一五年、西部戦線に従軍していた一人息子のジョン・ビッグ大尉が戦死したのである。この四年前に国王から男爵に叙せられたにもかかわらず、爵位を受け継ぐ者がいなくなってしまった。スタムファーダム家を襲ったこの最大の悲劇にもかかわらず、老男爵は粛々と敬愛する国王のため、そしてイギリスのために働き続けたのである。

長老政治家と国王秘書官

第一次世界大戦が終結した後も、ジョージ五世とスタムファーダム秘書官の仕事はますます増えるばかりで、心身ともに休まることはなかった。大戦中は一時棚上げになっていたアイルランド独立問題も、一九一九〜二一年にかけて交渉が続けられるとともに、要人たちを数多くのテロが襲った。

そうしたなかにあって、国王が一九二一年六月に新設の北アイルランド議会の開会式を直々に訪れて、両者の和解を切々と説いた姿は、アイルランドの人々にも強い印象を残す出来事であった。その結果、一二月には交渉が成立し、アイルランド自由国は自治権を与えられるとともに、イギリス帝国のなかに留まることとなった。

二〇世紀のイギリスを代表する歴史家の一人、A・J・P・テイラーは、この時の国王の主導権こそが「近代イギリスの君主のなかでも最も功績大」のものであったと評している。また、この直前の一九二一年五月には、日本から皇太子裕仁（後の昭和天皇）が訪英し、国王から親しく接せられた。イギリス国内がアイルランド問題で揺れ動いていた時期の三週間にわたる訪問において、若き日本の皇太子は大衆民主政治に立脚する立憲君主制の何たるかを、この大先輩たる国王からつかみ取ったのかもしれない。

さて、イギリスの戦後政治は、この頃から急速に変わりつつあった。一九二二年一〇月、大戦の英雄ロイド＝ジョージ首相は窮地に立たされていた。彼の属する自由党は一九一六年の「一二月政変」以来、アスキス派とロイド＝ジョージ派とに分裂したままで、政権（全四七八議席）の基盤は自由党（一二三議席）ではなく、連立を組んでいた保守党（三三五議席）にあった。

ところが、大戦中からのロイド＝ジョージの横暴に反感を抱くようになっていたのは、何も国王やスタムファーダムだけではなかった。自身の子飼いの政治家や新聞王たちへの目に余る栄典のばらまきや、対トルコ外交をめぐって、保守党の大多数と対立するようになっていたのである。

ついに、保守党議員がメンバーであるロンドンのカールトン・クラブで議員総会が開かれ、賛成多数でロイド＝ジョージ政権への協力が解消されてしまった。首相は即日、国王に辞任を申し入れた。六年にわたる国王との確執も、ここに幕を閉じた。

今回の政変で、ロイド＝ジョージ支持を打ち出していたサー・オースティン・チェンバレンが保守党党首を辞任し、後任には前党首のボナ＝ロウが選ばれた。ここにボナ＝ロウは国王から組閣の大命を降下され、一七年ぶりの保守党単独政権が成立することとなった。首相も政権も替わったことで、ボナ＝ロウは国民の審判を問うためにも議会を解散し、総選挙となった。結果は、保守党が三四五議席という過半数（全議席は六一五）を制し、ボナ＝ロウ政権は国民からの信任を得たことで存続する。

ところが、思わぬ落とし穴が待ち受けていた。実は、ボナ＝ロウは重い病（喉頭癌）に冒されており、それが保守党党首の座をチェンバレンに譲っていた理由だった。しかし今回チェンバレンは辞任し、ロイド＝ジョージ追い落としの筆頭となったボナ＝ロウ自身が責任を取るかたちで復活していたのである。しかし病状は、再び思わしくなくなった。

一九二三年五月二〇日のこと。これ以上執務を続けられないと判断したボナ＝ロウ首相は秘書官のウォーターハウスと女婿のサイクスを代理に立てて、ロンドン郊外のオルダーショットで休養していた国王に辞表を提出した。容態が悪く、自身で赴くことさえできなかったのである。これでは後継首班を誰にしてよいかわからない。

当時、保守党の後継候補としては二人の人物が挙げられていた。一人は外相のカーズン侯爵。もう一人は蔵相のスタンリ・ボールドウィンである。しかし、どちらを選ぶべきか。地主貴族《ジェントルマン》階級の出身で議員歴も三七年に達するカーズンは、インド総督や枢密院議長に加え、ロイド＝ジョージ戦時内閣の主要メンバーのひとりでもあった。しかし第二章でも見たとおり鼻っ柱が強く、そのぶん敵も多かった。対するボールドウィンは温厚で、皆から好かれるタイプではあったが、実業界の出身であるうえに議員歴もまだ一五年しかなく、初入閣も二年前のことにすぎなかった。

首相秘書官のウォーターハウスによれば、ボナ＝ロウ自身はボールドウィンが適当だろうと考えているようだったが、正式な推挙ではない。五月二〇日はちょうど日曜日で、保守党幹部会を開くにもみな地方の邸宅に戻ったままで、火曜日までロンドンには戻ってこない。ここは国王が早急に自らの手で選ばなければならなかった。

そこでジョージ五世はスタムファーダムに命じて、すぐさま二人の人物と接触を取らせることにした。一人は枢密院議長として保守党政権を支えるソールズベリ侯爵（元首相の長男）であり、もう一人は第一線から退いていた、彼の従兄にあたる元首相のバルフォア伯爵だった。

当時、前者はデヴォン、後者はノーフォークでそれぞれ療養中だったが、国家の一大事とあってすぐさまロンドンに急行する。翌日、スタムファーダムは両者と会見し、意見を聴いた。ソールズベリは、これまでの閲歴の重みからもカーズンがふさわしかろうと述べたが、バルフォアの見解は逆だった。

特に、カーズンが貴族院議員であることがネックとされた。いまや野党第一党は分裂の続く自由党（アスキス派五四議席、ロイド＝ジョージ派六二議席）ではなく、労働党（一四二議席）である。さらに、与野党の党首が議会で直接的に論戦をする機会も増えてきている。そのようなときに、貴族院に指導者を持たない労働党に対して、貴族院が首相を立てて果たしてよいだろうか。国王はバルフォアの見解を採用し、ボールドウィンに組閣の大命を降下することに決めた。

ただし、自尊心の強いカーズンにすねられても困る。そこでスタムファーダムが「ボールドウィン首相就任」が公表される前に、ロンドンでカーズンと極秘に会見し、国王の決定を伝えることとなった。すでにボールドウィンは首相への就任を受諾していた。

こうした国王とスタムファーダムの「心遣い」が功を奏して、カーズンはボールドウィンへの協力を約束し、外相留任を受け入れることとなった。五月二九日に、国王はカーズンと直々に会見を行った。時流をわきまえて、よくボールドウィンに譲ってくれたと感謝の意を伝えるためである。このとき、カーズンは国王にひとつの重要な質問を行っている。

カーズン「陛下は、もはや貴族院議員は首相になるべきではないと仰るのでしょうか？」

国王「そうではないが、しかし今回のケースは、私の見解では、貴族が首相になるべきではないと判断した。」

カーズン「それでは外相はいかがでしょうか。昨今では、外相も首相と並んで極めて重要な役職となっておりますが、これに貴族が就くのはよいのでしょうか。」

国王「首相はすべてに対して責任を持つもので、外相とはわけが違う。」

即位当初にいきなり議会法危機に巻き込まれた国王ではあったが、君主として一〇年以上の経歴を積み、その間に第一次大戦やアイルランド問題など未曾有の危機に直面して、そのすべてに適切に対処してきた経験に加えて、円熟味を増してきたからこそできる見事な回答である。さらに、今回の後継首班問題では、七五歳のバルフォアと七四歳のスタムファーダムという老臣二人の働きも、国王を助けるものとなった。

労働党政権の誕生と憲政の常道

ところが、せっかく成立したボールドウィン政権は、いきなり危機に直面させられた。第一次大戦の爪痕がいまだ濃く残るヨーロッパ各国は、戦後の経済復興に苦悩していた。

経済大国イギリスとて同様だった。政府内には、これまでの自由貿易を捨てて保護関税政策を採用し、国内産業の保護育成に努めるべきではないかとの声も高まっていく。

この声に押されて、ボールドウィンは方向転換を決意した。しかし、与党の一部はもとより野党の労働・自由両党は、一致団結して保護貿易政策には反対してきた。ついに議会解散・総選挙に追い込まれたボールドウィンであったが、一九二三年一二月八日に出された選挙結果は、保守党二五八議席、労働党一九一議席、自由党一五九議席となった。三大政党のいずれもが過半数を制することができず、事態は混乱した。

今回も国王の意を受けたスタムファーダムがバルフォア老卿と会い、そのあと彼を御前にお連れすることとなった。バルフォアはボールドウィンの失態を激しく非難する一方で、こうなったらアスキス首班の保守・自由連立政権か、労働党の単独政権しかないでしょうと意見を述べた。

一八五〇年代のウェリントンやランズダウンとは異なって、この二〇世紀の保守党の長老政治家には、三大政党のあいだで調整に立つことなどできなかった。長老と秘書官から意見を聴いた直後に国王はボールドウィンを招請し、「とりあえず今は辞任せずに、新しい議会を開いてから様子を見てはどうか」と首相に助言を与えた。ボールドウィンもこれに従うことにした。

一九二四年一月一五日、ついに新しい議会が召集され、ジョージ五世は開会式に臨んだ。

しかし王冠をかぶり、玉座に座って政府の施政方針演説たる「国王演説」を滔々と述べる彼の心の中は、すでに決まっていたのである。この翌日、スタムファーダムは友人のグラッドストン子爵（元首相の四男）に次のように述べている。「総選挙の結果から見て、ボールドウィンが下院採決で敗北したら、国王はラムゼイ・マクドナルド氏［労働党党首］を招請するおつもりのようだ。そして彼に組閣の大命を降下されるだろう」。

スタムファーダム自身も、労働党左派が政権を煽動しない限りは、「労働党が政権につくのが常道である」と考えていた。保守党の一部には社会主義者の政権が誕生することに過度の反発を示す声もあったが、この大衆民主政治の時代において、国王もスタムファーダムも事態を冷徹に見つめられるだけの能力を備えていたのである。

一月二一日、労働・自由両党からの攻撃にあって、ボールドウィン政権は総辞職に追い込まれた。翌二二日、国王は枢密顧問会議を召集し、マクドナルドを顧問官に任じた。それから改めて彼に組閣の大命を降下し、ここにイギリス史上初めての労働党による単独政権が成立することとなった。その後、一時間ほど新首相と話した国王は、マクドナルドから「好印象を受けた」ようである。

しかし、その日の日記に国王が記した言葉は印象的である。「二三年前の今日、愛するおばあちゃまが亡くなった。労働党政権が誕生したと聞いたら、おばあちゃまは何と思ったことだろう」。ヴィクトリア女王の死後四半世紀もしないうちに、イギリスの大衆民主政治は揺るがぬものになっていたのである。

ところが大方の予想を裏切り、この社会主義者の政権と、彼らが毛嫌いするはずの上流階級の頂点とも言うべき国王とは、最初からウマがあったのである。労働党政権とはいえ、所詮、彼らはイギリスで組閣しなければならない。下院にはある程度の逸材がいたとしても、貴族院での人材不足は如何ともしがたかった。自由党からのスカウトなどで、何とか貴族院にも閣僚や次官を揃えた。

しかし、困難を極めたのは宮廷人事である。第一章でも記したとおり、イギリスでは政権党が交代する場合には、それにあわせて宮廷人事も交代するしきたりになっている(ただし国王秘書官は別で、宮内長官以下の人事という意味である)。ここでスタムファーダムが登場する。彼は以前から、二〇世紀の政治においては、政権の交代で宮廷人事も刷新するなどという一八～一九世紀的な慣習は時代遅れであり、宮廷人事は政府・内閣とは別のものとして、常任官職にすべきであると唱えてきていた。労働党政権の登場によって奇しくもこれが実現したのである。

他方で、国王と労働党政権の閣僚たちとの関係は、それ以前の自由党や保守党のそれよりむしろ良好だった。それというのも、第一次大戦中の挙国一致政権に参画していたとはいえ、労働党が本格的に国政を主導するのは事実上今回が初めてである。閣僚経験のない政治家たちは、国王から多くのことを教わった。

正面から見たバッキンガム宮殿。数々の優雅な晩餐会が催され、ジョージ五世と労働党政権首脳部とを結びつけた。

これによりマクドナルド首相以下、閣僚たちは事あるごとに国王に相談をするようになった。もちろん閣議録は毎回きちんと国王のもとに届けられた。政府の重要事項を、国王にまったく相談せずに勝手に決めることの多かったロイド＝ジョージ政権とは雲泥の差である。

国王もそれによって大権を再び拡張しようなどという一八世紀的な野心は抱かずに、バランス感覚を保ちながら大臣たちに助言を与えていった。野党時代に王政を批判することもないわけではなかった大臣たちは、いっぺんに国王の虜となってしまった。

また大臣や次官ともなると、国賓

を迎えての宮中晩餐会など公式行事にも参列しなければならなくなる。そのようなときに、正装の仕方や食事のマナーなど、細かい宮中のしきたりを懇切丁寧に教えてくれたのがスタムファーダムだった。労働党政権と国王・スタムファーダムとはすぐに信頼関係を築き上げていった。

立憲君主制の安泰とスタムファーダムの死

こうして労働党政権の登場にも動ずることのなかった国王は、マクドナルド首相の真摯で純朴な人柄に惚れ込み、両者の関係はジョージ五世が接してきた歴代首相のなかで最も親密なものになっていった。しかし、政権発足から一〇カ月足らずの一九二四年一一月に、総選挙で大敗を喫した労働党政権は総辞職に追い込まれてしまう。この後、四〇〇議席を超える大勝利をつかんだ保守党が、ボールドウィンの下に安定した政権を築き上げた。

戦争が終結してちょうど一〇年が経過した一九二八年一〇月、突然、国王の身体を病魔が襲った。肺機能が著しく低下し、一時は危険な状態となった。顧みれば、即位当初からの相次ぐ政治的な危機への対応と四年にわたる世界大戦で、国王の身体は急激に衰えていたのである。即位したときは四五歳だった国王も、すでに六三歳となっていた。ただこのときは体調も恢復し、翌年には再び執務に戻ることができた。

次の一九二九年六月の総選挙で、与党保守党は二六〇議席へと後退した。労働党は二八八議席、自由党は五九議席だった。今回も全六一五議席のうちで過半数を制した政党はなかったものの、一九二三年の時とは異なって、第一党の地位を失った保守党はすぐに政権を労働党へと明け渡した。いまや時代は「保守＝自由」ではなく、「保守＝労働」の二大政党制へと移り変わっていた。

それと同時に、この前年に女性の普通選挙権も認められ、ここに男女普通選挙権が実現するや、総選挙の結果はそのまま国民の声を意味するところとなっていた。スタムファーダムはこう洩らしている。「我々は、民主主義など意味のないお題目にすぎないという時代が、もはや終わってしまったことを認識しなければなるまい。女性参政権の拡大とともに、良かれ悪しかれ、人々の声はもはや国家の声となっているのだ」。

彼が生まれた一九世紀半ばには、選挙権を有する国民など一割にも満たなかった。それがいまや老若男女を問わず、二〇歳を超えれば誰もが国政に参与できるのである。このような大衆民主政治の確立にともない、立憲君主制もそれに柔軟に対応していかなければなるまい。この年に満八〇歳を迎えたスタムファーダム老男爵は、ますます意気軒昂として国王を支える決心を固めていた。

ところが、第二次マクドナルド政権が発足してから四カ月後、世界は新たなる危機へと巻き込まれていった。ロンドンのシティに代わり、いまや世界経済の中心地となっていたニューヨークのウォール街で株価が大暴落してしまったのである。その後も、主要銘柄の平均株価は下げ止まらず、一一月までには二カ月前の半値を切ってしまった。

この余波は、大戦からの経済復興にようやく光が見え始めていたばかりのイギリスにも襲いかかった。かつての大英帝国の時代であればいざ知らず、自国の経済復興に全力を注ぐ一方で、アメリカにも戦時債務を返済しなければならないイギリスである。

ついに、一九三一年八月に「ウェストミンスタ憲章」がロンドンで成立した。イギリスを頂点にいただいたピラミッド型の大英帝国（British Empire）は、自治領も植民地も対等のパートナーとして帝国内特恵関税で結ばれる、英連邦諸国（Commonwealth）へと変貌を遂げていったのである。帝国の時代の終焉を予兆する出来事であった。

しかし、スタムファーダムはこうした変化を見届けることなく、この年の三月三一日に八一歳の生涯を突然閉じてしまった。八〇歳を過ぎてもなお国王秘書官を務めたのは、彼が初めてのことだった。それでも至って元気な老男爵に、国王はもちろん周囲からも「引退」を促すようなことはまったくなかった。いつしか彼は、ジョージ五世に最初の三年間だけ共に仕えたノウルズが引退した年齢を超えていたのだ。

一九〇一年一月二二日に愛する祖母ヴィクトリア女王が亡くなって以来、実に三〇年にわたって尽くしてくれたこの老臣の突然の訃報に、国王は強い衝撃を受けたとされている。

しかし世界恐慌のまっただなかにあって、国王には悲しみにふけっている余裕はなかった。即日、これまで二〇年にわたって秘書官補として彼を支えてきたサー・クライヴ・ウィグラムが国王秘書官に任じられることとなった。ウィグラムは受諾の返事のなかで、前任者の日々の教えをこう書き記した。「私の敬愛するボス［スタムファーダム］が常々言っておりました。「私が死んだときのために、この点は忘れないでほしい」」。最期まで国王に尽くした生涯であった。

思えば三月三一日とは、実質的な意味での「初代の」君主秘書官、グレイが亡くなった日でもある。六一年前の同じ命日に、やはり最期まで女王に仕えた先輩秘書官と、親子で彼を支えてくれたポンソンビとが、この秘書官職を揺るぎのない不動の地位として築いてくれたおかげで、田舎牧師の子供にすぎなかったスタムファーダムは、半世紀以上にわたって王室に仕えることができただけでなく、その大半の時期を「国王秘書官」として、宮廷内で並ぶ者のない名声と信頼を勝ち得ることにも成功したのである。

彼が歴代の君主たちに仕えた半世紀とは、イギリス現代政治にとってもまさに激動の時代だったが、彼の支えによって立憲君主制は二〇世紀の半ばにも安定していくかに見えた。ところが、イギリス王室史上類を見ない大事件が起こり、スタムファーダムらが築き上げた安定など一気に瓦解してしまう可能性まで生じたのである。

第四章

立憲君主制の光と影

「王冠を賭けた恋」の悲劇の一因を作った？　エドワード八世の秘書官アレクサンダー・ハーディング。(The Royal Collection © 2022 Her Majesty Queen Elizabeth II)

国父ジョージと一九三一年内閣危機

　三〇年にわたってジョージ五世に仕えた国王秘書官スタムファーダム男爵の死から四カ月半、一九三一年八月半ばのイギリスは経済問題で揺れ動いていた。二〇〇万人にも及ぶ失業者の救済、景気の回復に加え、破綻に瀕している国家財政の再建も急務となっていたのである。労働党のマクドナルド政権は財政支出削減の一環として、失業手当の削減という苦渋の選択を強いられようとしていた。しかしこれには、閣内からもかなりの反発が上がった。

　全国の労働組合を支持基盤とする労働党政権としては、財政再建も重要な課題ではあったが、かといって失業者を犠牲にするわけにもいかない。八月二三日、ついにマクドナルド首相はこの問題について閣議で検討し、採決が取られることとなった。

　失業手当の削減を盛り込んだ緊縮財政案に賛成なのはマクドナルド首相を筆頭とする一一人で、反対は九人。しかも、労働党内では反対派が多数を占めていた。閣議終了後の午後一〇時、マクドナルド首相はバッキンガム宮殿に参内し、国王に辞意を伝えた。

　ここで積極的に動いたのが国王であった。彼はすぐに保守党党首のボールドウィンと、自由党の党首代行サー・ハーバート・サミュエルとを招請した。自由党党首のロイド＝ジョージは病気療養中だった。

国王の心はすでに決まっていた。いまは政党同士で衝突しているときではない。世界大戦にも匹敵する危機ともいうべき大恐慌のさなかである。ここは三党が挙国一致政権を樹立して、互いに手を取り合って大恐慌に挑んでもらいたい。その首班には、国王からも国民からも絶大な信頼を寄せられているマクドナルド以外にいない。ところが、マクドナルドはいまや労働党内で勢力が弱まっている。あとは保守・自由両党から助けを借りるしかない。国王の力説にボールドウィンもサミュエルも賛意を表した。

翌二四日の午前一〇時に、マクドナルド、ボールドウィン、サミュエルを集めた御前会議が改めてバッキンガム宮殿で開かれた。この席で、辞意を固めていたマクドナルドは国王からの説得を受け、ついに挙国一致政権の樹立に同意する。三者のあいだで覚書が作成され、失業手当の一割削減案を盛り込んだ緊縮財政の遂行を課題とする三党の連立政権が、マクドナルド首班の下に実現することになった。御前会議に臨席していた国王秘書官サー・クライヴ・ウィグラムは次のように記している。

陛下は問題の解決に協力してくれた彼らを讃えた。フランスや他の国では、政権が樹立できずに数週間が経過するようなことも頻発しているのに、この国では各党の指導者たちが、下院における闘争の後であろうと君主の下で結束を固め、種々の政策の相違を乗り越えて挙国一致政権を築いてくれるほどに、国制が柔軟にできているとも指摘された。

実はこのとき、マクドナルドは労働党議員の大半から支持を失って党首の座から引きずり下ろされ、失業手当削減に反対したアーサー・ヘンダーソン前内相が新しい党首に選ばれていたのである。

当時を代表する政治理論家のハロルド・ラスキは、このときの国王の行為は国制に違反するものではなかったかと疑問を呈しているが、それは誤りであろう。国王は独断でマクドナルド首班を決めたのではなく、彼をも含めた三党指導者との協議で決めている。しかも挙国一致政権が樹立された直後、一九三一年一〇月には総選挙も実施させている。

選挙結果は挙国一致政権側が五五四議席（保守党四七三、労働党一三、自由党三三、自由国民三五）と、全議席（六一五）の九〇パーセントを超える圧勝だった。数字からもわかるとおり、マクドナルド自身の支持基盤はわずかであり、政権の基盤は保守党に依存しなければならなかった。しかし、男女普通選挙権が実現した後の大衆民主政治の時代にあって、マクドナルド挙国一致政権がいかに国民全体から信頼を受けていたかを表す結果である。

この「一九三一年内閣危機」を迅速に解決し、政治危機がそのまま経済危機のさらなる深刻化へとつながらないように尽力したのが、国王ジョージ五世のリーダーシップであったといっても過言ではなかろう。国王は、当時の政党政治と大衆民主政治とに立脚して、諸党派の指導者たちが右往左往するなかで、的確な判断に基づいて挙国一致政権の樹立とその後の解散・総選挙へと導いたのである。

これが保守・自由両党指導者からの反発のもとで政権が作られたとか、総選挙で政府側が敗北でもしていたなら話は別である。国王の行為はむしろイギリスをさらなる災厄から救ったのだった。しかも今回の危機にあたって、これまでしばしば彼の相談役となってくれた長老政治家のバルフォア（一九三〇年三月死去）も国王秘書官のスタムファーダムも、この世にはいなかった。二人はともに八一歳の長寿を全うして逝去していた。

君主としての経歴も二〇年を超えて、六六歳となっていたジョージ五世自らが主導権を取って解決にあたったのである。いまや彼は文字通りの「国父」となっていた。大衆民主政治に立脚した立憲君主制は健在であった。

シルバー・ジュビリーの陰で

その国父ジョージ五世の在位二五周年記念《シルバー・ジュビリー》を祝う盛大な式典が、四年後の一九三五年に華やかに執り行われた。大戦終結から一七年。イギリス国民の生活にもある程度の落ち着きが戻り、国王の尽力で形成された挙国一致政権は景気の回復にも一定の成功を収めつつあった。国民は大戦と恐慌とをともに乗り切った国父の記念の年を心から祝福した。ところが、七〇歳を迎えた老国王の身体には不吉な影が忍び寄っていたのだ。

国王は一九二八年の秋に重い病にかかり、一時は危篤状態ともなったが、そのときは奇跡的な恢復を見せていた。しかしそれから七年後、世界恐慌や英連邦の結成など、大英帝国にのしかかっていた重石は、しだいに国王の身体をも侵し始めていた。しかもヨーロッパでは、ドイツとイタリアでナチズムやファシズムが大きな勢力を誇るようになり、かつての同盟国日本は東アジアでますますその版図を拡げようとしていた。

国王の懸念はそれだけではなかった。むしろ最大の懸案事項とも言うべきものが、自らの後継者問題だった。ジョージ五世は五人の男の子に恵まれていた。このうち末の息子のジョン王子は一九一九年にわずか一四歳で亡くなっていたが、残りの四人はいずれも元気に成長を遂げていた。

しかし問題だったのは健康ではなく、精神のほうだったのだ。皇太子のエドワード・アルバート・クリスチャン・ジョージ・アンドリュー・パトリック・デイヴィッド王子は、父の在位二五周年のとき、すでに四一歳を迎えていた。家族から「デイヴィッド」と呼ばれていた皇太子は、金髪で碧眼、国民からの人気も高かった。「魅惑の王子（Prince Charming）」とも呼ばれた彼は、しかしいくつもの問題を抱えていた。特に大きいのは、

黄金の公式馬車。歴代国王の戴冠式、在位25周年、在位50周年などでジョージ五世やエリザベス二世が使用している。

独身だったことである。

若くして社交界の寵児となり、夜な夜なクラブに繰り出す皇太子は、数々の女性たちと浮き名を流してきた。次弟のアルバート王子（愛称バーティ）は、一九二三年にすでにスコットランドの名門ストラスモア伯爵家の令嬢と結婚し、二人の娘を儲けていた。三男のヘンリ王子は父の記念すべき在位二五周年の年に、やはりスコットランドの名門バックルウ公爵家の令嬢と結婚していた。そして四男のジョージ王子は、その前年の一九三四年にギリシャ王女と結婚していた。ところが長男でプレイボーイのこの皇太子は、一向に結婚する気配がなかった。

父王や周囲は心配し、ヨーロッパ各国の王女や国内の主要貴族の令嬢たちを「あてがおう」としたがダメだった。しかしここに、デイヴィッドの心を捕らえる女性が登場する。ウォリス・シンプソンという、彼より二歳年下のアメリカ女性である。ところが、彼女はすでに一度の離婚歴があるばかりか二度目の夫のシンプソンともうまくいかず、離婚は秒読みの状態となっていた。このような女性を「王妃《クィーン》」に戴こうなど、上は王族から下は庶民に至るまで許すはずもなかった。何よりも国王自身が大反対だった。

一九三六年一月、容態が思わしくなくなってきた国王は、お見舞いに駆けつけた首相のボールドウィンにこう言った。「あの坊やは私が死んだ後一二カ月以内に、身を破滅させることになるだろう」。これがまるで遺言であるかのように、一月二〇日の深夜近くに国王は息を引き取った。享年七〇だった。父王エドワード七世よりは二歳長生きしたとはいえ、父王同様に国に命を捧げるかのような逝去であった。

「皇太子はヒステリー状態となり、大声で泣きながら、王妃（メアリ皇太后）と抱き合っていた」。ジョージ五世に二六年間仕えた国王秘書官ウィグラムの回想である。しかし皇太子には泣いている暇などなかったのだ。彼は父王を継いで、いまや世界の陸地面積の四分の一近くを支配する大英帝国の君主にならなければならなかったのである。

彼が国王として選んだ名前は父の「ジョージ」ではなく、祖父と同じ「エドワード」だった。謹厳実直で知られた融通の利かない父より、洒脱で粋な遊び人だった祖父を好んだということか。ここにウィンザー王朝二代目の国王エドワード八世が誕生した。

しかし彼の時代は、父王ジョージ五世がボールドウィンに残した遺言にもあったように、わずか一一カ月で幕を閉じてしまう。その最大の理由のひとつが「側近の欠如」にあった。還暦近くで即位した祖父エドワード七世にはノウルズが、議会法危機のさなかに四五歳で即位した父ジョージ五世にはスタムファーダムがそれぞれついて、数々の苦難を国王とともに乗り切ってきたのだが、この新国王エドワード八世にはそのような秘書官がいなかった。いったいなぜなのか、その理由をさぐるには、彼の皇太子時代にさかのぼらなければならない。

魅惑の王子と秘書官トマス

ジョージ五世の長男デイヴィッド王子は、二五歳を迎えた一九一九年七月にいよいよ自立して、バッキンガム宮殿を出てセント・ジェームズ宮殿内のヨーク・ハウスに移った。それはここは、かつて父親自身が祖父エドワード七世から独立して住んだ場所でもあった。それに伴い、デイヴィッド王子の身の回りの世話や公務を取り仕切る秘書官が必要となった。

皇太子自身は、外交官・銀行家を経て父の宮廷に仕えるクローマー伯爵を秘書官にしたかった。しかし宮廷人として有能な彼を、国王自身は手放したくなかった。クローマーはこの後、一九二二年から一六年間にわたって宮内長官（Lord Chamberlain）を務める。

そこで第二の候補に上がったのが近衛連隊の将校だったエドワード・グリッグだったが、長年国王に仕えてきた彼は、しばらくは宮廷から離れたいとの理由でこれを辞退する。最終的には、外交官出身で皇太子の臨時侍従を務めてきたゴドフリー・トマスが皇太子秘書官に任じられることになった。

皇太子とトマスが初めて出会ったのは、これより六年前の一九一三年夏のことだった。夏休みにドイツを訪れていた皇太子の世話をしたのが、当時ベルリン駐在のイギリス大使館で働いていたトマスだったのだ。

五歳年上で陽気なトマスはすぐに皇太子とうち解け、ちょうど一年後の一九一四年八月にイギリスが第一次世界大戦に参戦するや、皇太子自身の要望で臨時の侍従に採用された。大戦中はつねに皇太子の側に仕え、一九一五年八月に父ジョージ五世が西部戦線視察のためフランスを訪れたとき、これに随行した皇太子にも同伴している。

もともと少年時代に弟のバーティとともに海軍兵学校に入り、海軍将校としての訓練も受けてきた皇太子は、王位継承者ということで戦争勃発とともに海軍から離され、陸軍の近衛連隊に配属されていた。対するバーティはそのまま海軍で勤務を続け、先にも記したとおり一九一六年のユトランド沖海戦にも参加していた。

本当は自分も海軍に残って戦いたかったと、皇太子は密かにバーティを羨ましがっていたのである。今回の西部戦線の視察の際に「皇太子は子供のようにはしゃいでいた」とトマスは回想しているが、そうした理由もあったのであろう。

そのトマスが秘書官に任じられた一九一九年のクリスマスに、皇太子はトマスにこう伝えている。「貴兄は私の最良の友人であり、私が信頼できる、私のことを真に理解してくれている人間である」。秘書官と主人とのあいだで最も大切なことは、「信頼」で結ばれているかどうかである。この点で、トマスは皇太子から早くも合格点を与えられた。

年齢も近く、仲のよいトマスがあまりに皇太子と親しくなりすぎることに懸念を感じたジョージ五世ではあったが、皇太子自身はこう述べて父親の説得にあたった。「トマスは大変に有能で、誰とでも親しくなれる男であり、さらには私が間違ったことをしていると思うときには率直に言ってくれます」。

トマスの大仕事は、秘書官就任の翌月に早くも始まっていた。一九一九年八月に皇太子は初めての公式訪問の旅に出る。行き先は自治領カナダであった。今回の旅にはトマスも同行した。行く先々でこの「魅惑の王子」は大歓迎を受けた。特にトロントでは、「民衆の半分が熱狂的に」皇太子に群がった。ところが二五歳の皇太子は、すでにこの頃から夜になるとクラブに繰り出すという悪い癖を付け始めていた。

一一月には、非公式にニューヨークを訪れた。当時はアイルランドの自治権問題をめぐってイギリス本国では紛争やテロが続き、アイルランド系移民の多いニューヨークを皇太子が訪れることには反対の声もあがっていた。しかし、結果は予想外の大歓待であり、皇太子自身も大喜びであった。このあたりから、皇太子は「大衆から好かれている」自分の立場というものを、重く見るようになっていったと思われる。

情緒不安定な皇太子とトマスの懸念

しかし浮かれている暇などなかった。皇太子には仕事が山ほど用意されていたのだ。北米から帰国した皇太子は、翌一九二〇年早々には今度はオーストラリアを訪れなければならなかった。先に紹介した、トマスに宛てたクリスマスの書簡に、皇太子は忙しすぎて「気がふれてしまいそうだ」との不満も漏らしていた。

私は気がふれてしまいそうだよ。思考能力さえなくなり、何につけても自分で決められない。今までの人生のなかで、こんな状態になったことはなかった。こんな状態には、正直もううんざりだ。もう自分には、冷静さを取り戻すことができないのではないかと心配だ。こんな仕事はもうご免だ。

皇太子は大衆の歓喜の渦に囲まれているときは幸せの絶頂であるかのように思われたが、

次々と押し寄せてくる公務の波に巻き込まれ、情緒が不安定な状態になっていた。トマス自身もこの点には気をつけなければならなかったが、それでも大英帝国の王位継承者としての責務を果たしていくために皇太子を慰め励ましながら、彼とともに帝国を駆けめぐった。

オーストラリア訪問も大成功に終わり、一九二一年はいよいよ「帝国のなかの帝国」インドを訪れる番だった。第一次世界大戦が終結した後、戦争に協力したインドの立場は相対的に強くなっていた。特に、マハトマ・ガンディーを中心とした独立への動きが活発化し、各地でイギリス官憲と独立派との確執が深まっていた。

そのようなさなかに、皇太子がインドを訪れるのは治安上の問題からも望ましくないという声が宮廷でも囁かれていたが、インド総督のレディングやインド大臣のモンタギューなどは、「こういうときだからこそ皇太子にインドを訪問していただき、現地の王侯たちと緊密な関係を築いていただきたい」と逆に説得に乗り出す有様であった。

第二章および第三章でも述べてきたとおり、皇太子によるインド訪問という行事は、デイヴィッドの祖父エドワード七世以来の「恒例の」大切なイベントである。将来「インド皇帝」として君臨する者が、皇太子時代にここを訪れることは、ある意味で王位継承者にとっての通過儀礼のようなものになっていた。しかも父ジョージ五世などは、イギリス国王に即位した直後に史上初めてのインド皇帝戴冠式まで自ら挙行して、改めてインドの統治者としての姿を人々の心に焼き付けたのである。

皇太子は父や祖父と同じく、一九二一年秋から翌二二年春までの日程でインドへと旅立った。傍らには秘書官トマスの姿も見られた。「魅惑の王子」はこの東洋の亜大陸でも歓呼をもって迎えられた。しかし、カナダともオーストラリアとも風習の違うこの帝国で、デイヴィッドに特有の悪い癖が再び目立つようになってきた。彼は友人たちとのこぢんまりとした狩猟は好きだったが、インド流の大がかりな狩りは好きになれなかった。

王侯たちは、父ジョージ五世や祖父エドワード七世が楽しんだような、大勢の供の者や勢子《せこ》を従えて派手に虎を仕留めていく大がかりな狩りを楽しめるものと期待したのだが、皇太子の希望でそのようなものは行われず、むしろポロの大会が催されてしまった。王侯たちは大いにがっかりしたとされている。トマスは、自らの嗜好でポロを優先させた皇太子に諫言を試みたが、長旅で疲れ切った皇太子には届かなかったようである。

インドからの帰路に、皇太子一行は日本を訪れている。この前年の五月にイギリスを公式に訪問した皇太子裕仁への答礼の意味が込められていた。しかし、病気の大正天皇に代わり摂政も務める多忙な皇太子とはそれほど友好的な関係も築けず、日本の宮中の堅苦しい行事にも飽き飽きしていたデイヴィッドは日本での滞在を楽しめなかったとされている。にもかかわらず、今回のインド訪問はイギリス皇太子としては一六年ぶりの大イベントであり、種々の問題が見られたとはいえ「魅惑の王子」の魔力と秘書官トマスの尽力により何とか成功を収めることとなった。

しかし、すでにこの頃から、公務のさなかではあってもあくまでも私生活を大切にしたい皇太子と、王位継承者には私生活などあり得ず、むしろ公務を優先すべきだと考える側近たちとのあいだで次第にズレが生じるようになっていた。皇太子と親しくなって一〇年近くが経とうとしていたトマスには、まだ堪えて支えようとする様子が見られたが、やがて皇太子と真っ向から衝突する側近が現れる。

最初に愛想を尽かした男

一九一九年に父王から独立し、ヨーク・ハウスに独自の宮廷を持つようになった皇太子は、交通機関の発達と世界大に拡がった帝国を維持するために、文字通り世界を股にかけての旅行を続けていた。このため、御用繁多の皇太子を支える側近はトマスだけでは足りない。翌一九二〇年には、新たにアラン・ラッスルズが皇太子秘書官補としてトマスを支えることとなった。

ラッスルズは、有力貴族の第四代ハーウッド伯爵の次男の子供だった。伯父の第五代伯はジョージ五世の副官などを務め、従兄の第六代伯は一九二二年になんとそのジョージ五世の長女メアリ王女と結婚することになる。「トミー」の愛称で親しまれたラッスルズの家系は、まさに王室と直接的なつながりをもったのである。

当初は皇太子とも仲の良かったラッスルズだが、一九二四年にトマスに代わって皇太子とアメリカを公式訪問した頃から、次第に両者の関係はぎくしゃくしたものになっていく。特に、まじめな性格のラッスルズが不満に思うようになったのが、皇太子の自堕落な生活態度だった。

皇太子は、よほどの公務がない限りは、午前一一時まで起きてくることはなかった。そのあとは一日の大半をスカッシュやゴルフ三昧で過ごし、夜は夜でおきまりのクラブへ通うという社交生活が続いた。「午前様」などごく当たり前のことだった。

ラッスルズが尊敬していた国王ジョージ五世も、息子の生活態度にはしばしば不満を漏らし、本人を厳しく叱りつけることさえあった。同じく謹厳実直な国王秘書官スタムファーダムでさえ、「国王は少々皇太子に対して口やかましいのではないか」と思い、皇太子秘書官のトマスとともに親子喧嘩の仲裁に立つことが多かったほどである。ラッスルズが仕えたかったのはジョージ五世のような尊敬すべき君主であり、自分とは性格の異なる皇太子のデイヴィッドではなかった。

一九二七年夏に皇太子のカナダ訪問に随行したラッスルズは、デイヴィッドが各地で行う予定のスピーチの原稿も一生懸命に作成したが、そのほとんどに勝手に手を入れられて、実際のスピーチはかなり違ったものになることが多かった。これでは何のために原稿を作っているのかというラッスルズの苦悩を、皇太子はまったく気づいていなかった。

二人の関係が決定的に悪くなったのは、翌一九二八年九月の東アフリカ訪問のときだった。ケニアでもウガンダでも、皇太子は毎日遊びほうけていた。ところがこの直後の一〇月に、先にも記したが（一九二頁）、国王ジョージ五世の容態が悪化し、危ない状況となった。本国からは、ボールドウィン首相がすぐに帰国するようにと皇太子に打電してきた。ところが皇太子はまったく取り合わず、弟のヘンリが訪問している南アフリカに駆けつけて彼らと合流しようなどと言い出す始末だった。これにはラッスルズもカッとなった。「殿下！　イギリス国王は危篤であられます。これが殿下に関係ないというのであれば、由々しき問題ではないでしょうか」。皇太子はしぶしぶ帰国することにした。

北アフリカから地中海を渡ったイタリア南部の港町ブリンディジィには、秘書官のトマスが駆けつけていた。すぐに冬用の礼装に着替えさせ、ベニト・ムッソリーニ首相が手配してくれた特別列車でロンドンへと向かった。今回の一件で、ラッスルズは辞任の意向を固めてしまった。

国王の容態が恢復した直後の一九二九年初頭、「トミー」・ラッスルズは皇太子秘書官補から正式に退く。九年にわたってともに皇太子を支えてきたトマスは、ラッスルズの離任を心から嘆いた。それと同時に、「自分も何度辞めたいと思ったことか」と本心を密かに吐露している。さらに、次のような書簡をラッスルズに送ってもいる。

殿下はイギリスの歴史についてほとんどご存じでない。なんたることか。彼は新聞や街角にいる連中を喜ばせることが公務だと思っているのだ。彼は何よりも私生活を優先させようとしている。彼に染みついているこの固定観念が間違っていることを、誰かが気づかせて差し上げないと、とんでもないことが降りかかってくるのではないかと気の毒でならない。

この年の七月で満一〇年、皇太子に仕えることになるトマスでさえも、すでにお手上げの状態だったのである。しかし彼には、ラッスルズのように皇太子をあっさり見捨ててしまうようなことはできなかった。

それと同時に、ラッスルズに宛てたこの書簡ほど、後の皇太子の現実の姿を見事に予見した言葉はないであろう。残念ながら、皇太子に己れの言動が間違っていることを告げられる「誰か」は、トマスではなかった。一〇年前に、「最良の友人」「私のことを真に理解してくれる人間」と皇太子に称賛されたトマスにさえ、皇太子はもはや手に負えない存在になっていたのである。

ラッスルズが秘書官補からの辞任を申し出た一九二九年初頭には、皇太子はダーラムやノーサンバーランドといった北部の炭鉱町を訪れ、住民たちから熱烈な歓迎を受けていた。

しかしそれと同時期に、トマスを筆頭とする彼の側近たちのあいだでは図らずも、「皇太子の盛りは、一九二二年のインド訪問を最後にすでに過ぎた」との見解で一致を見ていたのである。日頃は皇太子に同情的だった八〇歳の国王秘書官スタムファーダム老卿でさえも、この考えに同意していた。

一九二〇年代が終わろうとする頃までのあいだに、皇太子は大衆からの絶大な人気を肌で感じていた一方で、宮廷を頂点に戴く上流階級のあいだでは確実に信用を失いつつあった。しかも不幸なことに、皇太子自身はそのことにまったく気がついていなかった。そのようななかで、父王が最期の時を迎えるのである。

新国王の即位と側近たちの離反

先にも記したとおり、最晩年のジョージ五世にとって最大の頭痛の種が、皇太子デイヴィッドとウォリス・シンプソン夫人との関係であった。二人が初めて出会ったのは一九三一年のことだったが、最初の夫アール・スペンサと離婚した直後にロンドンを訪れたウォリスは、一九二八年にアメリカ生まれの実業家アーネスト・シンプソンと再婚していた。

友人の紹介で皇太子と知り合い、一九三二年からは、シンプソン夫妻はしばしばヨーク・ハウスに招かれる常連客となった。二人の関係が抜き差しならぬものとなったのは、夫の留守中に密会を続けるようになった一九三四年からである。この頃までには、ロンドンの社交界で二人の関係は「公然の秘密」とされていた。

やがて、その噂は老国王の耳にも伝わってきた。一九三四年一一月に国王の四男ケント公爵ジョージ王子が、ギリシャのマリーナ王女と結婚式を挙げることになった。皇太子はそのパーティーになんとウォリスだけを招待した。招待客のリストに目を通したジョージ五世はすぐさま「ウォリス」の名を削除するように命じたが、その日の主役であるケント公が兄の意向を受けて招くことに決めてしまったため、ウォリスは晴れて出席する。

これに気をよくした皇太子は、翌三五年五月には、今度は父王の在位二五周年《シルバー・ジュビリー》記念式典にも招こうと計画するが、こればかりは国王自身に反対されて失敗に終わった。一九三六年一月、亡くなる数週間前に、老国王は周囲にこう洩らしたとも言われている。「デイヴィッドが結婚もせず、世継ぎを残さないことを私は望む。そして、何の支障もなく、バーティ［次男ヨーク公爵］とリリベット［ヨーク公の長女で後のエリザベス二世の幼少時のあだ名］に王位が行くように」。一月二〇日、ついに国王は崩御した。

新国王エドワード八世に即位したデイヴィッドは、早速新しい「国王秘書官」の人選に取りかかった。彼が望んだのは、一六年半にわたって秘書官として仕えてくれたトマスだった。彼だけが自分の真の気持ちをわかってくれる男だ。デイヴィッドはそう思っていた。ところがトマスの返事は、「自分には荷が重すぎる」という拝辞の表明だったのである。

この一六年半は、トマスにとっても苦悩の連続だった。若い皇太子と世界中を駆け回り、この「魅惑の王子」に惚れ込んだ時期が一再ならずあったことは事実である。しかし、彼を皇太子秘書官補として支えてくれたラッスルズが一九二九年に辞任を申し出て以来、いつかは自身も退きたいと念ずるようになっていた。

とりわけ、ラッスルズの辞任とほぼ時を同じくして皇太子の前に登場したウォリスの存在が、デイヴィッドとトマスとの関係にも暗い影を落とすようになっていた。ジョージ五世の容態が悪化していたとき、トマスはこう洩らしている。

私は迷信などあまり信じないほうなのだが、これだけは確信を持って言える。彼「皇太子」は国王にはふさわしくない。彼の在位は大惨事とともに幕を閉じることになるだろう。いまや日増しに膨らんでくる彼の責任感が、あるいは奇跡を起こしてくれるかもしれない。しかしそれが、そう長続きするとは思えない。人々は皇太子としてなら彼を支持するかもしれないが、国王ということになるともう大目には見てくれまい。

それでも彼は、デイヴィッドを見捨てることはできなかった。トマスは「国王秘書官補としてなら」勤務を続けてもよいと、新国王に申し出ることとなった。気心の知れた側近中の側近からある意味で見切りを付けられたエドワード八世の治世は、このように芳しくないスタートを切った。

第二の離反

トマスに断わられて、最終的にエドワード八世が頼ったのは、父ジョージ五世の秘書官であったウィグラム男爵だった。父王の秘書官補を二一年、スタムファーダム亡き後の秘書官を五年務め、在位二五周年記念の年に男爵に叙せられたウィグラムは六三歳のベテラン宮廷官僚である。

ウィグラムも皇太子時代からの国王の素行には批判的であり、年齢も二一歳離れていたこともあって、最初は秘書官職を受けるつもりはなかった。しかし亡き国王から「皇太子を頼む」と言われており、長年のご恩に報いるために最後のご奉公のつもりで、当座の間だけ（たとえば翌年夏頃に予定されていた戴冠式まで）でも秘書官を務めて、より若い世代の人材に引き継ぐことにした。

ところが即位当初から、この老臣と国王とのあいだで衝突が絶えることはなかった。まずは住居の問題である。エドワード八世は、亡き父の取り巻きが今でも盤踞《ばんきょ》しているかのような辛気くさいバッキンガム宮殿に居を移すつもりがなく、皇太子時代から一六年半住み続けているヨーク・ハウスに留まり続けていた。

しかしこれには、ウィグラムは反対だった。「もし国王が移らなければ、それは大英帝国の終わりの始まりに他ならない。バッキンガム宮殿こそが帝国の中心なのだから」。当時のBBC会長リースに述べた言葉である。そのBBCから翌三月に放送する予定のラジオ演説をめぐっても、確執は続いた。

水谷三公《みつひろ》氏の名著『イギリス王室とメディア』にも詳しく触れられているが、一九三二年暮れのジョージ五世によるクリスマス・メッセージ以来、王室とラジオとの関係は深まっていた。特に民衆から人気の高い国王は、即位早々から「エドワード大衆王」なるあだ名まで冠せられていた。とはいえ皇太子時代とは異なって、不用意な発言は政府をも巻き込む大事件に発展しかねない。ウィグラムは国王の原稿を念入りに調整したが、彼自身の言葉によると、当初国王の下原稿に「インドにも自治権を与えてはどうか」との内容が盛り込まれていたようである。

インド大臣のサイモンから執拗に削除するようにとの要望が伝えられ、両者のあいだに立ったウィグラムはかなりの苦労の果てに、ようやく国王の説得に成功した。国王としての「最初の」ラジオ放送からしてこの騒動なのであるから、今後の動向など推して知るべしという状態である。しかも実際に行われた放送のあり方についても、ウィグラムはかなりの不満を国王に抱いていたことが、リース会長の日記からわかる。

しかしウィグラムにとっての最大の懸案事項は、やはり「ウォリス問題」だった。国王即位の翌月、一九三六年二月にウィグラムはボールドウィン首相に呼び出されて、極秘に会見を行う。ヴァンシタート外務事務次官やハンキー内閣書記官長からの情報によれば、国王がウォリスに政府の秘密文書を見せているのではないかというのである。本当であれば由々しき事態となる。ヴァンシタートらの情報では、ウォリスはロンドン駐在のドイツ大使などとも親しい関係にある。彼らにイギリスの最高機密が洩らされでもしていたら大変なことになる。

ただでさえ、当時はドイツのアドルフ・ヒトラー総統が第一次世界大戦でドイツが失ったラインラントなどの割譲を要求し、再軍備も進めていた時期である。噂は本当なのか？ウィグラムにも思い当たる節がないでもなかった。

とにかく国王はだらしない性格だったのだ。政府から閣議録や外交文書などが届けられても、机に放りっぱなしでろくに目を通そうともしない。これではウォリスでなくとも、国家の最重要機密を知るようになったとしてもやむを得ない。そのくせ国王は外交問題に口を出そうとするのだから、外務省の役人たちもたまったものではなかった。

政府文書の一件もさることながら、より深刻だったのはウォリスとの「結婚」である。すでに離婚歴を有し、今また現在の夫をよそに不倫を続けるアメリカ人女性との結婚など、イギリス国王に許されるはずもない。ところが国王自身は、この年の五月ぐらいまでには、ウォリスとの結婚を真剣に考えるようになっていたのである。

亡き国王ジョージ五世からの衣鉢を継ぎ、王室の安泰を第一にと考える老臣ウィグラムは、法曹界の最高権威である大法官（日本で言う最高裁長官で貴族院議長も務める閣僚の一人）ヘイルシャム子爵に常時相談を持ちかけた。「国王は尋常とは思えない。こう思っているのは私一人ではない。バッキンガム宮殿にお仕えする同僚たちすべての意見である。いつしか国王はジョージ三世のようになってしまうかもしれない。そうなれば、できるだけ早く摂政制法案を通すべきではないか」。

なんとウィグラムは、一八世紀末から一九世紀初頭にかけて精神病にかかって国王の執務を果たせなくなったジョージ三世とエドワード八世とを同列に扱い、王弟などを摂政に据えるべきであると考えていたのである。

ウィグラムのウォリスに対する反感も並大抵ではなかった。ヘイルシャム卿に対しても、「悪魔のような女」と呼んではばからなかった。そしてついには、こうも述べている。「もしS［シンプソン］夫人と突然結婚なさるとでもおっしゃった暁には、退位なさるべきですと陛下に申し上げるつもりだ」。後の「王冠を賭けた恋」事件が深刻化する五カ月前に、すでに国王にとっての側近中の側近とも言うべき秘書官自身が、「王冠かウォリスか」の二者択一を国王に迫るべきだと考えていたわけである。

ウィグラムの忍耐は限界に達していた。一九三六年七月、ついにウィグラムは高齢と病気を理由に国王秘書官からの引退を申し出た。高齢とは言っても、まだ六三歳である。前任者のスタムファーダムは八一歳で亡くなるまで現役で務めたし、ノウルズも七六歳、ポンソンビも七〇歳まで頑張っている。これが本当に「病気」ともなれば話は別である。ところが結果的に、ウィグラムはその後二四年も元気に生き続け、エリザベス二世の治世まで見届けて八七年の生涯を終える運命にあったのである。

理由はなんであれ、要はウィグラムは疲れたのであろう。これ以上「尋常でない」国王に付き合わされるのは、まっぴらだということだったのであろう。この後も、ウィグラムはウィンザー城副城主、王室文書館館長などを務め、ジョージ六世・エリザベス二世の二代の君主に特別侍従として仕えた。

運命の選択

そのウィグラム男爵は、国王秘書官から辞任する旨を国王に伝えたとき、後任には誰がよいかとの下問を受けた。そこで彼が推したのが、国王の侍従武官を務めていたアレクサンダー・ハーディングであった。ハーディングは一六年にわたって、亡き国王ジョージ五世を秘書官補として支えてきた人物である。最初の一一年はともに秘書官補としてスタムファーダムを補佐し、最後の五年間はウィグラム自身を支えながら、ジョージ五世に気に入られてもいた。

彼なら、まだ国王としての公務に慣れていないエドワード八世を支え、また先導もしてくれるだろう。しかも生年は一八九四年で、国王自身と同じである。年齢も考え方も異なる自分とは違って、同世代としての感覚からも国王とウマが合うだろう、ウィグラムはそう考えたのかもしれない。エドワード八世もこの人事を承服し、ここにハーディングはエドワードにとって二代目の国王秘書官となった。

ところがこの任官は、後に国王自身も回顧録のなかで述べているとおり、「運命的な」ものだった。それは二〇世紀史上、イギリス王室にとって最大の危機となった事件に直結してしまうような最悪の人選という意味で、である。エドワード八世の公式な伝記を記したフィリップ・ジーグラも、「これ以上不幸な任用はなかった」と表現している。

同じ年に生まれたとは言っても、エドワード八世とハーディング秘書官とは性格も気質もまったく違っていた。ハーディングは知的で勤勉で有能な人物ではあったが、時間や物事にルーズな国王と良好な関係を築けるだけの度量は持ち合わせていなかった。

ハーディングの任官とともに、その下で秘書官補を務め、後にはジョージ六世のときにも秘書官補として彼を支え、その後任の国王秘書官となるアラン・ラッスルズは、ハーディングの行政手腕を絶賛している。しかし、「彼は同僚たちと友人関係を結べなかったのはおろか、礼儀正しさにさえ欠けていた」と、その性格は痛烈に批判している。

ジーグラも指摘するとおり、エドワード八世の秘書官には、国王の気まぐれに対する忍耐、彼の弱さに対する同情心や理解が不可欠であったが、ハーディングは逆に怒りっぽく、厳格で口やかましい性格だった。しかも不幸なことに、他人から「ぶっきらぼうで、不作法な人間」ととられることに本人は気づいていなかった。

これから見ていくとおり、本来であれば国王を身を挺してでも守っていかなければならない立場にありながら、かつてのラッスルズやウィグラムのように、真っ先に国王に見切りを付けようとしたのがハーディングだった。そのために国王からの信頼も失い、それが「王冠を賭けた恋」の悲劇的な結末へとつながってしまったのである。それでは、ハーディングがこのような立場に立たされた原因とは何だったのか。そもそも彼はどのような出自だったのであろうか。

華麗なる閨閥

田舎牧師の息子だったスタムファーダムや、インド下級文官の子供だったウィグラムとは異なり、ハーディングは当時のイギリスの政治外交を動かすような家に生まれ育った。父は第二代ハーディング子爵の次男で、外務省の高官だった。

一九世紀末まで、イギリスでは外務省の官僚は対外政策に直接的に携わることもできず、各国に駐在する大使・公使といった外交官とは一線を画される身分の低い存在だった。しかし、外務省自体の業務が繁多になったことと、二〇世紀初頭に省内で改革が進められたこととも関連して、高官たちの見解は徐々に現実の政策に反映されるようになっていった（このあたりの事情は細谷雄一『大英帝国の外交官』第一章を参照されたい）。

ハーディングの父が登場したのは、まさにこのようなときだった。事務次官補（一九〇三〜〇四年）から、当時としてはまだ珍しかった外交官への転身を見事に果たしてロシア大使（一九〇四〜〇六年）となり、一九〇六年からは外務省に戻って事務次官に就任した。折しも外相に就いたサー・エドワード・グレイから絶大な信頼を寄せられていただけでなく、国王エドワード七世の知遇も得て、当時イギリスがフランスやロシアと進めていた協商関係の構築も、ハーディングが彼らの手足となって実現したものだった。

四年に及ぶ外務事務次官としての活躍を経た後に、一九一〇年にはインド総督に抜擢され、同時にハーディング男爵（正確にはハーディング・オブ・ペンズハースト男爵）に叙せられた。六年にわたる総督時代の後半には第一次世界大戦が勃発し、一九一六年の例の「一二月政変」（第三章、一七五頁を参照）とともに、ロイド＝ジョージ挙国一致政権を支える外務事務次官として再度任用された。その頃は、外交界の大御所となっていた。

「ハーディング」の名前がイギリス政治外交史にとどろいたのは、この時が最初ではない。ハーディング秘書官の曾祖父にして初代のハーディング子爵は、若くしてイベリア半島に遠征に出かけたナポレオン戦争の勇士であった。戦後も陸軍事務長官やベンガル総督などを歴任し、一八五二年にウェリントン老公が亡くなると後任の陸軍総司令官に就いた、イギリス陸軍の支柱的な存在だったのである。

エドワード八世の秘書官に就いたハーディング自身は、この曾祖父の血を受け継いだのか、外交官ハーディングの次男として生まれたにもかかわらず、すぐに陸軍に入隊している。一九一五年から一年間、インド総督である父の副官を務め、父の帰国とともにヨーロッパ戦線で活躍したが、負傷して戦功十字章（Military Cross）を授与された。

一九二一年にヘレン・メアリと結婚するが、彼女の父親はエドワード・ガスコイン＝セシル卿といい、かの一九世紀末の大宰相ソールズベリ侯爵の四男である。このように、ハーディングは生まれながらの血筋と結婚による姻戚関係によって、イギリス政治外交の中枢に位置する家系にあった。

ジョージ五世の秘書官補に

ハーディング自身が王室との関係を深めたのは、ヘレンと結婚する前年、一九二〇年春のことであった。国王ジョージ五世の秘書官補を一〇年にわたって務めてきたサー・フレデリック・ポンソンビが、国王手許金会計長官に昇格した。このため、後任の秘書官補を新たに探すことになった。

三月一八日に、国王秘書官スタムファーダム男爵、秘書官補のクローマー伯爵とクライヴ・ウィグラムの三人は、ひとりの青年を面接した。それが、当時まだ二六歳だったアレクサンダー・ハーディング陸軍中尉である。面接の結果はすぐに国王のもとにも伝えられ、翌一九日にスタムファーダム卿が直々にハーディングに合格通知を送ることとなった。「陛下は、喜んで貴兄を秘書官補（侍従武官兼任）に採用したいとおっしゃっておられる」。

しかも、ここにはジョージ五世の心遣いも含まれていた。新任のハーディング秘書官補は「最初の一年間は仮採用の見習い期間とする」というのである。宮廷の官職は陸軍軍人のそれとは異なって、いろいろな意味で大変である。もちろんスタムファーダムやウィグラム自身も陸軍軍人の出身であるが、最初は慣れない問題も多かった。一年間やってみて、この職務が自分に合っているかどうか試してみよとの国王の「親心」だった。

このスタムファーダムからの書簡に、ハーディングは感激した。日頃から尊敬する国王ジョージ五世の秘書官補に任ぜられたばかりでなく、国王自身からのそのような心遣いに感銘を受けたのである。

しかし誰よりもこの任官に大喜びしたのが、父である外務事務次官のハーディング男爵だった。すぐさまスタムファーダムとウィグラムに感謝の手紙を送ってきた。「私にとってこんなに嬉しいことはない。貴兄のお力添えのおかげです」。

それと同時に、老男爵は息子について、次のようにスタムファーダムに伝えている。

「アレックはじきに仕事をこなせるようになるでしょう。彼は若いのに似合わずしっかりしているし、とても冷静な坊やです」。身内であるゆえの甘い評価も含まれているかもしれないが、それでもこの次男の性格をよく言い当てた表現である。しかしこれは同時に、先にも述べたが、同世代の者たちからは「冷たい」「不作法な」性格ととらえられたのかもしれない。

一九二〇年四月一日に正式な辞令を受け取り、ハーディングはウィンザー城での仕事を開始した。最初の見習い期間は瞬く間に過ぎた。スタムファーダムからの厳格ながらも心配りの行き届いた指導を受けて、ハーディングはこれを「天職」と感じたのかもしれない。彼もやはり、尊敬できる君主の下では身を挺してでも仕えたいという考えを持っていた。その点は、後に同僚となるアラン・ラッスルズ（ハーディングより七歳年上）と同じであった。しかもハーディングの場合には、同年から皇太子秘書官補となったラッスルズとは異なり、尊敬する慈父のようなジョージ五世に実際に仕えているのである。

尊敬する上司のスタムファーダムもさることながら、ハーディングはジョージ五世からも親切にいろいろと教わることが多かった。人生とは皮肉なものである。一九一九年からヨーク・ハウスで独り立ちした実の息子のデイヴィッドとの関係は日増しに悪くなり、翌年から秘書官補として仕えるようになった同い年のハーディングには、まるで本当の子供のように宮廷での公務や執務のあり方を伝授していくことになろうとは。

本当はそれらを伝授すべき相手はハーディングではなく、皇太子デイヴィッドだったはずである。しかし、実の息子は地に足が着いておらず、父親の諫言などに耳も貸さず、毎夜のようにクラブを徘徊する始末。片や秘書官補のハーディングは仕事の覚えも速く、国王自身やスタムファーダムと同じく謹厳実直で、言うことを素直に聞く。いつしかバッキンガム宮殿やウィンザー城で、ジョージ五世にとって「息子」として育てられるようになったのはデイヴィッドではなく、アレック「ハーディング」になっていたのかもしれない。

他方のアレックのほうも、ジョージ五世のような尊敬に値する国王には仕えることもできるが、いつも宙を見ているような「魅惑の王子」に対しては秘書官補としてならまだしも、主席の秘書官として仕えることはできないような性格が形成されていたのかもしれない。これがスタムファーダムやウィグラムといった自分より年配の秘書官の下でなら、ある程度は我慢することもできたであろう。しかし前者は亡くなり、後者は堪忍袋の緒が切れて辞任してしまった。あとは自らが国王エドワード八世と直に接していかなければならない。

しかし、国王秘書官に就任して早々にハーディングが国王に対して抱いた印象とは、「陛下は立憲君主の力というものをまったく理解されていない状態で即位されてしまった」というものであった。ハーディングにとって「エドワード大衆王」は、尊敬できる君主ではなかった。彼を支える秘書官補には、七月で満一七年も国王にお仕えするトマスと、七年前に皇太子秘書官補を辞任し、今回再び呼び戻されたラッスルズが就いていた。

ところが前者は国王秘書官への就任を辞退し、後者は「出戻り」の身分である。ある意味で、国王を一度は裏切ったことのある人物たちだった。エドワード八世とハーディング秘書官との関係は、脆弱な基盤の上でスタートしたのであった。

ウォリス問題の深刻化

しかもこういうときに限って、王室に深刻な危機が近づいていたのである。ハーディングが国王秘書官に任ぜられた一九三六年七月頃から、宮廷・政界上層部でも「ウォリス問題」は深刻に受け止められるようになっていた。それでも、まだウォリスが「人妻」であることが、国王との結婚という危機的な状況を避ける安全弁になってくれていた。

ところが、それから三カ月半ほど経過した一〇月一五日、アメリカから届けられた新聞を読んだハーディングはあっと息を呑んだ。そこには、「シンプソン夫人が近々離婚訴訟に踏み切る予定」と書かれているではないか。寝耳に水の出来事に、秘書官はすぐに行動に出た。ボールドウィン首相に、離婚訴訟を中止するよう圧力をかけさせようというのである。国王に諫言できるのは、六九歳の老獪な政治家ボールドウィンをおいて他にない。一七日、ハーディングは直接首相に面会してその旨を要望し、二〇日には国王との会見が行われることになった。

他方の国王は、アメリカの新聞に離婚訴訟の記事が大きく掲載された翌日、イギリスの新聞王ビーヴァーブルック男爵と極秘に会談し、今後しばらくはウォリス関連の記事は報道しないように要請した。この「紳士協定」にもとづき、イギリスでは高級紙も大衆紙もともにシンプソン夫人の離婚訴訟問題に関する報道は自粛することになった。

一〇月二〇日、ウィンザー城の南に拡がるウィンザー・グレート・パークの最南端にある邸宅、フォート・ベルヴェディアでウォリス問題に関する初めての国王と首相との会見が予定通り行われた。ここは一八世紀半ばに作られた王室の邸宅で、一九三〇年から皇太子デイヴィッドのお気に入りの場所だった。

ボールドウィン首相は早速、シンプソン夫人に離婚訴訟を中止するよう国王から要請してほしいと訴えた。しかし、これはあくまでもシンプソン夫人の個人的な問題であり、自分としてはそのような要請はできないと、国王はこれを拒絶する。第一回目の会見では、ボールドウィンもこれ以上無理強いはできなかった。ハーディングは大いに失望した。

その後も、ハーディングは懇意にしていた高級紙『タイムズ』の主筆ドーソンからも、世論は国王とウォリスとの結婚を促すようなシンプソン夫妻の離婚には批判的になるだろうとの警告を受け取り、ハーディングもついに決断に踏み切った。

シンプソン夫妻の離婚訴訟問題が、アメリカの新聞に掲載されてから一カ月近くが経とうとしていた一一月一一日、第一次世界大戦の終戦記念日でもあるこの日、国王はポートランドで海軍の観艦式に出席していた。少年時代から海軍に慣れ親しんできた国王は二日間にわたる観閲を終え、一三日に意気揚々とお気に入りのフォート・ベルヴェディアに引き揚げてきた。

そこで彼を待ち受けていたのは、ハーディング秘書官からの手紙だった。観艦式を楽しんだとはいえ長旅で疲れ、しかも海風は冷たく、早く温かい風呂に入りたいところだったが、「緊急および極秘」と書かれていたので急いで目を通すことにした。

「陛下の秘書官として、以下の事実を陛下にお伝えすることが責務であると存じまして」で始まる手紙には、まさにその日にロンドンで、ボールドウィン首相と主要閣僚たちがウォリス問題で討議を行う予定であると書かれていた。「紳士協定」にもとづく新聞の沈黙も、いつまで続くかわからない。政府閣僚の多くもウォリスとの結婚には反対である。場合によっては内閣総辞職もあり得るが、議席の大半を占めている挙国一致政権が退いたら、後継の政権などできるはずはない。そうなれば国制を脅かす由々しき事態となってしまう。

ウィンザー城ラウンド・タワーから見渡した遠景。エドワード八世が愛したフォート・ベルヴェディアも近くにある。

陛下のお許しを賜りまして、敢えて言わせていただければ、これ以上危険な状態を避けるために必要な手段はただひとつだけでございます。すなわち、シンプソン夫人を一刻も早く国外へ退去させることです。

国王はショックと怒りで口もきけなかった。急いで受話器をつかむが、まずは風呂に入ることにした。ひとまずくつろいで食事を摂った後、もう一度ハーディングからの書簡を読み返した。たしかに、国王と政府とのあいだで対立が深刻化する可能性は高かった。そうした際に、国王秘書官として君主を諫めるのも責務であろう。それはわかる。しかし、やり方がひど過ぎるのではないか。

この点は国王も、後に回顧録『国王の物語』のなかで痛烈に批判している。また、エドワード八世の公式伝記作家ジーグラも、秘書官たる者、たとえ国王が間違っていても常に国王の味方になるべきであり、諫言する場合には置き手紙などではなく直接話し合うべきで、「もしトマスが秘書官だったら国王と会って意見を述べていただろう」と、ハーディングの不作法を非難している。

この一三日の金曜日の一件で、国王のハーディングに対する信頼は消し飛んでしまった。どうせ彼の背後にはボールドウィンがいて、唆《そそのか》しているに違いない。これ以上、ハーディングなど信用できない。一一月一五日に国王は、皇太子時代からの法律顧問として絶大な信頼を寄せていたウォルター・モンクトンを呼び出した。彼にはコーンウォール公爵領(通常は皇太子の所領だが、世継ぎのいない国王がいまだに所有していた)の法務長官も任せていた。

早速、モンクトンはハーディングの書簡を見せられ、国王の憤慨に同調した。国王は、「今後はハーディングではなく、貴兄に私と政府との仲介役を務めてほしい」と要請したが、それは時期尚早であるとモンクトンが押しとどめた。ハーディングが示唆したとおり、早急に首相と会う必要性を感じていた国王は、秘書官自身が設定した翌一六日にバッキンガム宮殿でボールドウィンに会うことにした。

その席で、国王はウォリスとの結婚の意思をはっきりと伝え、それがかなわない場合には退位すると明言した。首相のほうは一三日の金曜日に行われた主要閣僚との協議で、総辞職を脅しに使ってでもシンプソン夫人と国王との結婚は阻止すべきであるとの強硬論を何とか抑えていたところだった。最も強硬な意見を述べたのが、後の首相ネヴィル・チェンバレン蔵相だった。

この後、国王とウォリスとは内縁婚のかたちでしばらく留めてはどうかとの意見も出されたが、政界主要部はもとよりイングランド国教会の幹部層、そして何よりメアリ皇太后を筆頭とする王族のなかにも反対が根強かった。ハーディングがいみじくも警告した「ウォリスの国外退去」が、不可避な状態となりつつあった。

王冠を賭けた恋

一九三六年一二月一日、新聞界との「紳士協定」も期限が切れ、ついに新聞はいっせいに国王の結婚問題について報道を開始した。ただし、ウォリスについての詳細はまだ伏せられていた。しかし大衆は敏感に反応した。フォート・ベルヴェディア近辺では投石騒ぎが起こり、脅迫状まで舞い込む始末だった。身の危険を感じて、三日にウォリスは国外へ退去する。この間の一二月二日には、ボールドウィン政権の閣議で、国王の内縁婚を法案として議会に上程するという案が否決された。

ウォリスが国外退去したその日、ボールドウィン首相と会見した国王は、自身の内縁婚についてラジオで国民に訴えかけたいと希望した。この「魅惑の王子」は、まだ自分の力が大衆に通用すると信じていた。首相は「閣議に諮ってから返答する」と約束した。翌四日の午前中に臨時閣議が招集されたが、そのような放送など論外ということで、国王のラジオ出演は阻止された。

この結果を伝えるために、同日夕刻にはボールドウィン首相はまたもやフォート・ベルヴェディアへと急いだ。その後も、内縁婚に対する王族やイングランド国教会からの批判は続いた。ついに国王に決断の時が訪れた。一二月一〇日、国王は退位を決意し、王弟のヨーク公爵がジョージ六世として王位に即くこととなった。このため退位法案も整えられ、同日、ボールドウィン首相によって下院で説明がなされた。

法案は下院・貴族院双方で可決され、正式に退位が決まった。翌一一日、「前国王」デイヴィッド王子はBBCのラジオを通じて、国民に自らの退位の過程を切々と語った。ハーディングもウィグラムもラッスルズも、みな放送に聴き入った。しかし彼らは、すべて国王自身からは「敵」と見なされた一群だった。

一一月一三日の一件以来、ハーディングは表向きは国王秘書官の職務を解かれるようなことはなかったが、実際に国王と政府のあいだをつないでいたのは、法律顧問のモンクトンと国王秘書官補のトマスだった。

この後、ハーディングやラッスルズが国王からの指示を受けてボールドウィン首相との会見を準備したり、王室・国教会・新聞界との調整を行うようなことはいっさいなかった。最後のラジオ放送にしても、ＢＢＣ会長のリースとトマスが中心となって進めたものである。

ハーディングは完全に排除された格好だった。しかし、新国王ジョージ六世の発案で「ウィンザー公爵」の爵位と一定の年金を受け取ることになった「前国王」デイヴィッドと、新国王の下で引き続き秘書官を務めることとなったハーディングとの関係が、これで完全に断たれたわけではなかった。

前国王と国王秘書官との仁義なき戦い

「王冠を賭けた恋」として、当時の日本でも空前の話題を呼んだエドワード八世の退位の直後、シンプソン夫妻の離婚は成立した。ここに晴れてウォリスはデイヴィッドと結ばれることとなった。結婚式を六月に控え、ウィンザー公はフランスで予定していた式に家族を招待したかった。これに憤慨したのが国王秘書官ハーディングだった。イングランド国教会からの祝福がなく、またその儀礼に則らない結婚式に、王族が出席するなどもってのほかというわけである。元国王秘書官のウィグラム男爵も同意見だった。

彼らの説得と自らの判断とで、ジョージ六世は王族の出席を認めないことに決めた。ウィンザー公は怒りの書簡を送りつけたが、もはや彼にはいかなる権力もなかった。二人はフランス北西部にあるトゥーレーヌのシャトー・ド・カンデゼで、一九三七年六月三日に晴れて結婚式を挙げた。ここは、二人のその後の住居となった。

イギリスに居場所を失ったウィンザー公爵夫妻は、この後、積極的に外遊を重ねた。挙式から三カ月後の九月から一〇月にかけて、二人はまずオーストリアとドイツを訪れることにした。しかし訪ねられる国々のイギリスの外交官たちにとって、二人は厄介な存在だった。

ウィンザー公はもはや国王ではないとは言っても、前国王あるいは王族としての礼遇を受けるべき存在である。当地の国家元首に引き合わせるべきか、駅へ出迎えに行くべきか、歓迎のレセプションはどの程度の規模にするか。外交には儀礼が付き物なのだが、そのレベルについての先例はなかった。

そこで、ウィーン駐在の大使館は本国に訓令を仰ぐこととなった。オーストリアでは大統領が直々にウィンザー公夫妻を歓待したいというのである。しかし、ここにしゃしゃり出てきたのがハーディング秘書官だった。「ウィンザー公はもはや王位継承者ではないのだから、公式の資格で訪れるわけでもない。歓待は不要である」。現国王秘書官からの返答は冷たいものだった。

一〇月には、夫妻はいよいよドイツに入ることとなったが、ハーディングの反応は余計に厳しいものとなった。彼はそもそもナチス・ドイツやヒトラーに反感を抱いていたとともに、彼らの専横ぶりに迎合するネヴィル・チェンバレン政権（ボールドウィンは「王冠を賭けた恋」の責任を取るかたちで、新国王の戴冠式を見届けて引退していた）の宥和政策にも批判的だったのである。

このためハーディングは、ウィンザー公夫妻がドイツ第三帝国を訪問すること自体を不愉快に思っていた。さらに、エドワード八世の即位早々に、ウォリスが政府の機密文書をドイツ大使に見せているのではとの疑惑が生じた際の秘書官ウィグラムも、夫妻のドイツ訪問には怒り心頭だった。

チェンバレン政権の外相アンソニー・イーデンの秘書官ハーヴェイから、ハーディングに相談が舞い込む。夫妻がベルリンに到着したとき、現地の大使館員が出迎えに行くべきかという問い合わせである。

ハーディングはまたもや「歓待不要」と冷たくあしらったが、現地の臨時代理大使フォーブスは納得がいかなかった。独断で下級の大使館員を駅まで出迎えに行かせ、その後フォーブス自身は夫妻の宿泊するホテルを表敬訪問した。もちろん、ウィンザー公夫妻はそんなこととはつゆ知らず、ベルリンで楽しい一時を過ごすことができた。しかも、ヒトラー総統をはじめ、ナチスの高官が挙《こぞ》って大歓迎してくれたのである。

ウィンザー公夫妻の行く末

しかし夫妻のドイツ訪問は、長い目で見て二人には裏目に出たパフォーマンスだった。翌一一月に、今度は二人はウォリスの故国アメリカを訪問した。先にも記したとおり、「王冠を賭けた恋」はアメリカでも連日新聞を賑わせた大事件だった。二人に対するアメリカ市民の注目度は高いはずだったが、結果は逆だった。ヒトラーと握手したウィンザー公夫妻は、ワシントンでもニューヨークでも冷たい目で見られていた。

特にニューヨークにはユダヤ系が多い。夫妻の歓迎行事をボイコットすべきだとの示威行動《デモンストレーション》まであった。二〇年近く前にニューヨークで大歓待を受けた、あの「魅惑の王子」の時代とは隔世の感があった。

この後、この同じ場所で大歓待を受けるのは、一九三九年の六月に一八世紀のアメリカ「独立後」初めて同地を訪れることとなったイギリスの君主、ジョージ六世とその妻エリザベス王妃のカップルのほうだった。ウィンザー公爵夫妻は、もはやニューヨークの社交界からも相手にされなくなっていた。

今回も、アメリカ駐在大使のリンゼイが夫妻の処遇について宮廷に問い合わせてきた。休暇中だった彼は、国王夫妻にハーディング秘書官、ラッスルズ秘書官補（彼もジョージ六世の下で留任していた）を交えた会見で、ウィンザー公夫妻をホワイト・ハウスに伴い、フランクリン・デラノ・ローズヴェルト大統領に引き合わせるべきかどうか尋ねた。国王も秘書官も秘書官補も、「その必要はない」とすげなく返事するだけであった。結局、リンゼイはイギリス大使館で中規模のレセプションを開いただけで、夫妻をホワイト・ハウスに連れて行くことはなかった。

一九三九年九月には第二次世界大戦が勃発する。ウィンザー公夫妻がわずか二年前に握手したヒトラーのドイツは、弟「バーティ」が統治する故国イギリスと交戦状態となった。先の世界大戦ではバーティ一人だけが実戦に参加したが、いまや兄弟のすべてが戦争に関わっていた。特に三男のヘンリ王子ことグロウスタ公爵は、陸軍少将としてフランスに配属された。一〇月、ウィンザー公自身も、この弟とともに前線視察に乗り出すこととなる。

しかし問題が起こった。「前国王」の登場に、各連隊は二一発の王礼砲で彼を迎えてしまったのである。たしかに、公爵は「先の」陸海空軍最高司令官ではあった。けれども今は違う。弟のグロウスタ公でさえも、王族にもかかわらず少将ということで、前線の司令官より軍規上では下位になるのだ。それを正規の将官でもないウィンザー公が司令官より格上の王礼砲で迎えられるというのは、明らかに不当である。グロウスタ公から報告を受けた国王は、ハーディングとも相談の上で、兄にはいっさい軍事的な役割は与えないことに決めた。

王族としての行き場を失ったウィンザー公をさらなる悲劇が襲った。一九四〇年六月、ナチス・ドイツ軍の猛襲の前に、ついにフランスが降伏した。パリは占領され、独裁者にありがちな猜疑心から自国を離れたことのないヒトラーでさえも、あまりの喜びに直々にパリに乗り込んだ。その上、二二年前の一一月一一日にドイツ軍が降伏文書に調印させられ、その後は博物館に記念品として飾られていた寝台車を、壁をぶち抜いてまったく同じ場所(パリ郊外のコンピエーニュの森)に運ばせ、そこで今度はフランスに降伏文書に調印させたのである。

こうしてフランスはヒトラーの支配下に入った。こうなると、トゥーレーヌに住むウィンザー公爵夫妻の身も危険にさらされる。それだけではない。ハーディング秘書官が諜報機関からつかんだ情報によれば、ナチが夫妻と結託して、公爵を再び王位に即けて(ウィンザー公は念願の王妃になれる)、イギリスを屈服させた後、傀儡《かいらい》政権を樹立するという計画を練っているらしい。あのウィンザー公のことだ、ヒトラーからの打診を快く受け入れる可能性が高い。そうなれば、王室に未来はないだろう。

すでに七月初旬にスペインに亡命させておいたウィンザー公爵夫妻は、イギリス本国に帰国させることはできないが、そのままフランコ総統下のスペインに置いておくのも危険である。フランコはヒトラーの援護で支配者になりおおせたのだから。ジョージ六世とハーディングは、五月から政権を率いていたウィンストン・チャーチル首相とも相談のうえで、ウィンザー公爵を西インド諸島に浮かぶイギリスの植民地、バハマの総督に任ずることにした。

ここなら派手好きの公爵夫妻もおとなしくしていられるだろう。この後、ヨーロッパでの戦争が終結する直前の一九四五年三月まで、「前国王」は植民地総督の一人として大英帝国の防衛にあたることになった。「魅惑の王子」と彼に王冠を諦めさせた社交界の華は、農業と漁業が盛んなこのカリブ海の楽園で、どのような思いで大戦期を過ごしたのであろうか。

新国王と秘書官との確執

しかし悲劇に襲われたのは、「前国王」だけではなかった。一九三六年一二月一一日に、新国王ジョージ六世の下で引き続き国王秘書官となっていたハーディングにも悲運が待ち受けていた。もともとハーディングが新国王の秘書官に「横滑り」できたのは、彼の行政能力が高く評価されていたということよりも、新王妃エリザベスと彼の妻ヘレンが少女時代から無二の親友だったからにほかならない。

翌一九三七年五月、エドワード八世がつけるはずだった王冠はジョージ六世の頭上に戴かれた。この世紀の大典にあたっての戴冠式叙勲で、ハーディングはロイヤル・ヴィクトリア勲章の勲一等（GCVO）に叙された。サー・アレクサンダー・ハーディングは無事に戴冠式を終え、いよいよ本格的にこの新しいご主人に仕えていくのだが、国王と秘書官とは政府の外交政策の是非をめぐって、次第に対立を深めていく。

先にも記したとおり、ハーディングはチェンバレン首相が進める対ドイツ宥和政策には批判的だったが、国王はチェンバレンに全幅の信頼を寄せており、宥和政策にも肯定的だった。チェンバレンとの対立がもとで一九三八年二月に外相を辞任したイーデンの処遇をめぐっても、彼に同情的なハーディングとあくまでも首相を支持する国王の見解は食い違っていた。

ハーディングはその後も、歴史の重要な場面に遭遇することになる。一九三九年九月二日、「王冠を賭けた恋」の一件の時には対極にあった前国王の法律顧問モンクトンと夕食をとっていたとき、数人の政治家たちと隣り合わせになったハーディングは、なにやら政府が重大決定を行うようだと告げられた。急いでダウニング街一〇番地の首相官邸に駆けつけると、チェンバレン内閣はいよいよドイツに最後通牒を突きつけるとのことであった。

この前日、九月一日にドイツ軍がポーランドに進撃していたのである。このため、九月二日の午後一一時半から臨時閣議が招集され、翌朝九時にロンドン駐在ドイツ大使リッベントロップを呼び出し、同午前一一時までにドイツ軍がポーランドとダンツィヒから撤退しなければ宣戦布告することに決まった。

ハーディングはこの間、バッキンガム宮殿とダウニング街一〇番地を何度も往復し、政府と国王とのあいだを取り結んだ。そしてドイツ軍が撤退を拒絶したため、イギリスは第二次世界大戦に突入するのである。

イギリスとドイツが正面から衝突したのは翌一九四〇年春からのことだったが、五月までにはデンマークとノルウェーが降伏させられた。これまでの宥和政策の責任と戦争指導のあり方をめぐって、ついにチェンバレン首相は辞意を固めた。

後任には、宥和政策の片棒を担いできた外相のハリファクス子爵（第一章に登場したハリファクスの孫）と、逆に大戦前までこれを批判してきた海相のチャーチルの二人が浮上していた。国王自身は、もともと仲のよいハリファクスを首相に据えたかった。特にエリザベス王妃は、「王冠を賭けた恋」事件の際に、エドワード八世の肩を持ったチャーチルを毛嫌いしていた。

ここで動いたのがハーディングだった。元来が、チェンバレン＝ハリファクスの宥和政策路線を非難していたハーディングは、「この時局に戦争を指導できるのはチャーチルしかおりません」と国王に進言した。それと同時に、国王自身は、一九二三年五月に父王ジョージ五世が直面したのと同じ問題、「貴族院議員はもはや首相には適さない」という事情をも考慮しなければならなくなっていた。

結局、首相・外相・海相の三者会談の結果、チャーチルが首相に選ばれた。このとき政界上層部では、国王夫妻がチャーチルを嫌っていることもあって、長老政治家（七七歳のロイド＝ジョージと七三歳のボールドウィン）を使ってハリファクスを推挙させてはという「陰謀」も計画されたが、ハーディングによる適切な補佐によりチャーチルに組閣の大命が降下されることとなった。

しかし戦局は悪化するばかりであった。翌六月にはフランスが降伏し、七月には俗に「ブリテンの戦い（Battle of Britain）」と呼ばれる英独の一騎打ちが展開された。ロンドンは空襲で甚大な被害を受けたが、国王夫妻をはじめ王族は一歩もロンドンから引き下がることなく、チャーチル政権とともに国民を激励鼓舞して戦い抜いた。

翌一九四一年六月、イギリスの底力にしびれを切らしたドイツは、目を東に転じてソ連に侵攻を開始した。次いで一二月には日本がアメリカとの戦争を開始し、イギリスはもはやひとりではなく、アメリカとソ連という強力な同盟者を得ることとなった。

とはいえ、イギリス自身の戦局は最悪だった。翌四二年二月にはシンガポールが陥落し、ビルマ（現・ミャンマー）にまで日本軍は迫ってきた。「帝国のなかの帝国」インドも危うくなってきた。そこでインドを守るためにも、チャーチル政権の外相イーデンを総督に任じてインド防衛に当たらせてはどうかとの案が、国王と首相のあいだでも話し合われるようになった。

ここで再び登場したのがハーディング秘書官だった。「AE〔アンソニー・イーデン〕は首相と対等の関係で戦争を指導できる唯一の人間です。インドなどへ送るべきではありません」。イーデンは結局、外相として留まることとなった。

このように、長い目で見れば、イギリスの歴史それ自体を揺り動かすような重要な局面で、ハーディングは国王の判断に影響を与えることが多かったが、すでに彼の心身は「王冠を賭けた恋」以来、疲れ切っていたのである。一九四三年に国王の北アフリカ訪問に随行したハーディングは、秘書官補のラッスルズに何の指示も与えないまま出かけてしまった。おかげでラッスルズは途方に暮れてしまい、帰国後、ハーディングと激しくやり合うこととなった。

しかし、ハーディングの心はすでに決まっていた。秘書官からの引退である。そもそも彼は国王ジョージ六世とも気質が合わなかったのだ。彼がジョージ五世に秘書官補として仕えていたとき、スタムファーダムにより、国王が書類を見やすくする手段が取られるようになっていた。すなわち、秘書官があらかじめ書類に目を通して、特に重要な部分に印を付けておくというやり方である。この方式はその後も踏襲され、エドワード八世の宮廷でもウィグラム、ハーディングによって進められていた。

ところが、ジョージ六世は父よりさらに生真面目な性格で、書類にはすべて自分で目を通さないと気が済まない国王だった。その点でも政府文書に拘泥しなかった兄とは大違いだった。加えて、ジョージ五世は大臣たちと会見した後は、必ずスタムファーダムを呼んで口述で記録を取らせていたが、ジョージ六世はそのようなことはせず、自分で記録を付けていたのである。

ハーディング自身は宮廷に仕えて二〇年にも及ぶベテランである。それに対して、この一歳下の国王は宮廷での派手な生活を嫌がり、早々にスコットランド貴族の娘と結婚して田舎暮らしを楽しんでいたところを、兄王の退位で急に玉座に即いたばかりのいわば「素人」のはずだ。尊敬すべき父のようなジョージ五世ならまだしも、エドワード八世よりましとはいえ、宮廷業務に慣れていないジョージ六世に勝手なことをされては自分の立場がなくなってしまう。いつしかそのような考えをハーディングは抱いていたのかもしれない。

一九四三年七月六日、ハーディングは国王秘書官からの辞任を申し出た。国王は少し驚いたが、これまでの長年の奉仕に感謝しつつ、辞表を受理した。しかし、ジョージ六世の公式の伝記作家サラ・ブラッドフォードによれば、ハーディングの辞任は「国王自身が長年待ち望んだ」ものだったかもしれない。実は人間的にも、ハーディングは国王から疎まれていた。後任には、「トミー」・ラッスルズが秘書官補から昇格した。性格的にも陽気なトミーは国王との関係も良好で、以後、国王が亡くなるまでその任に当たる。

国王秘書官からの引退にあたり、チャーチル首相はバース勲章の勲一等（GCB）をハーディングに贈るよう国王に進言した。自分が首相に選ばれるにあたって、ハーディングが尽力してくれたことを知っていたのだろうか。

それは別として、この頃までに、国王秘書官は君主と政府との重要な媒介役として認識されており、君主からは王室に尽くしてくれた功労者に与えられるロイヤル・ヴィクトリア勲章を、政府からはバース勲章をそれぞれ贈られるという慣習が根づいていたのである。一九四三年七月の段階で四九歳での引退は、あまりにも早いものであった。その翌年、父の死に伴い、彼は第二代ハーディング男爵を襲爵した。そして一九六〇年、六六歳の生涯を閉じる。

ハーディング秘書官の評価

エドワード八世とウォリス・シンプソン夫人との「王冠を賭けた恋」とそれに伴う一連の騒動とは、イギリス王室はもとより君主制それ自体にも大きな衝撃を与えた事件だった。もちろん事件そのものは、さまざまな小事の積み重ねによって大きな問題へ発展してしまったのだが、そのなかで国王秘書官ハーディングの失策ともいうべき「一三日の金曜日事件」の比重は、かなり大きなものであった。

これは単に、彼が無礼な置き手紙を残したという問題だけではない。本来であれば身を挺してでも国王の立場を守るべき存在が、真っ先に見切りを付けるような状態となり、現実にはそうではなかったかもしれないが、政府と結託して国王を追い落とそうとしたかの印象を他ならぬ国王自身に抱かせてしまったことが、その後の国王の自暴自棄ともとれる行動につながったように思われるからである。

エドワード八世は、一九五一年に執筆した回顧録『国王の物語』のなかで、国王秘書官という職務について次のように言及している。

君主はその秘書官から揺るぎのない忠誠心を得なければならない。秘書官は君主から信頼と信用とを得なければならない。このいずれかが欠けてしまえば、国政に関わる業務は著しく損なわれることになるだろう。この一世紀、君主制が高い威厳を謳歌できたのは、こうした賢明で有能な人物たちの支えがあったからだ。ヴィクトリア女王はサー・ヘンリ・ポンソンビから支えられた。祖父には、信頼すべき助言者フランシス、ノウルズ卿がいた。そして父には、ヴィクトリア時代にサー・ヘンリ・ポンソンビから薫陶を受けたスタムファーダム卿がいた。

エドワード八世は国王秘書官の本質がよくわかっていたのである。しかしそれでは、なぜ彼にはこのような秘書官がいなかったのか。一九一九年七月に父のもとを独立して以来、常に支えてくれたゴドフリー・トマスこそが、おそらく彼の心をもっとも理解していた側近だったろう。しかしトマスは、一九三六年一月に彼が国王に即位するにあたって国王秘書官になるのを拒んだのである。秘書官補としてはその後も仕え続けたが、主席の「秘書官」として政府と君主とのあいだで矢面に立たなければならない立場とは、責任の重さは比較にならない。

そこで父王の秘書官を務めたウィグラム男爵に白羽の矢が立てられたが、この気さくで老獪なベテランでさえも半年で投げ出してしまった。もう一人の秘書官補アラン・ラッスルズなど、皇太子時代の一九二九年初頭にすでに彼を見捨てていた。その結末が、父王から離れて暮らすことの多かった皇太子の時代からそれほど馴染みがなく、また性格的にも合わなかったアレクサンダー・ハーディングという最後の選択肢につながっていく。

こうしてその根源をたどれば、やはり行き着く先はこの「魅惑の王子」自身の個性ということになろう。皇太子時代に早くも見切りを付けたラッスルズは、退位事件からかなり後にこう洩らしている。「何らかの遺伝的または生理学上の理由からか、彼〔エドワード八世〕の精神的成長は思春期で止まってしまった。それが、その後のすべての言動に影響を与えてしまったのだ」。

「王冠を賭けた恋」で国王に退位を迫るという、誰もがやりたがらない責務を果たして首相を退いたボールドウィン伯爵も、後にこう語っている。「あのお方は異常な存在だった。

半分子どもで、半分天才といった感じでね。何か脳細胞が二、三個欠けているような」、「まるで十歳の少年と話しているようだった」。

水谷三公氏がいみじくも表現しているとおり、彼は「ピーターパン」のように成長することを拒んだのである（『イギリス王室とメディア』終章）。となればなおさらのこと、この「ピーターパン」を先導すべき側近が必要となってくる。しかし、自らをネバーランドに連れ去ろうとするこの「魅惑の王子」をお世話する係は、一人消え二人消え、そして誰もいなくなったという状況だった。そこで最後に登場したのがハーディングだったのである。

しかし彼には、この少年のような国王を先導できるだけの度量がなかった。もちろん、年齢的な問題もあろう。国王と同い年では、より人生経験を積んだ臣下とは言えないであろうから、耳の痛いことも言いづらいだろう。その意味でも、国王より五歳上で気心の知れたトマスは、秘書官として打ってつけの存在だった。ちょうど、エドワード七世と四歳上のノウルズのときのように。

ところが、そのトマスは辞退し、さらに年上（国王より七歳上）のラッスルズはすでにおらず（後で帰ってくるが）、こうなれば二一歳上の老臣ウィグラムに頼るしかない。ジョージ五世を支えたスタムファーダムは、国王より一六歳年長だった。しかしそのウィグラムでさえ、即位早々から国王にはお手上げの状態だった。

他方で、年齢はそれほど関係ないのかもしれない。第一章でも見たとおり、ヴィクトリア女王が一八八〇年代以降にしばしば国制の常道を踏み外しそうになったとき、その軌道修正を行ったのは女王より六歳「年下」のポンソンビだった。それならば、国王と同い年であるハーディングにも軌道修正は可能だったはずである。

そのハーディングについて、ラッスルズはこうも評している。「高邁な原理、豊かな経験、大変な才能を持ち合わせながらも……その卑屈な精神がすべてをダメにしてしまった」、「彼自身が自分にとっての最大の敵となっていたのである」。

国王秘書官という重責は、ハーディングには明らかに荷が重すぎた。彼の場合は、誰か（ポンソンビやスタムファーダムのような）秘書官が上にいて、その下で秘書官補を務めるのが最適だったのかもしれない。あるいは自身が主席の秘書官になる場合には、今度は逆に度量の大きな（ジョージ五世のような）君主の下で仕え、その君主に誠心誠意をもって接し、心から忠誠を誓えるような尊敬の念を保てることが必要だったのであろう。

しかし突き詰めて考えれば、最後には側近のすべてから愛想を尽かされて、宮廷内で孤立に追い込まれ、君主としての資質に欠けていたエドワード八世自身の責任に帰されるのであろう。エドワード八世とハーディングとのあいだに起こった悲劇は、ある意味で「大人になれなかった国王」と「大人になりきれなかった秘書官」とのあいだに生じた、イギリス王室史上最も不幸な巡り合わせであったのかもしれない。

第五章

エリザベス二世の半世紀と秘書官たち

エリザベス二世とサー・ロビン・ジャンヴリン。女王にとっては７人目の秘書官となった。（写真提供：Tim Graham Photo Library via Getty Images）

大戦の終結と新たなる時代の幕開け

第二次世界大戦も終盤を迎えていた一九四五年二月二四日のこと、ひとりの一八歳の女性が、イギリス陸軍の国防婦人部隊に見習いの少尉として入隊した。登録番号二三〇八七三のこの女性こそが、エリザベス・アレキサンドラ・メアリ・ウィンザー、後のエリザベス二世である。エリザベス王女はこの後、ロンドン郊外のオルダーショットにある輸送訓練所で、運転免許と輸送車整備免許を取得している。

訓練のさなかの五月八日、ついにドイツ軍が連合国に降伏し、ヨーロッパにおける大戦は終結した。その日、バッキンガム宮殿のバルコニーでは、この戦争で手と手を取り合って共に戦った王室のメンバーとウィンストン・チャーチル首相とが、集まった二五万人余の民衆たちから大喝采を浴びながら勝利を祝った。彼が首相に就いたときには、ともに毛嫌いしていた国王夫妻ではあったが、五年にわたる戦いを戦友として指導していくうちに、両者のあいだにはいつしか深い絆が生まれていったのである。

エリザベス王妃の隣りに立つ若き王女は、国防婦人部隊の将校の軍服に身を包み、国民と共に勝利を喜んだ。女性王族が軍服で戦争に立ち向かったのは、この大戦が初めてのことである。しかも彼女は、今や王位継承者第一位の人物として、父王ジョージ六世の後の玉座を継ぐ身でもあったのだ。国民はみな彼女の軍服姿を見て、王室も身を挺してこの戦争に関わってきたことを改めて実感したに違いない。
エリザベス王女は、大戦中つねに国民と共にあった。国防婦人部隊に入隊する前には、父や母に付き従ってイギリス各地を慰問して回った。さらに一九四〇年一〇月一三日には、子ども向けの番組で初めてのラジオ演説も行っている。時あたかも、「ブリテンの戦い」と呼ばれたドイツ空軍による連日連夜の空襲のさなかである。少々感傷的な場面もあったものの、戦争において王室は国民と共にあり、つねに国民全体を愛し続けていることをアピールした初々しい演説だった。このラジオ放送を聴いていたある人物は、その日の日記にこう記している。

エリザベス王女が今日、初めてラジオの『子どもの時間』で話をされた。ダイアナ・サンズと一緒に聴いてみた。王女はいかにも浅薄で感傷的な話をされたので当惑した。しかしそのお声は大変印象的で、もし君主制が今後も続くのであれば、エリザベス二世はラジオの時代の女王として大成功を収めるに違いない。

記したのは、時のイギリス首相チャーチルの秘書官であるジョン・コルヴィル。ダイアナとは、その首相の長女のことである。コルヴィルは外務省の官僚だったが、二四歳の若さでチェンバレン首相に見込まれて首相秘書官補（次いで秘書官）に任ぜられただけのことはあり、少々辛口の批評ではあるが、それでも一四歳の王女の行く末を鋭く見通していた。しかしその彼でさえも、まさか自分がこの放送の七年後に、この王女の秘書官に任命されることになろうとは想像すらしていなかったであろう。

王位継承者としての教育

エリザベス王女は一九二六年四月二一日に、時の国王ジョージ五世の次男でヨーク公爵アルバート王子の長女として生まれた。本来であれば王族の一人にすぎず、やがては外国の王族か国内の有力貴族の息子と結婚して姓も変わってしまう可能性が高かったのだが、その当時三二歳になっていた「デイヴィッド伯父さん」こと皇太子はまだ独身だった。

このため、生まれた時点で母と祖母と曾祖母からひとつずつ名前をもらったこの王女は、王位継承者第三位の位置づけにあったのである。しかもその順位は、一〇年後の一九三六年一月になると後ろに下がるどころか、むしろ繰り上がってしまう状況となっていた。祖父ジョージ五世が亡くなり、デイヴィッド伯父さんがエドワード八世として即位したのだが、伯父さんは相変わらず独身だったのだ。そのうえ伯父さんは、「ウォリス問題」で深刻な立場に置かれていた。その結果、弟ヨーク公が王位継承第一位に、そして長女のエリザベスが第二位に、さらには彼女の四年後に生まれた妹のマーガレットが第三位になっていた。そしてその年の暮れには、伯父さんはついに退位に追い込まれてしまう。父は国王ジョージ六世となり、一〇歳のエリザベスは王位継承者第一位となったのである。

しかもその後、国王夫妻に子どもは誕生しなかった。弟が生まれれば継承順位も変わってきたのであるが、いまや王女はこの国の王室だけでなく、衰えていたとはいえ当時もまだ七つの海を支配する大英帝国の命運を担っていく大切な存在となっていた。

エリザベス王女が国防婦人部隊に入ってから半年後の一九四五年八月一五日に、第二次世界大戦が完全に終結した。勝利を収めたとはいえ、イギリスは「大英帝国」とは言えないような状況となっていた。新しい冷戦の時代のなかにあって、世界はアメリカとソ連のパワー・ブロックに組み込まれてしまっていた。世界規模に拡がっていた植民地にしてもしかりだった。

大戦終結のちょうど二年後、一九四七年八月一五日にインド帝国は消滅した。新しくインドとパキスタンとに分かれて独立を果たすと、この民族主義の波は東南アジアやアフリカにまで徐々に拡がっていったのだ。イギリスは「脱植民地化」の時代を迎える。

そのインド帝国が解体する四カ月ほど前に、エリザベス王女は二一歳の誕生日を迎えた。大戦の心労でますます健康の衰えが目立つようになった父王の継承者として、王女に対する帝王教育を本格的に開始しなければならない。

ここで国王秘書官サー・アラン・ラッスルズから目を付けられたのが、外務官僚のコルヴィルだった。父は初代コルヴィル・オブ・カルロス子爵（エドワード七世の王妃アレキサンドラに三〇年仕えた宮廷官僚）の三男、母はクルウ伯爵（自由党政権で植民地相・インド相・枢密院議長などを務めた大物政治家）の娘であり、王室とも深い関わりのある家柄の出身である。

パブリック・スクールの名門ハロウ校を経て、ケンブリッジ大学トリニティ・コレッジを卒業した後に外務省に入省し、先にも述べたとおり、チェンバレン、チャーチル、アトリーという三代の首相の秘書官補ならびに秘書官を務めてきた。まさに秘書官職のエキスパートである。

外務省に戻っていたコルヴィルは、国王の名代として会見したラッスルズの要請を受け、一九四七年七月にエリザベス王女付きの秘書官に就任する。本当は外務省の仕事を続けたかったようであるが、「元上司」チャーチルからの助言もあって、二年間の出向というかたちで引き受けることにした。年齢的には王女より一一歳年長であり、まだ三二歳という若さではあったが、激動の世界大戦期に六年にわたってこの国の首相に仕えてきただけあって、彼の仕事ぶりには定評があった。

さらにコルヴィル自身は、すぐにこの若き王女とうち解けることができた。「殿下は普段は話しかけやすい相手ではないが、晩餐のときに隣りに座らせていただくと全く違うのだ。彼女の真価は決して表面的なものではなく、奥の深いところにある」。秘書官に就いて一カ月後の感想である。

とはいえ、王女はまだ「政治的には」子どもであった。この年の一一月にギリシャ王室の流れを汲むフィリップ王子と結婚し、王女はバッキンガム宮殿からクラレンス・ハウスへと移った。セント・ジェームズ宮殿の隣りにたたずむこの瀟洒な建物は、一八二〇年代にクラレンス公爵（後の国王ウィリアム四世）のために建てられたが、一九四七年秋からはこの若いカップルの新居となったわけである。

コルヴィル秘書官もこれに伴って、クラレンス・ハウスに仕事場を移した。ここからコルヴィルも本格的に王女との仕事を始めていくのだが、最初に驚いたことは、「残念ながら」王女はあまり政治や外交には興味がないという現実であった。

そこでコルヴィルは翌年初頭から、この「リリベット（王女の幼少時からのあだ名）」とともに、イギリス政治の現場を見ながらの勉強に取りかかる。ウェストミンスタの議事堂をたびたび訪れて、実際の議会審議の様子も見学させた。国王の許可を得て届けられるようになった、政府関連の機密文書・外交文書についても、一から説明を加えて教えることになった。生来聡明で、公共政策や福祉政策に深い関心を示した王女のことである。その政治的な知識も見識も着実に蓄積されていった。

そのような矢先の一九四八年四月に、アメリカの前大統領夫人で、社会運動・婦人運動・平和運動でも世界的に令名の高かったエレノア・ローズヴェルトが、ウィンザー城を訪れることになった。一九三九年六月にジョージ六世夫妻がアメリカを公式に訪問して以来、エレノアは国王夫妻とは公私ともに仲がよく、また大戦を戦い抜いた戦友でもあった。その彼女がウィンザー城にしばらく滞在することとなったのである。

このとき、エレノアは若いエリザベス王女とも話し合ったが、後にこう記している。「この若い王女が社会問題やその政策の推進について非常に深い関心を寄せていることに、最も感銘を受けた」。王女の教育係コルヴィルの面目躍如と言うべきか。

コルヴィルはこの後、一九五〇年初頭まで王女の秘書官を務め、彼女にイギリス立憲君主制や君主としての公務の基礎を徹底的に教え込んだのである。それが後に、半世紀にわたるエリザベス時代の重要な礎石となったことは想像に難くない。他方で、コルヴィル自身にも「恩恵」はあった。エリザベス王女の宮廷に入るやいなや、彼は王女付きの女官の一人、マーガレット・エジャートン（愛称メグ）に一目惚れしてしまい、翌年には彼女と結婚するに至ったのである。まさにエリザベス王女が取り結んだ縁であった。

チャータリスとの長い付き合いの始まり

コルヴィルが外務省に戻ったことで、国王秘書官ラッスルズは新たな秘書官を王女に付ける必要に迫られた。白羽の矢が立てられたのは、陸軍中佐のマーティン・チャータリスだった。コルヴィルより二歳上のこの陽気な男の登場で、クラレンス・ハウスの雰囲気も大きく変わった。

コルヴィルは決して王女夫妻と関係が悪かったわけではないが、厳格な性格からか少々堅苦しい雰囲気が漂っていたのだが、新しい秘書官は明るくてユーモアにあふれ、すぐに王女夫妻にとってお気に入りの人物となった。しかし彼の人生そのものは、決して明るいことばかりであったのではない。

チャータリスも、コルヴィルに負けず劣らずの上流階級の出身だった。父は第一一代ウィームズ・アンド・マーチ伯爵家の御曹司、エルカウ卿で、母はこれまた名門のラトランド公爵の令嬢だった。チャータリスはその次男として生まれた。

ところが、マーティン少年が三歳になる直前、一九一六年に悲劇は襲った。父のエルカウ卿が第一次世界大戦で戦死してしまったのである。祖父の伯爵位は一歳上の兄デイヴィッドが継承することになったものの、マーティンはまだ面影を覚えていられる年齢に達する前に父を亡くしてしまった。

しかし母の友人で、『ピーター・パン』でも有名な劇作家のサー・ジェームズ・バリーとは少年時代から親しくなり、バリーは幼くして父を失った彼ら兄弟のために特別に寸劇を作ったりもした。後年、エリザベス女王のスピーチ原稿を作成するときに、少年時代に培った演劇の素養が役立ったといわれている。また母の妹は、当時の社交界で絶世の美女と謳われたダイアナである。後に有力政治家ダフ・クーパー（細谷雄一『大英帝国の外交官』第四章参照）と結婚することになるこの女優でもある叔母からも、チャータリスは大きな影響を受けている。

やがてマーティンは、パブリック・スクールの超名門イートン校からサンドハースト陸軍士官学校へと進み、陸軍の軍人としてビルマ（現・ミャンマー）へ赴任した。第二次大戦の勃発当初はリューマチに悩まされて実戦には参加できず、むしろ諜報活動へスカウトされる。活躍の舞台は中東、パレスチナであった。この地（イェルサレム）で、一九四四年にゲイ・マージソン嬢と結婚する。彼女は挙国一致政権で陸軍大臣などを務めたマージソン子爵の娘であった。

戦後はイギリスに戻り、一九五〇年の初頭からいよいよエリザベス王女付きの秘書官としての生活がスタートする。この後、チャータリスは王女秘書官を二年、女王秘書官補を二〇年、女王秘書官を五年務めることとなる。女王自身に最も長く仕えた側近中の側近としての、チャータリスの宮廷生活が始まった。

そのチャータリスにとっての最初の大仕事は、王位継承者としての王女の海外デビューの準備と、それへの随行だった。まずは自治領カナダへの訪問である。王女は一九四八年一一月に最初の子どもチャールズ皇太子を出産し、チャータリスが秘書官となった年の八月に長女アンを産んでいた。

この間は、しばらく海外への公務も難しい状況にあったわけだが、一九五一年秋にはカナダ訪問が計画された。この時、外務省や元外相で駐米大使も務めたハリファクス伯爵などからの助言に基づき、アメリカ合衆国にも立ち寄ることになった。チャータリスも随行し、ホワイト・ハウスでは当時のトルーマン大統領主催の晩餐会が開かれた。この後、女王は歴代一四人の大統領と親しく接していくことになるが、この時がその最初となったのである。

翌一九五二年二月には、当時のイギリス領植民地だった東アフリカへの訪問が予定された。チャータリスも随行することになっていたが、彼の脳裏には一抹の不安がよぎっていた。国王ジョージ六世の健康状態だった。実は先のカナダ訪問の際にも国王の容態（癌）は深刻で、カナダでもアメリカでも、チャータリスはいざというときに備えて王位継承に関する書類のすべてを携帯し、寝るときも必ず自分のベッドの下に置いていたほどだったのである。

今回のアフリカ歴訪の旅でも、同じ書類が彼の手元にあった。しかも虫の知らせであろうか、先の北米訪問の時には見られなかったのであるが、今回のアフリカへの旅立ちのとき、ヒースロー空港には何と国王自身の姿もあったのだ。普段は滅多に見送りなどしない国王が、この時だけはエリザベス王女夫妻の無事を祈って家族とともに空港に来ていた。

結局、それが父娘の最後の別れとなった。

一九五二年二月五日、ノーフォークのサンドリンガム・ハウスの寝室で、国王は睡眠中に亡くなった。翌朝七時半に寝室に入った従者が発見したのである。この旨は国王秘書官ラッスルズから秘書官補の一人、エドワード・フォードを通じて、すぐさまチャーチル首相にも伝えられた。「首相、悪い知らせです。国王陛下が今朝お亡くなりになりました」。それを聞いて、老首相はこう叫んだという。「悪い知らせだって? 最悪だ!」。

すぐさま臨時閣議を招集して、今後の対応を協議することになった。他方で国王崩御の知らせは、電波を通じて遠くケニアにまで伝わっていた。ラジオ放送を聴いていたチャータリス秘書官が受信したのである。殿下にどうお伝えすべきか。自らも幼少時に父を亡くしていたチャータリスは、すぐに機転を利かせて、王女の夫君であるエディンバラ公爵フィリップ殿下付きの秘書官として随行していたマイケル・パーカーに伝えた。パーカーからフィリップに伝え、さらに夫から妻へと伝えてもらうのがよいだろう。

パーカーから知らせを受けたフィリップは、すぐに王女を庭へと連れ出した。父の死を聞いた王女は涙を流したが、いつまでもそうしているわけにはいかない。すぐに帰国しなければならなかった。エリザベス王女が国王崩御の知らせを受けたのはロンドン時間で二月六日の午前一一時四五分頃と、当時の情報事情を考えればかなり早いものだった。

夫妻がお部屋に戻ったと聞いて、すぐさまチャータリスがドアをノックした。王女は鉛筆を片手に机に向かっており、フィリップ殿下のほうはソファーで『タイムズ』を広げていた。「王女は凛とした姿勢で椅子に座り、涙もなかった。お顔は少々紅潮しているかに見えたが、ご自分の運命を充分に悟っておられるようだった」。

後にチャータリス自身が回想しているのだが、「どのお名前でご即位なさいますか」と尋ねると、「もちろん、エリザベスです」と答えた。ウィンザー王朝四代目の君主、エリザベス二世の誕生の瞬間である。

チャータリスの手配ですぐに帰国の支度が整えられた。予定通りならこのケニアという野生の王国でもうしばらくのんびりできたところなのに、自らが統治する人間の王国へ急いで戻らなければならない。やがて王女はヒースロー空港に到着した。滑走路には、黒塗りの大型公用車が数多く駐まっていた。飛行機の窓からこの光景を眺めていた王女は、女官の一人にこうつぶやいた。「ご覧なさい、まるで霊柩車のようだわ」。

タラップを降りると、チャーチル首相、アトリー労働党首（前首相）、そしてイーデン外相（次期首相）といった、父の代から「陛下の政府」を支えてきた重臣たちが一列に控え、この新しい君主を威儀を正して出迎えた。七七歳の老首相を筆頭に、彼らが新たにまだ二五歳という若い女王を支えていかなければならない。

それと同時に、新女王の宮廷にも変化が訪れた。女王秘書官には、これまでの慣例もあって先の君主の秘書官がしばらくは留まることとなり、サー・アラン・ラッスルズが就任した。エリザベスのお気に入りであるチャータリスは秘書官補として引き続き仕えることとなり、もう一人の秘書官補にはフォードが、これまた父の秘書官補から留任することとなった。

このラッスルズの下で、すぐに「大移動」が開始される。屋敷の交換である。すなわち、エリザベス女王夫妻はクラレンス・ハウスからバッキンガム宮殿へと移動し、逆にそれまで宮殿で暮らしていたエリザベス皇太后とマーガレット王女がクラレンス・ハウスに引っ越すことになったのである。次は戴冠式である。史上初めてテレビ中継されたこの世紀の大典に、イギリス中の国民は釘付けとなった。

ちょうど日本では、明仁皇太子・美智子妃のご成婚(一九五九年)でテレビが普及したのと同じように、イギリスの場合は一九五三年六月二日の戴冠式のときだった。世紀の大典は無事に終わり、その直後にラッスルズは秘書官から退いた。

首相選定の難しさ

ラッスルズの後任の女王秘書官となったのは、先王ジョージ六世に一五年間も秘書官補として仕えてきたサー・マイケル・アディーンだった。幼少時に女王の祖父ジョージ五世の近習役も務めたことのあるアディーンは、王室とは切っても切れない関係にあった。

彼の母の名前はヴィクトリア・ウージェニー。結婚前の姓はビッグ。お気づきの方も多いだろうが、第三章の主人公スタムファーダムの長女のことである。このヴィクトリア女王とジョージ五世の秘書官を務め、半世紀にわたって王室を支えてきたスタムファーダムが、敬愛する二人の女性の名前を頂戴して付けた女の子（二五七頁参照）こそが、マイケル・アディーンの母親だった。女王秘書官としてこれほどの血筋はなかろう。

アディーンはイートン校、ケンブリッジ大学モードリン・コレッジを経て、二一歳の時に陸軍に入隊した。コールドストリーム近衛歩兵連隊である。ちょうど彼と同じように陸軍軍人出身だった愛する祖父スタムファーダム男爵が亡くなった直後のことであった。その後、一九三〇年代半ばにはカナダに渡り、総督付きの副官を務めた。そして一九三七年、帰国直後に国王ジョージ六世の秘書官補に任ぜられた。二七歳の時である。二年後の第二次世界大戦の勃発とともに陸軍に戻ってヨーロッパ北西部での戦線に参加したが、負傷してしまう。

そして一九四三年七月に国王秘書官ハーディングが引退したのに伴い、それまで秘書官補として共に働いてきた新任秘書官ラッスルズを、今度は部下として支えていくこととなった。ラッスルズとアディーンは相性が良かった。背は低いが常に身だしなみの良いアディーンは、典型的なイギリスのジェントルマンだった。教養が深く厳格で、幾分説教家じみたところもあったが、二七歳の若き女王に国制の何たるかをたたき込んで行くには打ってつけの人材であったかもしれない。

エリザベス二世が即位した一九五〇年代のイギリスは、国外的には米ソ冷戦にひとつの転機が訪れ、国内的には保守党が政権を維持し続けていた時代であった。女王の即位・戴冠式のいっさいを首相として取り仕切った老臣チャーチルは、戴冠式の半年後にはすでに七九歳になろうとしていた。六六歳のラッスルズが戴冠式とともに秘書官を引退したように、この老宰相もそれと同時期に後進に道を譲るべき時に来ていたのかもしれない。

彼自身も一度はそう考えた。ところが、戴冠式の直前に国際政治に変化が訪れた。一九五三年一月にアメリカのトルーマン大統領が引退し、第二次世界大戦の英雄アイゼンハワー元帥が第三四代大統領に就任した。そして三月には、ソ連の最高指導者スターリンが亡くなる。米ソ冷戦の立役者とも言うべきトルーマンとスターリンが相次いで国際政治の檜舞台から姿を消したことで、チャーチルは最後の大仕事に乗り出すことにした。冷戦の幕引きである。そのためには、一九四五年七月のポツダム会談以来、決して会うことのなかった米ソの最高指導者同士の会談が必要となろう。

一九五三年六月に戴冠式を無事に終えると、チャーチル老首相の引退への花道は、米英ソ三国首脳会談を自らがホストを引き受けるようなかたちで実現することだった。しかし、これは困難を極めた。アイゼンハワーは、いつまでも大戦中の上官気取りでいる老首相にうんざりしていたし、側近のダレス国務長官も米ソ首脳会談など必要ないと息巻いていた。

対するソ連のほうでも、スターリンの後継者をめぐる熾烈な権力闘争が続いていた。米ソ両大国が同意しない限り、首脳会談などあり得ない。チャーチルの焦りは増した。

他方で、チャーチル自身の後継者問題もあった。衆目の一致するところでは、大戦中から外相として彼を支えてきたアンソニー・イーデンが次の首相とされていたが、チャーチルより二三歳も若いにもかかわらず、その彼も病気がちとなっていたのである。首相在任中すでに二度も心臓発作で倒れているチャーチルにも、はっきりと限界が見えてきていた。

一九五五年三月三一日、八〇歳のサー・ウィンストン・チャーチルは女王秘書官アディーンに、四月五日に引退するとの意思を伝えた。四月四日、彼は首相としての最後の謁見を行う。女王は、即位当初から彼女を支えてくれたこの老宰相の引退を心から寂しがったが、それと同時に後継首班を選定しなければならなかった。女王にとっての最初の政権交代である。

四月四日の謁見の場で、チャーチル首相は敢えて後継者の名前を出さなかったと言われているが、おそらく誰が適任かは話したのではないだろうか。彼がアディーンに引退の意思を内々に告げた翌日の四月一日に、チャーチルはイーデン外相と彼に次ぐ指導者のリチャード・バトラー蔵相との三者会談を行っていた。その席で、イーデンが後継首相になることで落ち着いたと言われている。こうした内容はチャーチル自らか、もしくは秘書官たちの口から女王にも伝えられていたはずである。

四月五日、女王夫妻はダウニング街一〇番地の首相官邸を訪ね、チャーチル夫妻と別れの晩餐を催した。そして翌日、バッキンガム宮殿にイーデンを招請し、ここに首相の大命が降下されたのである。

女王にとっての最初の政権交代は、このように滞りなく終わった。五八歳の新首相は、これまた大戦中から女王一家とは顔見知りのベテラン政治家である。彼に任せておけば、国際政治におけるイギリスの立場も安泰であろう。

事実、首相就任の三カ月後には、チャーチルにとっては皮肉なことに、スイスのジュネーヴで米ソ英仏四カ国の首脳が一堂に会して話し合いがもたれることとなった。イーデンはこうして、新しい時代のリーダーとして国際政治にデビューしたのだった。ところが、外交のプロであったはずの彼が、皮肉なことにその外交で足をすくわれる。ジュネーヴ四巨頭会談のちょうど一年後、一九五六年七月に、エジプトのナセル大統領がスエズ運河の国有化を突如宣言した。

秋頃までにはイーデン首相は、フランス・イスラエルとの共同出兵を計画するようになる。女王の周辺ではアディーン秘書官がこの計画に賛意を表していたのに対し、チャータリスとフォードの両秘書官補はこれに反対だった。特にチャータリスは、先にも記したとおり、大戦中は中東で活躍したこの地域に関するプロだった。女王自身も彼の意見を尊重していて、米ソや国連安保理、コモンウェルス諸国などからの支持のない出兵はよくないのではないかと「個人的には」考えていたようである。

イーデン首相は自ら女王に事態の説明をすることは少なかったが、女王は外交文書や政府文書にすべて目を通しており、さらには秘書官たちが集めてきた情報によって、ある意味ではイーデン以上に実状を把握していたといっても過言ではなかった。

しかし一〇月二九日、ついにイーデンは派兵を決定してしまうが、結果は惨敗に終わった。三カ国の軍は易々とエジプト軍を蹴散らしたものの、この行為は国際政治の舞台で囂々《ごうごう》たる非難を浴びたのだ。「戦争に勝って、外交に負けた」イーデンは、体調の悪化もあって、翌一九五七年一月八日に女王と会見して辞意を伝えた。

問題は後継首班である。このイーデン首相との会見の席で、女王は「後継の首相には誰が適任か」との下問はしなかったとされている。当時、イーデンの辞任が明白になりつつあったなかで、後継者としてはバトラー玉璽尚書かハロルド・マクミラン蔵相のいずれかが有力とされていた。ちょうど一九二三年のボナ＝ロウ後継問題、あるいは一九四〇年のチェンバレン後継問題の時と同じような「二者択一」となったわけである。

そこで、女王は一九二三年に祖父がとったのと同じように、保守党の現役幹部と長老政治家たちの意見を聴くことにした。現役組を代表したのは、枢密院議長のソールズベリ侯爵だった。一九世紀末から二〇世紀初頭にかけての大宰相の孫である。しかも、一九二三年のボナ＝ロウ後継問題の時に、やはり現役組を代表して意見を聴かれたのは、当時枢密院議長だった父の第四代侯爵だった。

今回、長老政治家たちの意見をまとめたのは女王秘書官のアディーンである。ちょうど彼自身の祖父スタムファーダムが一九二三年の時にはバルフォア伯爵に意見を求めたのと同じように、今回は保守党の最長老チャーチル前首相をはじめ、数人の長老政治家たちから意見を聴取した。

一月一〇日の午前中に、女王はソールズベリとチャーチルをバッキンガム宮殿に招請した。彼ら現役組と退役組の見解は一致していた。女王が正午に宮殿に招請したのはマクミランだった。こうして、女王にとっての三人目の首相にはマクミランが決まった。

今回の首相選定は、ある意味では一九二三年のボナ＝ロウ後継の時の先例に倣ったかのように思われたが、先の一九五五年のイーデン首相就任の事例は、むしろ一九四〇年のチェンバレン後継の時に近い。すなわち、辞任する首相と候補者二人とのあいだの三者会談でほぼ合意に達するやり方である。ところが一九二三年の時とは異なって、今回のマクミランへの大命降下には、女王自身の意向がかなり響いていたのではないかと思われる。

二つのケースはともに、「深刻な病状にあった首相」が辞意を表明したことに端を発している。一九二三年の時にボナ＝ロウは御前には参上できず、自らの秘書官を通じての辞表の提出である。したがって、そもそも後継者の推挙に与ること自体できなかった。ところが今回は、女王はイーデン首相と直々に会見して辞表を受け取っているのである。ということは、後継首班について内々に意見を聴くこともできたはずなのだ。にもかかわらず、女王はいっさい聴かなかった。なぜなのか。

この会見の四日後にイーデンが記した覚書によれば、彼自身は会見の席で「自分が病気療養中に首相代行を務めてくれた、バトラー氏に対する感謝の言葉は述べさせていただいた」ようである。このことからも類推できるが、もし女王がイーデンに後継首班について助言を求めていたら「バトラー」と答えた可能性は高い。しかし、女王はバトラーをあまり好きにはなれなかったのである。

むしろ、これまた大戦中から付き合いのあるマクミランのほうが親しみも湧くし、相性もよいだろう。もちろん、それだけではない。スエズ危機によって国際的に孤立してしまっているイギリスの状況も、国際的な人脈を有する元外相のマクミランなら改善してくれるだろう。そう感じ取った女王は、敢えてイーデンには意見を聴かず、現役と退役の両方の保守党政治家たちから広く意見を徴してみたのであろう。

女王がバトラーをあまり好まなかったのは事実のようである。しかしソールズベリやチャーチルらが「バトラーが後任にふさわしい」と助言したのであれば、女王もおそらくそれに則ってバトラーを首相に据えただろう。ところが意見が真っ二つに分かれるわけでもなく、保守党幹部たちの一致した意見がマクミランだったのである。

このケースは、祖父ジョージ五世が一九二三年五月に直面したボナ＝ロウ後継問題よりは、むしろその祖母ヴィクトリア女王が一八九四年三月に直面したグラッドストン後継問題のほうに近かったかもしれない。ヴィクトリア女王は自分が「嫌っていた」グラッドストン首相が引退するにあたり、直接会見を行った彼から後継首班についての意見を聴かずに、独断でローズベリ伯爵に首相の大命を降下することに決めたのである。

グラッドストン自身は海相のスペンサ伯爵を推す可能性が高かったが、グラッドストンと同様に女王が嫌う蔵相のハーコートの名前を出されるのが嫌だったと言われる。とはいえ、今回のエリザベス二世の決定は「独断」によるものではない点に留意すべきであろう(その後の研究でイーデンはマクミランを女王に推挙したとされている)。

物議を醸したマクミラン後継

一九五七年一月の女王の決断は正しかった。マクミラン新首相はその後、低迷していたイギリス経済の立て直しに尽力するとともに、国際的な孤立から脱却するために文字通り世界を股にかけて活躍した。第二次大戦での北アフリカ戦線以来の「戦友」であるアイゼンハワー米大統領をホワイト・ハウスに訪ね、スエズ危機で一時的に冷却した英米関係をもとへ戻すことに成功した。また、同じく悪化していたコモンウェルス諸国との関係も、マクミランの尽力で改善されていった。

この直後から、アジア・アフリカ・地中海・西インド諸島に拡がるイギリス領植民地諸国は、本国との穏便な話し合いにより次々と独立を達成するものの、引き続きコモンウェルスのメンバーとしてイギリスとの絆を強めていった。これと同時期に、隣国フランスではアルジェリア紛争の影響で国内外に衝突が絶えなかったのとは対照的だった。

しかし、そのマクミランの威光も徐々に衰えを見せるようになった。一九六三年一月には、フランスのド・ゴール大統領が年頭記者会見で、六一年夏からマクミランが申請していたヨーロッパ経済共同体（EEC）への加盟を拒否した。さらにこの年、マクミラン政権で陸相を務めていたジョン・プロヒューモが愛人に機密を漏洩していたことが暴露された。

首相自身は六九歳になっていたが、この年の一〇月に前立腺の手術を受けることになり、それに伴って引退の意向を明らかにしたのである。一〇月九日にマクミランは外相のヒュームにメッセージを託し、当時イングランド北部の海岸保養地ブラックプールで党大会を開いていた保守党の幹部たちに、党首ならびに首相からの辞任を伝えた。会場は騒然となった。ニュースを見た女王の側近たちも、この突然の辞任劇に驚かされた。

ところが、女王自身はまったく驚いていなかった。それもそのはず、彼女はこの半月前、九月二〇日の段階で、すでにマクミラン本人から近々辞任する意向を打診されていたのである。マクミランの引退は、すでに保守党の最上層部や女王の近辺では、公然たる秘密としてこの年の夏頃から囁かれていた。

このため八月にマクミランがスコットランドで狩猟パーティーを開いたとき、それに招待を受けていたアディーン秘書官は、あらぬ誤解を受けないためにも招待を断っていた。後継首班問題はあくまでも公正中立な立場から対処して行かなくてはならない。祖父スタムファーダムからの遺訓のようなものである。

とはいえ、先の一九五五年のチャーチル後継、五七年のイーデン後継の時とは異なって、今回のマクミラン後継は波乱含みであった。決定的な候補者がいなかったのである。これまでたびたび候補に挙がったバトラーはマクミラン政権の副首相格（第一国務大臣）であり、筆頭候補ではあった。しかし彼以外にも、枢密院議長のヘイルシャム子爵（第四章に登場したヘイルシャムの長子）、蔵相のモードリング、ランカスタ公領総裁のマクロードなど、数多くの有力者が浮上していたのである。

ところがこの当時、保守党には党首選挙なるものがなかった。だから一九二三年、四〇年、五五年、五七年と、いずれも「党首選挙で後継者を決める」といった、今日の我々がすぐに思い浮かべるような手段がとられなかったのだ。今回もそのような意見は見られなかった。

先の一九五七年の後継首班問題では、イーデンは自身が病気であるうえにスエズ危機で大失敗を犯した直後でもあり、ある意味で彼には決定権などなかった。しかし今回のマクミランは、特に大失策を犯して退陣に追い込まれるわけでもないし、病気で入院中とはいえ深刻な病ではなく、手術も成功率が高いものであった。

前回は、保守党幹部や引退した長老たちの意見を広く徴してマクミランを選んだわけであるが、果たして今回も同じ方式を採るか。むしろ今回の政権交代は、ある意味で「マクミランによる禅譲」のようなかたちで行われる要素のほうが強かった。こうなると、女王が保守党の党首（首相）選びに口を挟むのは国制上よくない。しかし、首相は急いで選ばなければならない。

一〇月一五日、アディーンは密かに、保守党の長老で植民地相やコモンウェルス担当相などを務めたスウィントン伯爵と会見した。この七九歳の長老政治家は、「陛下がマクミランから助言を受けたいのであれば、病院へ首相のお見舞いに行けばよいのではないか」と秘書官に語った。これにはアディーンは反対だった。「まるで宮廷が党内人事に介入しているように思われてしまう」と。

しかし女王は、マクミランを見舞いに行くことにした。ちょうど女王自身も四人目の子ども（翌年生まれるエドワード王子）を妊娠中であり、自らの検査も兼ねて、ロンドンにあるエドワード七世病院に首相を見舞った。

一〇月一八日、無事に手術を終えたばかりのマクミラン首相は、女王からのお見舞いを受けるという空前の栄誉に浴した。しかしそれは表向きのことであり、病室では別のことが話されていた。以下はマクミラン自身の回想によるものである。女王は、「何か助言なさりたいことがありますか」とこの老臣に尋ねた。首相は答えた、「陛下ご自身は、私から助言をお受けになりたいですか」。女王は受けたいと応じた。

そこで、首相は用意しておいたメモを取り出した。それを読み上げると、女王も「ヒューム卿であれば、最も広い支持を得られるだろうし、その人柄も［首相に］最も適しているだろう」と同意した。その日のうちに、女王はバッキンガム宮殿に帰るやいなや、チャータリス秘書官補に「ヒューム卿を招請するように」命じた。ヒューム外相は参内し、首相の大命が降下された。

アディーンはこの一連のやり方には懐疑的だった。病院から宮殿へと帰る自動車の中で、「これは国制に違反する行為ではないでしょうか」と、女王に苦言を呈したとされている。女王の公式な伝記を書いているベン・ピムロットも、この時の女王の動向が国制に沿ったものであったのかどうか、微妙であると述べている。

やはり、女王はバトラーを好まなかった。ヒュームはと言えば、スコットランドの名門中の名門貴族であり、同じくスコットランドに所領を有しバルモラル城もこよなく愛する女王とは、狩猟や犬のことなど話題は尽きなかった。しかも彼女の戴冠式の際に、玉座のすぐ隣でスコットランドの剣をかざしてくれたのは、このヒューム伯爵である。対するバトラーは、有能な政治家ではあったが女王とは縁が薄く、人間的にもあまり合わないようだった。

もちろんそれだけの理由で、女王が国制を犯すはずはない。バトラー、ヘイルシャム、モードリング、マクロードといった連中を抑えて、最初は下馬評にも挙がっていなかったこのヒュームが、マクミランの推挙だけで首相に就けるはずもない。他の候補者たちはもとより党内からの広い支持を受けていなければ、いかに女王といえども強引にヒュームを首相に据えるつもりはなかったはずである。

チャータリス秘書官補が後に回想しているとおり、もしバトラーや他の幹部たちが協力を拒めば、ヒューム自身が大命を拝辞したであろう。しかし女王の決定を受けて、バトラーらはヒュームに協力を約束したのである。なかにはヒューム政権への協力を拒む者も何人かいたが、あくまで少数派にすぎなかった。バトラーは引き続き外相として、ヒューム政権に副首相格で入閣した。

ひとつの時代の終わり

今回の決定について、「病院のベッドの上からすべてを牛耳っていた」マクミランに対する非難もないわけではなかった。保守党の党首選びも、これまでのように前任の党首を中心とした幹部層だけで「密室」で決めてしまうような体質が、今や時代に適《そぐ》わなくなってきているのではないかとの議論も浮上していった。

すでに党首選挙方式を有していた労働党党首のハロルド・ウィルソンなどは、「お上品な時代錯誤」と露骨に批判していたほどである。イギリス貴族政治の最後の色香が残る保守党でさえも、そろそろこの党首選びの方法を変更すべき時にさしかかっていたのである。

他方で、今回のヒューム首相誕生には重大な問題があったはずである。お気づきのとおり彼はヒューム「伯爵」であり、貴族院議員である。一九二三年のカーズン侯爵、一九四〇年のハリファクス子爵（一九四四年に伯爵に陞爵）と、いずれも貴族院議員であることを理由に首相を諦めざるを得なかった。

日本の議会政治とイギリスのそれとの決定的な違いは、イギリスでは「その議院のメンバーでなければ何人《なんぴと》も質疑応答できない」点にある。すなわち、下院議員でなければ下院で発言できないし、貴族院でも同様なのである。だから、労働党が二大政党の一翼を担い、「影の首相」（「影の内閣」といわれる組織が正式に制度化されるのは一九三〇年代に入ってから）たる野党第一党の党首に占める下院議員の割合が増え、しかも保守党が野党になったときには、今度は影の首相が本物の首相に論戦を仕掛けなければならない。そのときに貴族院首相というのでは、話ができなくなるのである。

これが二〇世紀半ばになって、有能でありながらも、多くの貴族たちが首相のポストを諦めてきた最大の要因だった。それでは、なぜヒュームは首相になれたのか。実は、この年にたまたま法制化された法律と関わっていた。

一九六〇年に、労働党の大物でインド大臣や空軍大臣などを務めたスタンスゲイト子爵が亡くなった。彼の跡を継いで二代目のスタンスゲイト子爵になるのは、やはり労働党の政治家であった長男のアンソニー、通称トニー・ベンだった。ところが彼は筋金入りの共和主義者であり、世襲の貴族制には常々強硬に反対してきた。このため父親が亡くなった直後から、世襲の貴族の家に生まれ、どうしても継がなければならない立場にある者が、「一代に限って爵位を放棄できる」法律を作るように積極的に動いていたのである。

すでに一九五八年には、「一代に限って叙せられる貴族（Life Peer：ただし男爵位に限る）」が登場していたのだから、貴族になりたくない貴族の御曹司が、ご先祖に申し訳ないので爵位を潰すわけにもいかないから、せめて自分一代に限って「平民」となり、自分の死後に息子が改めて爵位を継げるようにできないかというわけである。

この法案が、ようやく三年目にして議会を通過したのだ。トニー・ベンは晴れて子爵位から解放され、その後も二〇〇一年に引退するまで半世紀近くにわたって下院議員を続けた。この法律が、うまい具合にヒュームにも適用できるようになったのである。彼は即座に一四代続いたヒューム伯爵位を一代に限って放棄し、サー・アレック・ダグラス＝ヒューム（シッスル勲爵士として「ナイト」の称号は持っていたがこれは貴族ではない）となり、補欠選挙に勝利して下院議員に当選した。

こうしてヒューム政権は、正式に誕生した。ところが、人柄が温厚で切れ者のヒュームではあったが、所詮は党首の器ではなかった。翌一九六四年一〇月の総選挙で、保守党は三〇四議席、対する労働党は三一七議席と僅差で敗北を喫してしまったのである（総議席数は六三〇）。議会政治の常道に則り、ダグラス＝ヒューム首相は辞任した。ここにウィルソンを首班とする労働党政権が一三年ぶりに登場する。

今回の総選挙での敗北は、ひとえにダグラス＝ヒューム党首の責任に帰せられるとともに、「病院の密室」で彼を党首に推挙したマクミランにも非難の矛先は向けられた。それと同時に、もはやこれまでの保守党の党首選出方法は、ウィルソン首相が揶揄したとおり「お上品な時代錯誤」にすぎなくなっているとの意見が、党内の大勢を占めるようになっていたのである。

一九六五年、ついに保守党にも党首選挙が導入されることとなった。この初の選挙で勝利を収めたのは、ウィルソン首相と同じ一九一六年生まれのエドワード・ヒースだった。ウィルソンは一九六四年一〇月に、二〇世紀では最も若い年齢（四八歳）で首相に就いていた（後に、一九九〇年に四七歳のメイジャー、九七年に四三歳のブレアに塗り替えられるが）。もはや主流は、一九世紀的な香りを漂わせていたマクミランやヒュームの世代とは一線を画するようになっていた。

そのような時代の流れを象徴する出来事が、まさにそのさなかに起こった。一九六五年一月二四日、サー・ウィンストン・チャーチルが九〇歳で大往生を遂げたのである。この大戦の英雄の健康状態は、これより一〇年ほど前に第一線から退いた後に、しばしば一進一退を繰り返すようになっていた。もちろん本人には内緒で、女王とその周辺の宮廷幹部のあいだには、一九五八年から「起こってほしくない作戦（Operation Not Hope）」と名付けられた一大プロジェクトが極秘に進められていた。チャーチルの「国葬」である。

七年後、ついにこれが現実のものとなった。「予定どおり」遺体はウェストミンスタで正装安置され、セント・ポール大聖堂で厳かな葬送礼拝が執り行われた。世界各地から、一一人の国家元首、三〇人の閣僚を含む一一〇カ国の代表が参列した。そして王室からは、何とエリザベス女王を筆頭にすべての王族が集まった。君主が臣下の葬儀に参列するのは今回が初めての出来事だった。

しかしチャーチルの葬儀は、大英帝国の時代が本当に終焉を迎えたことを象徴するような儀式となった。この年、アフリカ南部の南ローデシアが完全独立し、コモンウェルスからも脱退してしまった。徹底した黒人差別政策に反対するイギリス本国は面目を失った。同年から本格化したヴェトナム戦争への対応をめぐって、ウィルソン首相はジョンソン大統領と対立を深刻化させていく。さらに、一九六七年にはド・ゴールから二度目の「ノン」が突きつけられ、イギリスはまたもやＥＥＣ（この年からＥＣに改組）への加盟に失敗した。

同年、長年控えられてきたポンドの切り下げが強行された。さらに翌年、イギリスはスエズ以東から兵を引き揚げるとの表明がなされるに至った。もはやイギリスは、かつてチャーチルが名付けた、大戦後の国際政治においてイギリスが立つべき「三つのサークル（アメリカ・コモンウェルス・ヨーロッパ）」のなかで、その立場を急速に弱めてしまったのである。

チャーチルの死は、明らかにひとつの時代の終わりをも象徴していたのだ。そして、イギリス軍がスエズ以東から完全に撤退を終えた一九七一年までには、宮廷にもまたひとつの時代の終わりが近づいていた。ジョージ六世とエリザベス女王という二代の君主に、秘書官補・秘書官として三五年近くにわたって仕えてきたサー・マイケル・アディーンが引退を決意したのである。しかし後任人事をめぐって、ここに一波乱生じることとなった。

再びチャータリスに

アディーンの後任の秘書官にと、女王が考えていたのは、サー・マーティン・チャータリス（女王即位一〇周年の一九六二年にロイヤル・ヴィクトリア勲章の勲二等に叙せられ、勲爵士《ナイト》の称号を得ていた）だった。王女時代から二二年にわたって仕えてくれているこのユーモラスで陽気な男は、いまや王室になくてはならない存在だった。

ところが、ここに横槍が入った。アディーンと同時期に引退を表明していた宮内長官のコボルド男爵が、別の人物を推挙してきたのである。彼が推したのは、もう一人の女王秘書官補フィリップ・ムーアだった。ムーアは第二次大戦時に空軍に入隊し、三年間もドイツ軍の捕虜となった苦い経験を有する苦労人だった。戦後はマレー半島で外交官として活躍し、国防省へと移っていたところをコボルド卿に見出されて、一九六六年からフォードの後任の秘書官補となっていた。

イングランド銀行総裁を一二年務めた後、宮内長官として宮廷を支えてきたコボルドからの推挙に、女王も一時は心が揺れた。とはいえ、ムーアは宮廷に来てまだ五年ほどしか経っていなかったし、秘書官補の仕事も先輩のチャータリスが教えていたところだった。そこで、かつてジョージ五世が即位した当初に、ノウルズとスタムファーダムが「共同の国王秘書官」を務めた時と同じように、両者を共同秘書官にしてはどうかとコボルドは提案した。こうした介入に、チャータリスは本心では不愉快だったようである。

しかし結局は、女王自身が裁定を下すこととなった。秘書官にはチャータリスが就き、ムーアはチャータリス引退時に秘書官を継ぐという、未来の人事を含めた「副秘書官(Deputy Private Secretary)」という新たな役職に就任することとなった。チャータリスは五九歳だったが、そう長いあいだ女王秘書官を務めるつもりはなかった。ムーアは彼より八歳下で、まだまだ働き盛りだった。

こうして女王お気に入りのチャータリスは、晴れて君主としてのエリザベスに仕える最高責任者となった。しかし彼が秘書官に就任した一九七二年は、次々と公務の嵐が襲ってくるという忙しい年になった。

まず就任早々の二月に、女王夫妻のお供をしてタイに公式訪問に出かけなければならなかった。三月はモルディヴに入り、五月にはポンピドゥー大統領の招待でフランスへ入った。イギリスがヨーロッパ共同体（EC）に加盟できるよう取りはからってくれたこのド・ゴール将軍の後継者に、感謝の意を込めての公式訪問である。その間の四月には、オランダのユリアナ女王夫妻がウィンザーを国賓として訪ねている。チャータリスの仕事の量は膨大なものになった。

五月のフランス訪問の際に、女王夫妻とチャールズ皇太子は、ある老夫婦を郊外の屋敷に訪ねた。「デイヴィッド伯父さん」ことウィンザー公爵とその夫人ウォリスである。実はこのとき、ウィンザー公は癌で瀕死の状態にあった。女王が屋敷に入ると、今や「臣下」にすぎないデイヴィッド伯父さんはベッドから起きあがって、「主君」リリベットに挨拶したとされている。

自分がいま女王であるのも、すべてこの伯父さんのおかげである。しかし同時に、社交下手で身体の弱かった父ジョージ六世の寿命を、国王への即位や自らの大戦への対応が引き起こした心労から縮めてしまったのも、またこの伯父さんだった。かつての国王エドワード八世と久方ぶりに再会したリリベットの心境は複雑だった。

それから一〇日後の五月二八日、ウィンザー公は七七歳の生涯を閉じた。弟のバーティより二〇年も長生きしたのである。遺体は三日後にイギリスへ運ばれ、ウィンザー城のセント・ジョージ・チャペルで二日間にわたって正装安置された。彼が国王であった一一カ月間を覚えている者は少なくなっていたにもかかわらず、六万人もの人々がこの元国王に最後の別れをした。そして六月五日、公爵の遺体はウィンザーのフロッグモア王室墓地に埋葬された（その一四年後にウォリスの遺体も同じ場所に埋葬され、二人は今も寄り添うように眠っている）。

しかし、ここに厄介な問題が持ち上がった。この時期は女王の公式誕生日（毎年六月の第二土曜日に設定される）に近く、埋葬日の二日前には、近衛兵による恒例の「軍旗敬礼分列式（Trooping the Colours）」が催される予定となっていたのである。女王の態度は、ある意味では冷たいものだった。予定通りその儀式は行うつもりであった。デイヴィッド伯父さんは、かつてはこの国の国王ではあった。それは間違いない。しかしもはや、彼は「国家の一部ではなくなっている」。

とはいえウィンザー公が退位後も、王族の扱いを受けてきたこともまた事実である。王族が亡くなったのに、近衛連隊が各々に軍旗を掲げて派手にパレードを繰り広げても、果たしてよいものだろうか。バッキンガム宮殿では侃々諤々《かんかんがくがく》たる論議が続いたが、名案を思いついたのがチャータリス秘書官だった。儀式は予定どおりに進めるが、パレードを行うスコットランド近衛連隊（Scots Guards）に、バグパイプとドラムで亡きウィンザー公を偲ぶ追悼の曲を演奏させるというのである。こうして、この年の軍旗敬礼分列式は滞りなく挙行された。

その後も女王の激務は続いた。一九七四年は、そのような女王にとっても多難な年となった。この年の二月に、ヒース保守党政権は総選挙に打って出た。しかし、前年からの石油ショックのあおりを受けて、イギリス経済はどん底の状態にあった。二月二八日に発表された選挙結果は、与党の保守党が二九七議席、対する野党労働党は三〇一議席と、わずか四議席差で第一党の地位を失った。

ここで、一四議席を有する自由党の存在がクローズアップされた。総議席数は六三五だから、過半数は三一八ということになる。それでも自由党が味方に付いてくれれば、労働党からの攻撃も抑えることができよう。ヒースは自由党党首ジェレミー・ソープと交渉を続けたが、うまくいかなかった。

この間、女王秘書官チャータリスは慎重に事態を見つめていた。「首相は、辞めるまでは首相なのだから、辞めた後でようやく陛下も動くことができる」。しかし他方で、彼は密かに内閣書記官長サー・ジョン・ハントとも連絡を取り合い、ヒース首相による連立交渉の進捗状況について逐一情報を手に入れていた。

三月四日、ついにヒースは交渉を諦め、内閣の総辞職を決意した。女王は第一党の党首ハロルド・ウィルソンを招請し、首相の大命を降下した。しかし、ウィルソンにも問題はあった。労働党とて過半数は制していなかったのである。政権を樹立しても、議会開会早々に女王演説（施政方針演説）で修正動議を出され、敗北してしまう可能性も高い。そうなったら、女王は再びヒースを招請するのだろうか。だが、ヒースはすでに組閣に失敗している身である。ウィルソンとしては、もし政府が敗北を喫したら、再度の解散・総選挙を女王に認めてもらいたかった。

チャータリスは、この女王の大権は身体を張ってでも死守するつもりでいた。大法官のエルウィン＝ジョーンズ男爵と会見した女王は、政府が敗北した場合には、解散・総選挙を認めると約束した。結局、政府は、女王演説はすんなり通すことができた。しかし、問題はこれからである。予算案や数々の法案、あるいは政府に対する不信任動議など、これからが本当の勝負だった。

女王がデンマーク（四～五月）、マレーシア（七月）歴訪の旅を終えた後、一九七四年秋にウィルソン首相は近々議会を解散し、総選挙に打って出たいと要請する。女王は許可した。こうして、物議を醸した一九一〇年（第二章を参照）以来の、年内に二度目となる総選挙が実施された。結果は労働党が三一九議席と、過半数より一議席多く獲得して、かろうじて政権を維持できた。保守党は二七七議席に後退した。

その二年後の一九七六年三月一六日、ウィルソン首相は突如引退を表明する。その日、バッキンガム宮殿の「黄色の応接間」で肖像画を描かせていた女王は、画家のマイケル・ノークスから「首相の引退表明には本当に驚かされましたねぇ」と言われても、「いえ別に」と素っ気ない返事をするだけであった。

ウィルソンは半年前から、すでにチャータリス秘書官に内々に辞任の意向を明らかにしていたのである。女王本人には前年一二月九日の謁見で、「来年三月一一日の自分の六〇歳の誕生日には引退するつもり」と打ち明けていた。

女王は、通算すると八年にわたって自分を支えてくれたウィルソンに感謝し、引退する前日にはダウニング街一〇番地の首相官邸を訪れ、別れの宴を楽しんだ。一九五五年のチャーチル引退のとき以来の、女王による官邸訪問だった。

シルバー・ジュビリーと老臣の引退

しかし引退を決意していたのは、ウィルソン首相ばかりではなかった。女王に仕えて四半世紀が過ぎたサー・マーティン・チャータリスも、そろそろ潮時であろうと認識していたのである。とはいえ、彼には最後の大仕事が残されていた。女王の在位二五周年記念《シルバー・ジュビリー》の式典である。これだけは自らの手で終わらせて引退したかったのだ。

エリザベス二世が「イギリス君主」としての初めての日本訪問を終えた直後の一九七五年夏頃から、女王とチャータリスは二年後に控えるシルバー・ジュビリーを、大々的に祝いたいと政府に打診していた。ウィルソンは乗り気だったが、外相で翌七六年のウィルソン引退後に首相となるジェームズ・キャラハンも内相のロイ・ジェンキンズも、当初はこれに難色を示していた。

一九七五年の夏と言えば、主要先進国が一致団結して石油ショック後の不景気に対応していくために、初めて「先進国首脳会議《サミット》」を立ち上げたときでもある。その七カ国（第一回の会合はカナダを除く六カ国だったが）のなかでも、イギリス経済は最も悪い状態にあった。経済大国アメリカは別格としても、自治領カナダの後塵を拝していたどころか、第二次世界大戦で破ったはずの西ドイツ・イタリア・日本にまで追い越されていたのである。

セント・ポール大聖堂で執り行われた在位25周年記念礼拝の時のエリザベス女王とエディンバラ公。（写真提供：AP/アフロ）

さらに北アイルランド問題を

めぐって、アイルランド共和軍（ＩＲＡ）によるテロ活動なども活発化しており、テロリストにとってはシルバー・ジュビリーなど格好の標的となる可能性が高かった。

しかし、こういう暗い世相だからこそ、王室が先導役となって国民に明るい気分をもたらしたいのだと、女王もチャータリスも労働党政権の説得に乗り出した。折れたのは政府のほうであった。一九七五年八月に、政府は二年後の女王在位二五周年の年に、大々的な公式行事を予定していることを発表した。

女王は二年後に向けて、イギリス国内はもとより、彼女が国家元首に就いている一四カ国のすべてを歴訪する運びとなった。一九七七年二〜三月には、オーストラリア・ニュージーランド・西サモア・トンガなどの太平洋地域を、一〇月にはカナダとカリブ海といったアメリカ地域を女王はエディンバラ公とともに訪問した。

またこの間の五月からは、グラズゴウを皮切りにイギリス国内の各地を次々と回った。メイン・イベントは六月七日に催され、女王はセント・ポール大聖堂での記念礼拝に黄金の馬車で向かった。このときの模様はテレビ中継され、五億人の人々が見たとされている。祖父ジョージ五世のシルバー・ジュビリー以来、実に四二年ぶりのお祭りだった。チャータリスは言った、「陛下はこの国に熱中なさっておられる」。

ところが、一〇月のカナダ訪問の旅にチャータリスの姿はなかった。彼はロンドンに残って、いよいよ引退の準備に取りかかっていたのである。後任には、五年前の約束どおりサー・フィリップ・ムーア副秘書官が就くこととなった。帰国後、女王はチャータリスを呼び、こう述べた。「マーティン、生涯にわたって仕えてくれてありがとう」。

女王は王室に伝わるアンティークの銀器を記念品としてこの老臣に贈った。女王を二七年にわたって支えてきたサー・マーティンの目には涙が光っていた。この翌年、サー・マーティンは一代貴族のチャータリス男爵に叙せられた。

すでにロイヤル・ヴィクトリア勲章とバース勲章の勲一等を贈られていたチャータリス卿ではあったが、引退から一五年後の一九九二年には、さらにロイヤル・ヴィクトリア勲章頸飾（Royal Victorian Chain）まで授与された。

実はこのとき、君主秘書官としては初めての、ガーター勲章授与の話も浮上していた。しかし、彼の兄ウィームズ伯爵がガーターより一つランクの下がるシッスル勲章を授与されており、格式が逆転するのはどうかとの異議が出された。そこで女王個人からの贈り物としては、ガーターやシッスルに次ぐ格式を占めるチェーンの授与となったようである。

いずれにせよ、チャータリスは女王自身が最も愛した秘書官であったのだ。彼は引退後、一四年間にわたって母校イートン校の校長を務め、相変わらずのユーモアあふれる人柄で、生徒たちから愛され続けた。

フェローズの登場と王室の転機

チャータリスの後任、サー・フィリップ・ムーアはこの後、一九八六年まで九年間にわたって女王秘書官を務めた。さらにその後には、イギリス人以外では初めて、オーストラリア出身のサー・ウィリアム・ヘーゼルタインが就いた。彼は女王の報道担当秘書官(Press Secretary)を務め、チャータリスの下で秘書官補に任ぜられた後に、ムーアの下で副秘書官として実績を積んできた人物である。

アディーンの後継問題で初めて設置されて以降、この副秘書官という役職は、現職の秘書官が引退した後にその後任に就くことが予定される者の定席となっていった。宮内長官のエアリ伯爵とともに数々の宮廷改革に乗り出したヘーゼルタインも一九九〇年に引退し、副秘書官であったサー・ロバート・フェローズが秘書官に昇格した。そして王室にとっての激動の時期にフェローズが秘書官になってくれたことが、長い目で見た時に女王と王室にとっては大きな幸運をもたらした。

フェローズは、王室がノーフォークに所有するサンドリンガム・ハウスの管理人サー・ウィリアム・フェローズの長男として生まれた。父は国王ジョージ六世とは狩猟仲間であり、彼が女王秘書官に就任したとき、女王は大喜びでこう語ったという。「彼は私が自分の腕で抱えた唯一の秘書官なのよ」。

第二次世界大戦の前半期、一九四一年にロバート少年が生まれたとき、一五歳のエリザベス王女はこの赤ん坊を抱くことがあったようである。イートン校を経てスコットランド近衛連隊に入隊した後、フェローズはシティで一〇年ほど働いた。一九七七年のチャータリスの引退とともに秘書官補の一人として抜擢され、ヘーゼルタインの下で副秘書官として一三年の経験を積んだ後に、かつて自分を抱きかかえてくれた女王を今度は支えていく最高責任者となったわけである。

フェローズと王室との関係はこれだけではなかった。女王秘書官補に就任した翌年、一九七八年に彼は一人の美しい女性と結婚した。レディ・ジェーン・スペンサ。スペンサ伯爵家の次女である。この三年後の一九八一年七月に、妻ジェーンの妹が自分のお仕えするご主人様の御曹司と結婚することになろうとは、さすがのフェローズにも想像できなかったに違いない。レディ・ダイアナ・スペンサである。宮廷で仕えて四年の内に、フェローズは皇太子妃の義兄となっていた。

それだけではなかった。さらにその五年後、一九八六年七月には、女王の次男アンドリュー王子が結婚した。お相手はセーラ・ファーガスン嬢。チャールズ皇太子のポロの指導員なども務めたロナルド・ファーガスン陸軍少佐の次女である。このファーガスン少佐もまた、フェローズの母方の従兄にあたった。彼自身の母であるジェーンと少佐の父アンドリュー・ファーガスンが兄妹の関係にあったのである。

なんとフェローズは宮廷に仕えて一〇年もしないうちに、女王の息子二人の妃たちの親戚となっていた。しかしこの姻戚関係が、フェローズにとってみればまさに諸刃の剣のような存在となってしまったのである。

サー・ロバートが女王秘書官に就任した一九九〇年代は、ある意味で王室にとっては苦難の時代であった。サッチャーの長期政権が一九九〇年一一月に終結し、翌年早々には湾岸戦争に直面した頃だったが、王室の慶事が続いて華やかだった一九八〇年代とはうって変わって、一九九二年には悲劇が重なった。チャールズ皇太子とヨーク公爵（アンドリュー王子が結婚とともに叙爵）が共に夫人との別居に踏み切ったのである。加えて、アン王女も正式に離婚した。

さらに、この年の一一月二〇日にはウィンザー城で火災が発生し、甚大な被害を出してしまった。その日はちょうど、女王とエディンバラ公の結婚四五周年にあたっていた。この年の暮れの晩餐会で、女王はこう演説した。「今年は本当にひどい年でした（Annus Horribilis：ただし、ラテン語の正確な引用となると、Annus Horrendus のほうが正しいようである）」。

こうしたなかで、フェローズはこの「ひどい年」をひとつの契機として、二一世紀に向けての王室改革を推進するために、王族たちとともに協議する会議を立ち上げた。一九九四年の九月に始まったこの組織は、「前進（Way Ahead）グループ」と名付けられ、女王夫妻や王子・王女、他の王族、そして宮廷官僚たちを構成員とするものだった。

極秘のうちに進められた会合ではあったが、一九九六年八月にはマスコミにリークされてしまう。協議の内容は一七〇一年に制定された王位継承法（Act of Settlement）の改正など、さまざまな改革についてである。たとえば、王位の継承順位も「男性優先」とされており、アン王女は次子であるにもかかわらず、弟のアンドリュー一家、エドワード一家に次ぐ継承権しか与えられていない。これを男女同権にしてはどうか、との話し合いもなされた。

あるいは、王族にはカトリック教徒との結婚も相変わらず禁じられている。女王の許可を得ればカトリック教徒と結婚できないことはなかったが、その場合には王位継承権も放棄しなければならない。事実、一九七八年六月にカトリック教徒でドイツ貴族の令嬢マリー・クリスティーヌと結婚した、女王の従弟（父ジョージ六世の弟ケント公爵の次男）にあたるケント公爵家のマイケル王子は、これにより王位継承権を放棄したのである。また、これとも関連するが、イギリスの君主がイングランド国教会の首長を兼ねるのも時代遅れではないかとの協議もなされたという。

こうした検討事項は、二〇一三年に王位継承法の改正として実現していく。

ダイアナ事件とフェローズの働き

このような王室改革の必要性が浮上するうえで、ある意味で決定打となったのが皇太子妃ダイアナの存在だった。チャールズ皇太子との別居が決まった一九九二年、アンドリュー・モートンにより『ダイアナ妃の真実』が出版され、皇太子とかつての恋人カミラ・パーカー・ボウルズ夫人との不倫が、ダイアナにとって自らの心身の疲労と破局の決め手になったと暴露された。王室に与えたダメージは大きかった。義兄でありながらダイアナの行為を止められなかったとして、フェローズは秘書官からの辞任を申し出るが、女王により一蹴されてしまう。

たしかに、これはフェローズの責任ではない。それどころか、今後ますます問題が紛糾するであろう雰囲気が立ち込めていたなかで、彼の存在は王家とスペンサ家とのあいだで重要な媒介役になりえた。

他方で、女王もこのままダイアナを放置しておいては危険だと察知した。彼女はダイアナが危険な存在であることに、王室でも真っ先に気がついた人物だった。四〇年以上におよぶ君主としての経歴を積むうちに、女王の人を見る目は並大抵のものではなくなっていたのである。

別居した後も、ダイアナは準独立的な立場で活動することを許された。皇太子妃付きの秘書官パトリック・ジェフソンもそのまま業務を続けることとなり、報道担当秘書官には女王付きの副報道秘書官だったジェフリー・クロフォードを充てることにした。

チャールズ皇太子はこれに反対だったとされているが、前者はセント・ジェームズ宮殿（皇太子の宮廷）、後者はバッキンガム宮殿（女王の宮廷）がそれぞれ責任と費用を担当し、今後もダイアナを「監視」していくことになった。そしてジェフソン、クロフォードと頻繁に連絡を取り合ったのが、フェローズであった。

一九九六年八月二八日、皇太子夫妻の離婚が正式に成立した。一五〇〇万ポンドの慰謝料やケンジントン宮殿での居住権、王子二人に関する共同の養育権などが条件だった。それと同時に、ダイアナは今後も「Her Royal Highness（王族の女性に与えられる殿下）」の称号を名前に冠することまで要求してきたが、これは女王と二人だけの会見の席で放棄することを約束したようである。同じ年には、セーラもヨーク公と離婚していた。二人の結婚からちょうど二〇年。フェローズは宮廷に入って二〇年目のその年に、二人の親戚を宮廷から失ってしまった。

その翌年、一九九七年八月三一日の午前一時少し前。フェローズの下で副秘書官を務めていたサー・ロビン・ジャンヴリンは、けたたましく鳴り響く電話の音に驚かされた。彼は女王に随行して、王室の避暑地スコットランドのバルモラル城に来ていた。電話の相手はなんとフランス駐在のイギリス大使だった。ダイアナ前皇太子妃と恋人のドディ・アルファイドがパリで交通事故に遭い、重体だというのである。

ジャンヴリンは急いで母屋へ駆けつけ、女王と皇太子に事態を説明した。ニュースは瞬く間に拡がっており、ノーフォークに帰っていたフェローズも、義妹の容態について何か連絡が入っているかとバルモラルに電話をかけてきた。しかしダイアナは、ドディとともにその日のうちに亡くなった。それからの一週間は、イギリス中が何か得体の知れない雰囲気に包まれていった。

ダイアナの死はちょうど日曜日のことだった。女王は、離婚後にマスコミにしばしば登場しては王室を蔑《ないがし》ろにするダイアナには複雑な感情を抱いていた。日曜の礼拝はバルモラルで普段どおりに済ませた女王一家だったが、同じ時、ダーラムのセジフィールドにある教会で礼拝を済ませた別の人物は違っていた。この年の五月の総選挙で四一八議席を獲得して、首相となっていたトニー・ブレアである。彼は礼拝後すぐに報道陣と会見を行い、「彼女は人々から愛された民衆のプリンセスだった」と述べた。

これとは対照的に沈黙を守る女王の姿は、国民からは「冷たい」と受け取られてしまったが、それに焦りを感じたのが、故人の義兄でもあるフェローズ女王秘書官だった。王室も何かメッセージを打ち出さなければならない。テレビの報道では、イギリス各地から無言の人々がロンドンに集まり、バッキンガム宮殿やケンジントン宮殿のゲートの前には花やカードがうずたかく積まれていた。ダイアナの葬儀で何らかの弔意を示さなければ、王室は終わってしまうかもしれない。

そこでフェローズは、女王付きの報道担当秘書官に昇格していたクロフォードや副秘書官のジャンヴリンらと、密かに計画を練ることにした。「オーバーロード（大君主）作戦」と名付けられたこの極秘プロジェクトは、ダイアナの葬儀が執り行われる予定の九月六日までのあいだに、王室が演ずるべきシナリオを作成し、それを実行に移すことにあった。

ご存じのとおり、第二次世界大戦の後半期にナチス・ドイツを叩きつぶす西部戦線（第二戦線）の構築を実現するために遂行した、ノルマンディ上陸作戦（一九四四年六月）の別名と同じである。今回の「D＝デイ（作戦決行の日）」は六月六日ではなく、九月六日だ。ダイアナが亡くなった当初は、宮内長官エアリ伯爵、ブレア首相、そしてダイアナの実弟スペンサ伯爵のあいだで、葬儀はあくまでも私的なものとして質素に執り行うという計画が出されていた。しかし、イギリスのみならず世界中を悲しみに巻き込んでいるかのような状態に対応して、葬儀は「準国葬」のようなかたちにすべきであると改められていく。

さらに問題となったのが、女王と旗だった。タブロイド各紙は、女王が何もコメントを寄せず、ロンドンから五〇〇マイル（八〇〇キロメートル）以上も離れたバルモラルから帰ってこない様子に、いっせいに非難を浴びせた。「あなたの国民は悲しんでいる。話しかけてください陛下」（『ミラー』）、「あなたの哀悼を見せてください」（『エクスプレス』）。

さらにバッキンガム宮殿に追悼の半旗を掲げるべきではないかとの声も寄せられた。「我らが女王はいずこに？　彼女の旗はどこに？」（『サン』）、「宮殿に半旗を掲げよ」（『デイリー・メール』）。

自分たちが大金を払って情報をリークさせるパパラッツィがダイアナの事故死の原因となっていながら、よくもこのような見出しを一面に掲げられたものである。とはいえ、これはたしかに当時の国民の多くの声を反映していた。

ロンドンに戻ってきていたフェローズは、クロフォードらと侃々諤々の議論を続けていたが、九月三日にはひとつの結論に達した。バッキンガム宮殿に半旗を掲げようというのである。しかしジャンヴリンによれば、女王は反対だった。通常、バッキンガム宮殿に女王が滞在しているときには、「女王旗（Royal Standard）」が掲げられる習慣になっている。この時は女王はバルモラルにいたので、もちろん宮殿のポールには旗はなかった。

フェローズはここに半旗を掲げたいと申し出たが、女王が許さなかった。そこで、葬儀の時に女王旗ではなく「国旗（Union Jack）」を、半旗のかたちで出してほしいと要求した。「女王は冷徹なまでに現実感覚を備えたお方である」、「なぜそうすべきなのかを明確に説明できれば、すぐにも実行なさるお方なのだ」という元側近の言葉にもあるとおり、ついに女王も了承した。

あとは、葬儀の前日までに女王一家がロンドンに戻ってきて、テレビを通じてスピーチ

バッキンガム宮殿の正門に到着したエリザベス女王（1997年9月5日）。うずたかく積まれた花束の量に圧倒されている。（写真提供：ロイター／アフロ）

を行うべきだろう。女王の四五年にわたる在位期間の中でも、最も重要なスピーチになるかもしれなかった。フェローズらは慎重に下原稿を準備した。九月五日の午後、ついに一家がバッキンガム宮殿に戻ってきた。

ここでも、演出が功を奏した。黒塗りのロールスロイスが、宮殿前に集まる群衆の目の前を素通りするのもよくない。ゲートの前で車は停まり、女王らは民衆の前に姿を現した。一五歳のウィリアムと一三歳のヘンリに直接声をかける者もいた。彼ら王子たちはゲートに近づけない人たちのために花を受け取り、供えた。喪服に身を包んだ女王も、一般市民たちとしばし語らった。
そこへ、一一歳の女の子が五本の赤バラを持って女王に渡した。「これを門の前に供えてあげましょうね」。「いいえ陛下、これはあなたのために持ってきました」。群衆から拍手が鳴り響いた。フェローズたちは胸をなで下ろした。この直後の午後六時から、BBCのテレビ・ニュースで女王はスピーチを行った。画面を直視する女王はこう語り出した。

日曜日の恐るべき知らせ以来、私たちはイギリス中、そして全世界がダイアナの死を悼んでいる様子を見てきました。……この喪失感を表現するのは容易なことではありません。最初に受けた衝撃は、しばしば他の感情と入り交じってしまうものだからです。疑惑、無理解、怒り、そして残された者たちへの興味。私たちはこうした感情をこの数日間抱いてきました。ですから、女王として、さらには孫たちにとっての祖母として、私が心から伝えることができるのは、今はこれだけなのです。

このスピーチでマスコミや民衆の怒りは収まった。翌六日、葬儀は予定通り行われた。王室のメンバーも九七歳の皇太后まで含め、すべて出席した。ケンジントン宮殿を出発した棺は、バッキンガム宮殿、議事堂前を通過して、葬儀の行われるウェストミンスタ寺院に到着した。世界中で一〇億人以上の人々がテレビ中継に釘付けになったと言われる。

こうして、一九三六年以降の王室にとって最大の危機と言われた「ダイアナ事件」は幕を閉じた。その後、ドディの父ムハンマド・アルファイドにより、二人は謀殺されたとの告発はあったものの、それ以上の進展は見られず、王室は救われたのである。フェローズ秘書官らが果たした役割は決して小さくはなかったし、最後の段階で女王が良識を示したことで、民衆騒擾にまで発展することはなかった。

ジャンヴリンと二一世紀の王室

一九九〇年代という「王室受難の一〇年」を乗り越えたサー・ロバート・フェローズは「ダイアナ事件」の二年後、一九九九年に秘書官から引退した。まだ五八歳という年齢だったが、この直後にフェローズ男爵の爵位を受けて、宮廷生活からは完全に離れた。

後任の秘書官には、サー・ロビン・ジャンヴリンが副秘書官から昇格した。ジャンヴリンはダートマスの王立海軍コレッジを卒業後、しばらくはイギリス海軍に勤務した。その後、外務省に入省し、北大西洋条約機構（NATO）のイギリス大使館に入り、ブリュッセルで二等書記官と一等書記官を経験する。

その後、一九八〇年代初頭にはニューデリー駐在イギリス大使館に一等書記官として赴任し、女王のインド訪問にも尽力して、この時にロイヤル・ヴィクトリア勲章の勲四等を与えられている。一九八七年からは女王付きの報道担当秘書官に転じ、一九九〇年からはフェローズの下で秘書官補、次いで九六年からは副秘書官に就いていた。

「ダイアナ事件」のほとぼりはある程度冷めたものの、王室に対する民衆の目は依然として厳しい部分もあった。とりわけ、事故死でダイアナが一時的に神格化されてしまった時には、チャールズ皇太子と「愛人」カミラは怨嗟の対象となっていた。チャールズはダイアナの死後、カミラとの関係を女王に認めてもらうためにも、女王秘書官たちの協力は不可欠と感じていた。

すでに事件の翌年、一九九八年には、当時まだ副秘書官だったジャンヴリンに「いまパーカー・ボウルズ夫人が来ているので、一杯飲みに来ないか」などという誘いが、セント・ジェームズ宮殿から皇太子秘書官補のスティーヴン・ランポートを通じて来ていたが、良識あるジャンヴリンはもちろん断っていた。

とはいえ、いつまでも放置しておくわけにはいかない。二〇〇〇年六月に前ギリシャ国王コンスタンディノス二世の六〇歳の誕生日会がチャールズの肝いりで行われたとき、女王は意を決してこれに出席することにした。この会にカミラが招かれていることも、事前に知ってのうえである。実はこの前にジャンヴリンが「私的に」カミラと会っており、その人柄なども信用できるとの報告を受けていたのだ。

その後、女王とカミラとの関係は徐々に深まり、二〇〇五年四月にチャールズとカミラは晴れてウィンザーで結婚式を挙げることとなった。その間に、女王と皇太子とのあいだを取り持ったのが、女王秘書官サー・ロビン・ジャンヴリンと皇太子秘書官サー・マイケル・ピートの二人であった。

そしてジャンヴリンが秘書官に就いてからの最大のイベントが、女王の在位五〇周年記念の式典だった。この国ではヴィクトリア女王（一八八七年）以来、実に一一五年ぶりのゴールデン・ジュビリーである。シルバー・ジュビリーの時とは違ったかたちで、国を挙げてのイベントにしたかったが、二〇〇二年の王室は悲しみとともに幕を開けた。二月九日、女王の妹マーガレット王女が七一歳で亡くなり、次いでこの娘の死にショックを受けて、三月三〇日にはエリザベス皇太后が崩御した。一〇一歳での大往生ではあったのだが。

一九四五年五月八日に、ヨーロッパでの世界大戦が終結し、バッキンガム宮殿のバルコニーから国民に手を振った五人の人物のうち、エリザベス二世を除いた残りすべての人々が世を去ったのである。孤独を感じる一方で、女王は六月初旬、派手やかにゴールデン・ジュビリーを祝った。今回も黄金の馬車がロンドンを横断し、女王をセント・ポール大聖堂へと運んだ。その脇には、サー・ロビン・ジャンヴリン以下、女王の宮廷で働く影法師たちの姿が控えていた。

終　章

秘書官と二一世紀の君主制

イングランド国教会の幹部と歓談するチャールズ皇太子。向かって右側に当時の秘書官のサー・マイケル・ピートの姿がある。（写真提供：Tim Graham Photo Library via Getty Images）

女王陛下の一日

それでは現代のイギリス王室の中核たるべきエリザベス二世は、どのような一日を送っていたのか。王室のホームページ「イギリスの君主制（The British Monarchy: http://www.royal.gov.uk/）」をもとに再現してみよう。

女王陛下の目覚めは早い。まずは朝食後に、その日の主要な新聞のほとんどに目を通す。特に、王室に関わる記事は見逃さない。午前九時頃から、世界中から届く二〇〇から三〇〇ほどの手紙を振り分けていく。返事は、よほどのことでない限りは送られるが、もちろん女王本人からではない。秘書官事務局と、女王付きの女官たちとのあいだで、返事は分担されて送られていく。

それが済むと、女王は秘書官、副秘書官、秘書官補たちとその日の日程についてミーティングを行い、一時間ほどの書類整理がなされる。女王のもとには、世界中からさまざまな公式文書が届けられる。政府や各省庁からは内閣文書や外交文書、コモンウェルス各国からも行政・外交文書が届けられる。かの有名な「赤い箱《レッド・ボックス》」である。

一日に何百通もの文書が赤い箱に入れられ、秘書官たちが整理した後に、陛下の御前に届けられるわけだ。そのひとつひとつに目を通すのだが、なかには陛下の署名が望まれる書類もある。法令ともなれば、陛下による裁可（Royal Assent）が必要となる。

その合間を縫って、女王は公人たちとお会いになる。外国から特命を帯びて派遣されてきた大使・公使たち。あるいは、イギリスから世界各国へと派遣される大使たちや陸海空軍の司令官たち、イングランド国教会の主教たち。そして裁判所の判事たちの認証式なども行われる。次に、文学や科学、芸術などで優れた功績を残した人々への表彰や、王室メンバーが後援者を務める団体で何かの受賞をした人々なども宮殿に招かれて、陛下としばし歓談する。

これらの人々に割かれる時間は、一人（もしくは一組）あたり一〇分から二〇分である。必要に応じては、閣僚や枢密顧問官と国政に関する話し合いも行われる。

そして重要なのが、叙勲のセレモニーである。今日、イギリスでは毎年、新年の叙勲（一月）と女王誕生日の叙勲（六月）の二回、各界の功労者たちへの叙勲が行われている。日本での春秋（四月・一一月）の叙勲と同じである。

しかし、一年に二四一二人（二〇二二年の統計）にもなるため、授与式は何度か（三〇回以上）に分けて行われる。陛下が一度に与える数は一三五人までとされている。一人一人の首や胸に勲章を着けたり勲爵士《ナイト》の場合には肩に剣を置いたりと、大変な「作業」ではあるが、これを午前一一時頃から一時間ほどでこなしてしまう。なお、女王が九〇歳を過ぎてからは、チャールズ皇太子、アン王女、ウィリアム王子も叙勲式を分担するようになった。

女王は基本的には、昼食は私的に召し上がるのを好まれるが、二カ月に一回はこれまた各界の功労者を、エディンバラ公とともにゲストとして昼食会に招くことになっている。

午後は基本的には屋外での行事に参加なさる。毎年、イギリス全土から一〇〇〇件以上の招待が女王のもとには届く。もちろん、そのすべてに陛下が参加するのは不可能である。そこで女王秘書官事務局が、他の王族たちに付く秘書官たちと連絡・相談のうえ、公務を振り分けていく。それでも、最晩年の女王自身が引き受けた行事は一〇〇件に及んでいた。

その主なものは、公共施設の定礎式や開館式、記念像や記念碑の除幕式、学校・病院・施設・軍隊などへの慰問・訪問などである。こうした各種行事に参加するため、女王は飛行機・ヘリコプター・列車・自動車などを駆使して、まさにイギリス中を駆けめぐっているのである。

女王と首相が双方ともにロンドンにいる場合には、毎週火曜日の夕方六時半からバッキンガム宮殿で会見が行われる（ブレア政権以後は毎週水曜日となった）。基本的には二人きりで、場合によっては女王秘書官を交えて意見を交換する。ただし、会見内容はすべて極秘であるため、何がどのように話し合われたのかはわかっていない。

しかし、議会の解散・総選挙、内閣の総辞職、宣戦布告、栄典の授与など、国政の中枢に関する問題は、これまでの諸章からもおわかりのとおり、こうした女王＝首相会談ですべて話し合われているのである。たとえば、二〇〇三年三月のイラク戦争への派兵などは、当然のことながらブレア首相が国軍の最高司令官である女王に相談し、許可を得たうえでのことである。

さて議会の会期中は、夕刻七時半から、その日の審議内容などが逐一女王に報告される。そして同じく夕刻からは、女王はレセプションや晩餐会などに出席しなければならない。それは外交団との晩餐会であったり、商工業の各種業界の顕彰式であったり、王立美術院や英国学士院の年次晩餐会であったり、あるいはオペラ・ミュージカル・演劇・映画などのプレミア・ショーである。そして、宴は深夜まで続くこともある。こうして女王陛下の長い一日は終わる。

伝統儀礼の中枢として

以上は、主には女王がロンドンのバッキンガム宮殿に滞在していたときの、典型的な一日の様子である。これ以外にも、女王は行事を主催したり、他の行事へ参加しなければならない。特にそれが目白押しなのは、イギリスでも「唯一」天候のよい五月から七月頃にかけてであろう。王立美術院の年次展覧会で幕を開け、六月第二土曜日の公式誕生日、その直後にはガーター勲章のセレモニー、ロイヤル・アスコット競馬などである。

さらに、年に四回はバッキンガム宮殿とスコットランド（ホーリールードハウス宮殿）で、各界の功労者を集めての園遊会が催される。一度のパーティーに来る招待客の数は八〇〇〇人に及ぶ。そして、夏は基本的には、スコットランドのバルモラル城で休暇を取られる。九月半ばにはロンドンに戻り、例年ほぼ一一月半ばに始まる議会の開会式にも出席して、政府の施政方針演説たる「女王演説」を行わなければならない。このとき、女王は世界で最も豪華な王冠を頭に載せて演説を行う（序章扉参照）。貴族院の玉座まで行進し、その後は玉座で演説を読み上げ、再び宮殿に戻るのである。午前一一時一五分に議事堂の旗を国旗から女王旗に替えて陛下をお迎えしてから送り出すまで、一時間以上はかかるであろう。

その間、女王は王冠を脱ぐこともできない。世界で二番目に大きな三一七・四〇カラットもある「カリナンⅡ（通称アフリカの星Ⅱ）」や「聖エドワードのサファイア」、「黒太子のルビー」など三一七四個に及ぶ宝石をあしらったこの「帝国の王冠《インペリアル・ステイト・クラウン》」は、総重量二ポンド一三オンスと一・三キログラムに近い重さである。このとき女王は、さらにガーター勲章の頸飾も首からかけている。女王のものは特別にダイヤモンドであしらわれているので、この黄金製の頸飾も一キロは超える重さとなろう。これを二〇一七年四月に満九一歳になったときまで女王は身につけていたのである。

一一月には、第一次世界大戦の終戦記念日（一一日）に最も近い日曜日が、その後の戦争でのすべての戦死者たちをも偲ぶ「追悼の日（Remembrance Day）」、いわゆる戦没者追

1952 年に即位してからほぼ毎年続けられた。写真は女王最後のクリスマス・メッセージ（2021 年 12 月）。（写真提供：代表撮影 / ロイター / アフロ）

悼記念日となっている。毎年、女王をはじめ王族の多くがホワイトホールにある記念碑に花を捧げ、喪服にポピーを着けて英霊を追悼している。そしてクリスマスの時期には、祖父ジョージ五世以来恒例となった、国民（コモンウェルスも含まれる）への「クリスマス・メッセージ」が行われる。最近では場所や背景を変えて、テレビで国民に直接メッセージを寄せている。

国制の中枢として

このように、イギリスの歴史とともに生みだされ、定着していった数々の行事において、その儀礼的な中核を占めるのが女王であるとすれば、このような政治文化の「ソフト」の部分だけでなく、「ハード」の部分でも、女王は重要な役割を占めている。それはこれまでの叙述からもおわかりいただけたであろう。

政権交代の際に、歴代君主が果たした役割は今日でも変わってはいない。一九八〇年代以降は、二大政党のいずれかが総選挙のたびに過半数を獲得して、首相の交代の際に大きな問題が生じることもなかった。とはいえ、イギリス政治に問題は山積みである。ブレア政権にほころびが見え始めたイラク戦争の問題。あるいは、今後も議論が紛糾するであろうヨーロッパ連合（EU）との関わり。これらをめぐっては、労働党内にも保守党内にも意見の対立が見られる。

これまでのイギリスの政治史を振り返ってみると、この国は常に二大政党制の国だったわけではない。いくつもの党派に分裂したり、三大政党が拮抗するような状況も見られた。そのようなときに君主が調整役を務めて政争を収めた例も多く、今後もいつまたそうした事態が起きるかわからない。

たしかに、君主や王族自身が国政に直接的に関わる機会は減っている。王族として閣僚となった者などほとんどいない。近代史における唯一の例外が、一八二七～二九年に海軍長官としてトーリ政権に入閣したクラレンス公爵（後のウィリアム四世）ぐらいのものであろう。また、近年のマーストリヒト条約にもとづけば、女王をはじめすべての王族には、ヨーロッパ議会の議員に立候補することも許されているのだ。

しかしエリザベス女王を筆頭に、そのような「野心」を掲げている王族は一人もいない。さらに、ブレア政権による昨今の貴族院改革で、王族議員はほとんど議席を失ってしまった。彼らは下院を舞台にした政治に関与できないわけでもないが、それにも決して手を出そうとはしていない。王族は現実政治に直接的に関与しないという方針が貫かれている。

それでは、君主の政治権力や役割は失われてしまったのであろうか。同じくブレア政権による一連の改革で、一九九九年五月から、スコットランド議会（Scotish Parliament）がおよそ三〇〇年ぶりに復活した。スコットランドの地域に関わる課税・福祉・住宅・治安・教育など、種々の法を制定できる新しい立法機関である。女王はこの開会式に駆けつけ、毎年の議会に深く関わっている。

同様に、一九九九年五月からはウェールズ議会（National Assembly for Wales）も始まり、「ウェールズ大公（Prince of Wales）」であるチャールズ皇太子とともに、やはり開会式には女王の姿が見られた。これらに加え、一九九八年から設置された北アイルランド議会など、「地方分権化」が進むイギリスにおいて、女王の存在はこの連合王国を統轄する頭首として、ますます重要視されている。

さらに、女王は英国国教会の首長である。正確にはイングランド国教会ということになるが、同時にスコットランド国教会（ここでは政教分離の強い考え方から女王は首長ではない）にも深く関与している。近年の欧米先進国に見られるキリスト教の世俗化に伴い、毎日曜に教会に行く人々の数は激減しているが、それでも彼らは「ゆりかごから墓場まで」、冠婚葬祭のほとんどすべてをキリスト教に依存している。

宗教的な信仰心は薄れているかもしれないが、それでもやはりイースターやクリスマスは祝うし、二〇〇一年にアメリカで生じた九・一一テロのときや、二〇〇五年七月のロンドン・テロのときにも、追悼の礼拝が各地で開かれている。その最たるものがロンドンのセント・ポール大聖堂やウェストミンスタ寺院で行われた、女王主催の追悼礼拝であった。

女王はいまだに「国制（Constitution）」の要として、この国の政治文化に深く関わっているのである。

世界の中の女王陛下

そして忘れてはならないのが、女王の国際的な役割であろう。エリザベス二世は、単に「グレート・ブリテン及び北アイルランド連合王国」の国家元首であるばかりではない。カナダ、オーストラリア、ニュージーランドからジャマイカ、パプア・ニューギニアにまで至る他の一四カ国の元首でもあったのだ。

それだけではない。これらの国々をも含めて、戦後イギリスから独立を果たした世界中の旧植民地諸国から構成される「コモンウェルス」の首長でもある。二〇二二年現在、五六カ国がそのメンバーである。中には、イギリスではなく旧ポルトガル領植民地であったアフリカのモザンビーク（一九九五年加盟）のような国まである。

そのすべての人口をあわせれば二五億人にまで及び、世界の総人口の三〇％以上を占める。これらコモンウェルス諸国のなかで、女王が訪れたことのない国はアフリカのカメルーン（一九九五年加盟）、ガボン（二〇二二年加盟）、ガンビア（同）だけで、残りのすべては、半世紀以上にも及ぶ長い在位のなかで歴訪している。

しかも、カメルーンはモザンビークと同じような背景を持ち、元々はドイツ帝国の植民地だったものが、第一次世界大戦後に南東部をフランス、北西部をイギリスが委任統治として管理し、第二次大戦後に北部はナイジェリアに、西部が旧フランス領にそれぞれ編入され、連邦共和国として独立した。ところが、独立当初はフランス共同体（フランス版のコモンウェルス）に加盟していたカメルーンはその後脱退してしまい、一九九五年にモザンビークとともにコモンウェルスに加わったのである。

コモンウェルス首脳会議は二年に一度、加盟国のいずれかが主催国となって行われる。二〇〇三年一二月にはナイジェリアの首都アブジャで、そして二〇〇五年一一月にはマルタでそれぞれ開催された。そのいずれもが、首長たる女王陛下によるスピーチで幕を開けたのである。思えば、コモンウェルス諸国とイギリスとの関わりに、王室はなくてはならない存在だった。一八九七年六月のヴィクトリア女王の在位六〇周年記念式典は、まさに

「帝国」が主題となる世紀の祭典となった。

エドワード七世以降の歴代国王たちは、皇太子時代にみなインドやカナダなど主要な帝国を訪問するのが習わしとなった。そして第二次世界大戦のときには、帝国防衛のために王族自身が総督として派遣されることもあった。ヨーロッパでイギリスが孤立し、「ブリテンの戦い」が始まった一九四〇年七月からはアスローン伯爵（メアリ皇太后の実弟で、夫人はヴィクトリア女王の四男オルバニ公爵の長女）が、いざというときに備えてカナダ総督に着任した。

また大戦末期の一九四五年一月からは、日本への包囲網を見据えて、王弟グロウスタ公爵がオーストラリア総督に任ぜられた。さらに大戦後の一九四七年三月、独立までの最後の五カ月間をインド総督として調整にあたったのが、国王の又従弟にあたるマウントバッテン伯爵だった。いずれも、ここぞというときには国王の近親者たちが統轄の任に就いている。

そもそも女王自身が「エリザベス王女」から「エリザベス女王」へとその身分を変えたのは、ロンドンでもウィンザーでもなく、なんとケニア訪問中のことだった。戴冠式を終えた翌一九五三年一一月から、カナダ、バミューダ、ジャマイカといったアメリカ地域から、フィージー、トンガを経て、ニュージーランド、オーストラリアといったオセアニア、セイロン（現・スリランカ）、アデン、ウガンダ、マルタを通って、五四年五月にジブラル

コモンウェルス首脳会議の開会式で演説を行うエリザベス女王（2005 年 11 月マルタにて）。（写真提供：AP/ アフロ）

タルに到着するまでの、長いコモンウェルス歴訪の旅を早々に開始していた。

これ以後、二〇一五年一一月にコモンウェルス首脳会議出席のためにマルタを訪れたときまで、延べ三五〇以上の国・地域を回った計算になる。総延長でいっても、地球を四二周したことになる。もちろん女王だけではない。女王の傍らには、常に夫君エディンバラ公の姿があった。

さらには、チャールズ皇太子をはじめとする王族のすべてが、女王の名代としてコモンウェルスを訪問している。中には、チャールズ皇太子（一九六六年にオーストラリア）、アンドリュー王子（一九七七年にカナダ）、エドワード王子（一九八二年にニュージーランド）

のように、コモンウェルスで数カ月間教育を受けた子どももたちもいる。二〇〇五年七月に、チャールズ皇太子の長男ウィリアム王子は、女王の名代として初の公務に臨んだ。それがニュージーランド訪問だった。

ハンサムな王子は、この地球の裏側でも大変な人気ぶりで、フットボール（ラグビー）の試合に興じる一方で、大戦での英霊に花を捧げ、退役軍人会でも老兵たちと意気投合し、病院や福祉施設などさまざまな場所を訪れて、「未来の国王」の名に恥じぬ公務を成し遂げた。それも、イギリス王室に馴染みの深い、コモンウェルスのひとつだからこそできたのかもしれない。肌の色も宗教も言葉も違う世界中の国々が、「女王と英語」を媒介に、二一世紀の今も結ばれているのである。

女王の国際的な役割はそれだけではない。コモンウェルス以外の、いわゆる「外国」とのあいだで見られる「王室外交」こそが、近現代イギリスにとっての国際戦略の真骨頂のひとつなのである。エリザベス二世は一九五五年六月のノルウェー・スウェーデン以来、二〇一五年六月のドイツ訪問まで、延べ九五回の海外公式訪問を行っている。

それは最初のノルウェー（ホーコン七世国王は曾祖母アレキサンドラ王妃の甥で、モード王妃は曾祖父エドワード七世の娘）とスウェーデン（ルイーズ王妃がエディンバラ公の叔母）といったいわば親戚の国から、地理的にも遠く、血縁関係のない日本（一九七五年）、中国（一九八六年）、韓国（一九九九年）といった東アジアの国々まで、文字通り、世界を股にかけての訪問である。

それ以上に女王自身も、世界中から国賓としてイギリスを訪れた王侯貴族や大統領たちを、このバッキンガム宮殿で半世紀以上にわたって歓待してきた。ド・ゴールやチトー、ネルー、マンデラといった歴史的な巨人たちもいた。

おじいさんから孫の世代まですべてと顔見知りであるのも、この半世紀以上の在位を誇る女王にしかできない「芸当」である。昭和天皇から徳仁天皇までのすべてと親しい日本の例など、その典型であろう。またアメリカ大統領の一四人、ローマ教皇の歴代六人とも会っているのは彼女だけかもしれない。

この半世紀のあいだに「国家」の数が増え、その政体も変遷を遂げてきた。「世界の中の女王」の歴史は、そのまま第二次大戦後の現代世界史であったといっても過言ではなかろう。

女王秘書官事務局の仕事

このような女王の日々の生活を支えているのが、宮廷で働く人々である。宮内長官を統轄者に、現在、イギリス王室で女王に仕える常勤のスタッフは三六八人に及ぶ。ヴィクトリア女王の時代には六〇〇人以上もいたのだから、時代とともにその数が減ってきているのも事実だが。

宮廷は大きく六つの部局に分かれる。それは、秘書官事務局（Private Secretary's Office）、手許金会計官事務局（Privy Purse & Treasurer's Office）、宮内長官事務局（Lord Chamberlain's Office）、王室家政官部局（Master of the Household's Department）、王室厩舎部局（Royal Mews Department）、王室収蔵品部局（Royal Collection Department）の六つである。

手許金会計官事務局は、王室財政の運営・管理にあたる。先に記した一年を通じての儀礼（叙勲も含めて）は、すべて宮内長官事務局が担当している。また王室の宝石類の管理、桂冠詩人（Poet Laureate）や宮廷楽長（Master of the Queen's Music）といった「お抱え芸術家」、さらにはイギリス国内の白鳥管理官（イギリスではテムズ川の白鳥はすべて陛下の所有物である！）までもが、ここに所属している。

王室家政官事務局は執事や女中、料理人といった、いわば女王の身の回り（衣食住）のお世話をするスタッフを統轄する。王室厩舎は女王の馬の世話係であり、特別の式典の際に使用する黄金の馬車から、普段の儀礼で用いる馬車などの管理・整備も行っている。ヴィクトリア時代にはロンドンに二〇〇頭、ウィンザーなどに一〇〇頭以上の馬を有していた王室であるが、今では全部で三〇頭となっている。そして王室収蔵品部局は、言わずと知れた世界に誇るイギリス王室所有の美術品や図書類などの保存・管理・修復にあたる。

これ以外の職務のすべてを担当するのが、女王秘書官事務局である。組織図を参照して

イギリス女王秘書官事務局組織図

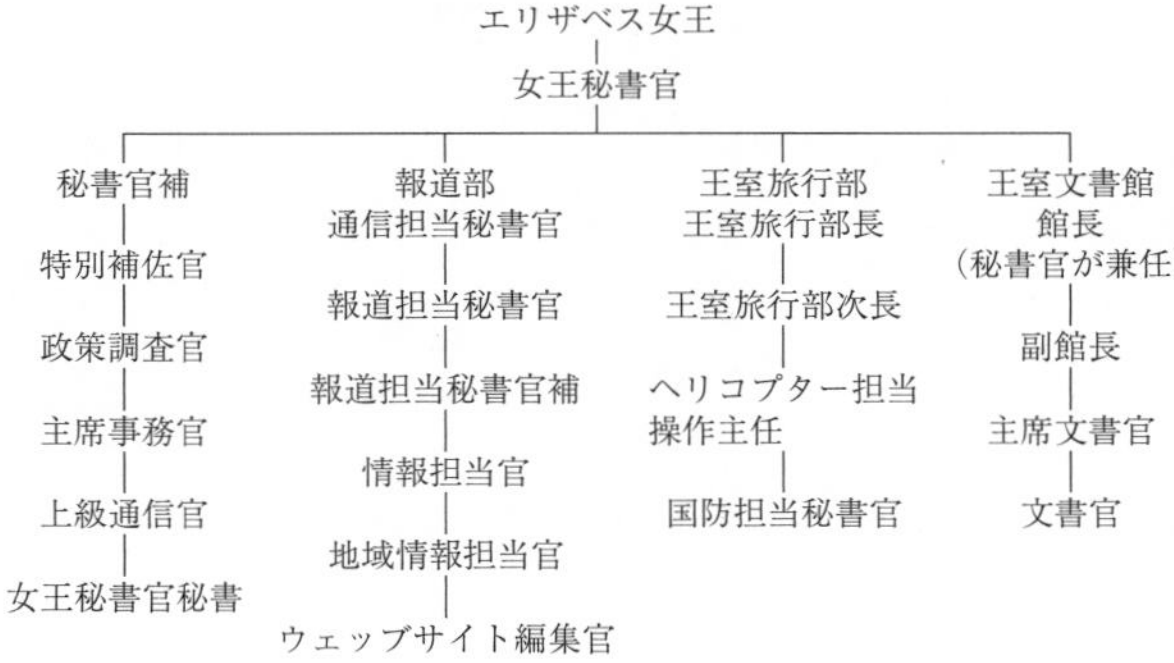

Brian Hoey, *At Home with the Queen* (HarperCollins, 2002), x-xi より作成。

いただきたい。秘書官を筆頭に、秘書官補、特別補佐官や政策調査官などがおり、王室と政府とのあいだを取り結ぶ事務のすべてを担当している。ご覧のとおり、女王秘書官自身にも「秘書官」がいるのだ。ほとんど手弁当のようなかたちで女王秘書官を始めたグレイやポンソンビの時代とは隔世の感がある。

さらに王室と「外部」とのコンタクトのいっさいは、「通信担当秘書官（Communications Secretary）」が取り仕切る「報道部（Press Office）」の担当である。そもそも報道部はヴィクトリア女王の時代から始まり、その頃から登場しつつあったマスコミ対策にあたる部局だった。もちろん、王室の広報も担当している。世界恐慌から第二次大戦の時期（一九三一～四四年）には、一時、報道担当秘書官（Press Secretary）の職が廃止され、国王秘書官補が兼任していたが、戦後改めて復活した。

第五章にも記したとおり、戦後の王室に対する国民からの風当たりが強くなるなかで、報道担当秘書官は極めて重要な位置づけを与えられることになった。それは、ヘーゼルタイン（一九六八〜七二年）やジャンヴリン（一九八七〜九〇年）のように、報道担当秘書官を経てから女王秘書官補、さらには秘書官にまでのぼり詰めるような人物が登場するようになったことからも容易に推察されよう。

エリザベス皇太后やマーガレット王女などに一時は個別の報道担当秘書官を付けたこともあったが、一九九一年以降には、バッキンガム宮殿の報道部が王族すべてについて、マスコミ対策や広報のいっさいを担当している。なお、この部局にいる「情報通信官（Information and Correspondence Officer）」というのは、先にもあげたが、毎日二〇〇通から三〇〇通は寄せられる女王への書簡類を選り分けて、送り主に返信を送る作業を行っている。

通常、書簡の内容が国全体や地域の政策に絡んでいたり、あるいは陳情である場合には、当該の機関と連絡し調査を行ったうえで、秘書官事務局からの返信となる。書簡の内容が女王へのお祝い（誕生日や王族の結婚など）の場合には、女官からの返信となる。また、送り主がコモンウェルス諸国（女王が国家元首を務める）の場合には、当該の総督府から返信を送らせている。さらに、女王が個人的に送る祝電などのメッセージも年間一万三〇〇〇件に達するが、それもすべて情報通信官が業務を担当している。

インターネットを通じた情報化社会に対応していくためにも、一九九七年には、この章の冒頭でも紹介した王室の公式ウェッブサイトも立ち上げられた。ここには、イギリス王室のメンバーのプロフィールや活動状況、王室の歴史や役割、財政状況、王室収蔵品や勲章の紹介など、実に細やかに情報が盛り込まれている。現在六人いる情報通信官のうちの一人は、このウェッブサイトの編集を任されているのだ。特にこのサイトは写真が豊富に使われており、これまた報道部が一括して扱う王室の「公式写真」が、何か行事があるごとにすぐにサイトに掲載されている。

さらに、女王が公務のため旅行する際の交通機関の手配のすべては、王室旅行部（Royal Travel Office）の担当となる。この中には、「国防担当秘書官（Defence Service Secretary）」という役職も見られる。これは女王（ならびに王族）と国防省・統合幕僚本部とを媒介する役職で、女王秘書官事務局の所属となる。

一九六四年に陸海空軍の三省が国防省として統合された時に、この役職も設置された。通常は、陸海空軍の少将クラスが三年交替の輪番制で就くことになっている。国軍の最高司令官である女王と国防省・幕僚本部とを女王秘書官を経由して仲介するとともに、女王を筆頭とする王族たちが観閲式や観艦式に臨むにあたって、その行事・通信・交通のすべてを担当する。このため便宜上、王室旅行部の所属となっているわけである。

そして、「はじめに」にも記したが、一七六〇年（ジョージ三世即位の年）以来の歴代君主や他の王族たちが残した書簡・日記・日誌を中心とする、王族たちに関わる文書の保管・整理・修復にあたっているのが王室文書館（Royal Archives）である。一九一一年にジョージ五世によって、ウィンザー城のラウンド・タワーの中に創設された。

ここにはヴィクトリア女王の日誌やジョージ五世の日記、さらには当時の主要政治家や外国の君主たちから送られた書簡類など貴重な史料が収められている。実は本書自体も、そうした文書をもとに書き上げられたのである。ここの館長も女王秘書官が兼任しており、実際には主席文書官（Registrar）が事務のすべてを取り仕切っている。

女王秘書官のお給料は？

以上のように、女王や他の王族たちが公務に携わる際に、そのすべてを裏方として支えるのが秘書官事務局の役割である。そして最高責任者としてそのすべてを統轄するのが、女王秘書官ということになる。格式のうえでは、宮廷官職の最高位は宮内長官ではあるが、毎日女王と接して、「国家元首」として、さらには「国教会の首長」、「国軍の最高司令官」としての彼女を国家の各機関と連絡を取りながら補佐しているのは、間違いなく秘書官とその配下のスタッフたちである。まさに「女王陛下の影法師」として、常にその身に寄り添って仕えているのだ。

その女王秘書官の給与は、現在どうなっているのであろうか。二〇〇五年度の「王室費（Civil List）」報告書によれば、サー・ロビン・ジャンヴリンの年給は一六万七〇〇〇ポンド（日本円にして三八四一万円ほど）となっている。この金額は女王手許金会計長官アラン・リードの一八万二〇〇〇ポンド（日本円にして四一八六万円ほど）に次ぐ高給であり、各省庁の事務次官とほぼ同額となっている。

実は彼らより高給を得ている者がいる。何と秘書官の配下にある通信担当秘書官のサイモン・ウォーカー（二三万ポンド）である。しかし彼の場合には、王室・政府の要請で英国航空（British Airways）からの「出向」のかたちでこの役職に就いており、給与の大半は会社から支給され、陛下が彼に支払っているのはそのうちの四万ポンドにすぎない。

しかも、女王手許金会計長官には年金は支給されないが、女王秘書官は六〇歳になると年額三万九〇〇〇ポンド（日本円にして八九七万円ほど）も支給されるのである。サー・ロビンは一九四六年の生まれだから、二〇〇六年度から対象となるわけだ。

一九世紀後半にグレイやポンソンビが秘書官になったときには、年給二〇〇〇ポンドであった。もちろん、その当時の物価やインフレ率などを考慮に入れなければならないが、それでも今日の女王秘書官たちはかなりの高給を得ていることになる。

さらに特典は年金だけではない。女王の特別の計らいによって、長年奉仕してくれた秘書官たちは王室の所有建造物にそのまま住むことも許されている。たとえば、チャータリスの次の秘書官となったムーア男爵などは、引退後もロンドン郊外（南西部に二四キロほど）のハンプトン・コート宮殿の一郭で生活していた。彼はサセックスに屋敷があったのだが、こちらのほうが交通の便もよいし、ロンドン郊外とは思えないほどの自然にも恵まれている。しかもここは、一六世紀半ばにヘンリ八世が大法官ウルジから「没収」した贅を尽くした宮殿でもあるのだから、住み心地も格別であろう。

とはいえ、秘書官たちがみな贅沢な暮らしをしているのかと言えば、そうでもない。先の女王秘書官フェローズなど、やはりケンジントン宮殿内のオールド・バラックスに住んで職務をこなしていたが、毎朝バッキンガム宮殿まで黒塗りの高級車で通勤していたわけではない。自ら運転する「自転車」だった。現在のジャンヴリンにしても実に質素な生活をしている。いかに高給取りとはいえ、ジョージ四世時代のマクマホンやブルームフィールドのような顰蹙《ひんしゅく》を買うほどの贅沢など、いっさいしていないと言ってよい。またそうした彼らだからこそ、マスコミや世間の好奇の目から、女王陛下を守ることもできるのである。

ウィンザー城ラウンド・タワー。女王秘書官が館長を兼ねる王室文書館がこの中にある。

「ジョージ七世」の挑戦

二〇〇五年一二月、チャールズ皇太子は突如マスコミに向けて、「今後は自分をチャールズではなくジョージと呼んでほしい」とのコメントを発表した。いったいなぜなのか。たしかにチャールズという名前は彼のクリスチャンネームの筆頭にくるものであり、家族のあいだでもこの名前で呼ばれている。

しかし「チャールズ」は、イギリス王室にとっては甚だ不吉な名前でもある。この名前で王位に即いた最初の人物、チャールズ一世（在位一六二五～四九年）は議会と事あるごとに衝突し、ついにはイングランドを内乱にまで至らしめ（日本では俗に「ピューリタン革命」と呼ばれる）、一六四九年一月にイギリス史上初めて公の場で処刑された国王となった。その息子のチャールズ二世（在位一六六〇～八五年）は王政復古とともに帰国し、慎重な性格だったので父の二の舞だけは避けられたが、大陸に亡命中カトリックに改宗してしまい、それが従弟のフランス国王ルイ一四世によるイングランド攻略の可能性を高めてしまう原因となった。

また、その弟のジェームズ二世（在位一六八五～八八年）は父と同じ轍を踏んでしまい、俗に「名誉革命」と呼ばれるクーデタで玉座を逐われてしまった。さらにその孫のチャールズは、ドイツ系の親類が国王となっているのに反発し、自ら「チャールズ三世」を名乗って一八世紀半ばに反乱を起こしている。反乱は鎮圧されたものの、これ以後、チャールズを名乗るイギリス国王はついぞ現れることはなかった。

チャールズ皇太子がこのままの名前で王位を継げば、「チャールズ三世」となろう。先の反乱者はスコットランド民謡「愛らしき《ボニー》チャーリー」にその名を残しているものの、もちろん王位僭称者《プリテンダー》であって正式な王ではない。したがって、現皇太子が「三世」になるのが道理となるが、この名前では継ぎたくなかったのだろう。

やはりここは、ハノーヴァー王朝、ついでウィンザー王朝において、この国に伝統的な王の名前となっている「ジョージ」で継ぎたいというのが皇太子の本心のようであった。

しかし、二〇二二年九月の母王の死とともに、彼は最終的に「チャールズ三世」として王に即いた。長年、世間から親しまれた名前から離れられなかったようだ。

　しかし周知のとおり、一九九二年のダイアナ妃との破局と一連の騒動、そして九七年の「ダイアナ事件」以来、皇太子に対する国民の風当たりは極めて強い。二〇〇五年春の世論調査でも、エリザベス女王の次の国王にはチャールズ皇太子ではなく、その長子ウィリアム王子がふさわしいのではないかという声が聞かれるほどである。この「ダイアナ」という暗い影から抜け出すためにも、エリザベス女王に劣らない側近を抱えて、プロパガンダに訴えなければなるまい。

　チャールズ・フィリップ・アーサー・ジョージ王子は一九四八年一一月一四日の夕方、国王ジョージ六世の長女で王位継承者第一位のエリザベス王女の長男として誕生した。しかし、まだ三歳と三カ月になったばかりの王子を突然の出来事が襲った。祖父の死である。このため、母がエリザベス二世として即位しなければならなかった。まだまだ母親を必要とする年頃だったにもかかわらずである。一〇歳を迎える年の一九五八年の六月二六日には、チャールズは「ウェールズ大公《プリンス・オブ・ウェールズ》」に叙せられる。すなわち皇太子となったのである。

　正式な叙任は、二一歳を迎える年の一九六九年七月一日に王室ゆかりの場所、ウェールズのカーナヴォン城で行われた。この間、一九六七年からはケンブリッジ大学のトリニティ・コレッジに学び、卒業後の七一年三月から五カ月間は王立空軍コレッジ、ついで九月からは王立海軍コレッジ（ダートマス）に入り、海軍士官としての生活がスタートする。一九七五年からはさらに幹部候補生のためのコレッジ（グリニッジ）に進み、この間に遠洋航海（一九七五年一～七月）も経験し、七六年末に海軍を離れることとなった。

最初の秘書官

このように、正式に皇太子として叙任されてから最初の数年間は、チャールズは海軍将校としての生活を送っていた。その彼に「皇太子秘書官」が付けられたのは一九七〇年のことだった。デイヴィッド・チェケッツ空軍少佐である。チェケッツは一九六一年からエディンバラ公爵付きの侍従武官を務めていたが、六六年二～七月にチャールズ皇太子が交換留学生としてオーストラリア（メルボルン近郊の高校）に行くことになったとき、彼のボディガード兼秘書官のような立場でこれに随行することとなった。

この時以来、チャールズは彼を兄のように慕うこととなった（チェケッツはチャールズより一八歳年長だった）。帰国後、チェケッツは皇太子付きの侍従武官に転身し、一九七〇年から秘書官となった。この年の三～四月に、二人は女王夫妻、アン王女とともにオーストラリアを公式訪問した。二人が出会った思い出の土地である。その帰路、皇太子一行だけは別行動を取り、当時日本で開催されていた大阪万博に立ち寄り、翌年にイギリスを半世紀ぶりに訪問する予定となっていた昭和天皇から歓待を受けた。

チェケッツは、早くからチャールズ皇太子の優れた能力に気づいた一人だった。一九七六年末をもって皇太子が海軍を退いてしまうと、この二八歳の青年には何の仕事もなくなってしまう。実はこの一〇年前の一九六六年の時点で、オーストラリアから帰国する早々に、当時の女王秘書官アディーンに「殿下をオーストラリア総督に任じて、将来君主になるときに備えるべきです。殿下はそのような資質をもっておられる」と進言したのがチェケッツだった。

その後、皇太子は大学・海軍を経ていたので、この問題は棚上げとなっていたが、一九七六年ともなると話は変わってくる。翌年には、女王は在位二五周年を迎える。いつまでも皇太子に職務を与えないと、ヴィクトリア女王の下で不遇時代を過ごした、あのバーティ（後のエドワード七世）のようになってしまう。

しかしチャールズは、バーティと異なり、活躍の場を見出すことができた。五年にわたる海軍生活を終えたチャールズ皇太子は、何か世の中のためになる組織を立ち上げたいと切に望むようになった。チェケッツがこれを手助けをし、「皇太子財団《プリンス・トラスト》」を設立した。

自分は金銭的には恵まれた環境に育ち、教育も充分に受けた。しかし世の中には高校や大学に行けない若者も大勢いる。それが理由で職に就けない者も巷にはあふれかえっていた。ちょうど石油ショックの直後で、イギリス経済がどん底の状態にあったときのことである。そこで皇太子は、一八歳から三〇歳までの若者を対象に職業訓練を無償で施し、世の中に出ていくための組織として財団を立ち上げることにした。最初の資金は海軍からの退職金七四〇〇ポンドだった。

この提案に女王夫妻から反対の声が上がったが、チャールズ皇太子とチェケッツの熱意と説得が功を奏して、一九七六年四月に皇太子財団は女王から認可を受けた。これ以後、財団は皇太子にとってかけがえのない「仕事場」となった。

設立から三〇年が経過した二〇〇六年の時点で、財団の資金は年五〇〇〇万ポンドとなった。一万五〇〇〇人ものボランティアの協力のもとで、イギリス全土に九カ所の支部を持つに至った財団は、これまでに七〇万人の若者たちを社会に送り出してきた。王族が設立した財団がこれほどまでに社会に貢献した例は少ないだろう。

チェケッツは一九七九年に秘書官から勇退した。チャールズが皇太子として正式に叙任された最初の一〇年間は、この兄のようなチェケッツのおかげもあって、彼に将来の君主になるべき自信を与えることに成功した一〇年でもあった。

不遇の一〇年間

チェケッツの後を受けて皇太子秘書官に就任したのは、エドワード・アディーンだった。

母エリザベス女王の秘書官を一九年にわたって務めたサー・マイケル・アディーン（当時はアディーン男爵）の長男である。父と同じくイートン校からケンブリッジ大学モードリン・コレッジへと進んだエドワードだが、軍人の道を歩んだ父とは異なり、彼は法律家の道へ進んだ。

やがて、父と宮廷との関係もあって、一九七九年に四〇歳となった彼は皇太子付きの秘書官に抜擢されたのである。父がアディーン卿、そして曾祖父があのスタムファーダム卿である。ヴィクトリア女王の時代から続く宮廷官僚の家に生まれ育った彼は、父や曾祖父と同様に謹厳実直な性格を備えていた。それがチャールズにとっては甚だ迷惑だったのだ。アディーンは、しばしば自分の助言を無視して行動する皇太子に苛立ちを感じていた。「皇太子は人を思うがままに操るのが得意」と友人にも洩らしていた。

特に一九八〇年代に入り、皇太子が建築問題や環境問題・農薬問題などに積極的な発言を行い、物議を醸すことが増えていったが、慎重なアディーンとしてはこのような言動には反対だった。加えて、一九八四年からは、これまた違う意味でマスコミから注目の的となるダイアナ皇太子妃の秘書官まで兼ねなければならなくなり、アディーンの忍耐にもついに限界のときが訪れた。

一九八五年初頭に、アディーンは秘書官からの辞任を申し出た。彼は父親譲りで、宮廷内の行政手腕には長けていたのだが、仕える主人とはどうしてもそりが合わなかったのだ。

この謹厳実直な皇太子秘書官は、ある意味で、エドワード八世の秘書官を務めたハーディングなどに近く、自分自身が尊敬できるような人物、たとえば曾祖父が仕えたジョージ五世や、父が仕えたエリザベス二世のように同じく謹厳実直な人物でないと、仕事する気にならなかったのであろう。

アディーンの後任に選ばれたのは、金融界出身のサー・ジョン・リデルだった。一六二八年から続く准男爵《バロネット》の家柄で、当人は一三代目である。同じチャールズでも、チャールズ一世の時代に叙されたわけだ。イートン校からオクスフォード大学のクライスト・チャーチを経て、銀行家としてシティで活躍した。妻は、イングランド銀行総裁を務めたリチャードソン男爵の長女だった。

このように家柄としてはまったく問題のないリデルだったが、自身は「貴族」ではなく(准男爵は正式な爵位貴族ではない)、シティには顔が利くが宮廷にはほとんど馴染みのない存在だった。優雅でウィットに富んだ人物だったので、堅物のアディーンとは異なり、すぐにチャールズの宮廷にもとけ込んでいった。しかし宮廷を取り仕切る行政手腕という点では、残念ながらアディーンのほうがはるかに上だった。一九八九年の暮れに、リデルは再びシティに戻ってしまう。

一九九〇年初頭にチャールズ皇太子が四代目の秘書官に任じたのは、今度は陸軍軍人だった。王室警護の師団長を務めていたサー・クリストファー・エアリ少将(第五章に出てきた宮内長官のエアリ伯爵とは関係ない）である。しかしこの人選は大失敗だった。確かに軍人としての名声は確立していたものの、エアリには行政手腕がまったくと言っていいほどなかったのである。皇太子の宮廷内部にも不協和音が響くようになった。翌九一年の春に、皇太子はエアリを解任せざるを得なくなってしまう。

アディーンからエアリに至る三人の人物がチャールズの秘書官を務めていた一〇年間は、後から考えてみれば、皇太子にとって運命的とも言いうるような重大な時期でもあった。一九七九年八月に最愛の大叔父マウントバッテン卿がアイルランド共和軍（ＩＲＡ）のテロに斃れ、その葬儀のあとに出会ったダイアナ・スペンサと電撃的に結婚（一九八一年七月）する。

しかし性格も趣味もまったく異なる二人は、すぐさま破局へと向かってしまう。皇太子夫妻の関係は最悪となっていき、ダイアナの相次ぐ自殺未遂や、皇太子自身のカミラとの不倫が重なった。一九九二年には別居することになり、アンドリュー・モートンによるダイアナ伝の刊行により、最終的な悲劇へとつながってしまう。

その大切な一〇年間に、皇太子が心から信頼できるとともに、皇太子を温かくも厳しく見守り、カミラ問題への適切な対処、ダイアナとの関係修復などに尽力できるような秘書官が欠如していたことも、後の悲劇の重要な要因になったのだろう。その意味でも、チェケッツの引退は少々早すぎたと言うべきだろうか。「万年皇太子と言われた先人」バーティことエドワード七世の皇太子時代を三〇年にわたって支えたノウルズのような役割を、チェケッツに託してもよかったのではないかと思われる。

エアリの後任には、チャールズお気に入りのリチャード・エイラード海軍少佐が就いた。彼は一九八五年から皇太子付きの侍従武官を務め、八八年からは秘書官補としてリデル、エアリを補佐してきていた。エイラードは個人的にチャールズと仲がよく、皇太子にとっても初めての年下（四歳年少）の秘書官となった。彼は秘書官補時代から皇太子の重要なスピーチの作成に協力し、皇太子から絶大な信頼を寄せられていた。ただ若い（秘書官就任時に三九歳）ということもあって、リデル（退任時に五九歳）が辞任した後に、すぐに秘書官に昇格できなかった。

エイラードは、彼を就任早々待ち受けていた皇太子夫妻の別居、モートンの暴露本問題、皇太子夫妻の正式な離婚（一九九六年）、そして「ダイアナ事件」といった一連の騒動に巻き込まれたものの、これに巧みに対処していった。そして二〇〇二年、一一年にわたる秘書官生活に終止符を打つ。チャールズに仕えた皇太子秘書官としては、最長の記録であった。

ピート秘書官とのプロパガンダ作戦

エイラードが退いた後に、チャールズ皇太子によってある意味で「スカウト」されたのが、六代目の秘書官となったサー・マイケル・ピートであった。皇太子より一歳下のピートは、ロンドンでも指折りの会計事務所「ピート・マーウィック・マクリントック」の創設者ウィリアム・ピートの曾孫として生まれた。イートン校、オクスフォード大学トリニティ・コレッジを経て、フランスで修士号も取っている。

一九七二年から一族の会計事務所に勤めるようになった。ここで思いがけず王室との関係が生まれた。彼の事務所は長年、王室の財政問題についてコンサルタントや調査を行ってきたが、一九八〇年代のエアリ宮内長官＝ヘーゼルタイン女王秘書官による王室改革の一環として、財政改善のためにどのような対策がとれるかを諮問されてもいた。一九八六年末にピート（前年には事務所の代表の一人となっていた）が直々に作成した報告書は、何と一三九三ページにも及び、改善すべき点として指摘されたのは一八八項目にものぼった。

これに感銘を受けたのが女王であった。翌一九八七年から、ピートは女王手許金会計官事務局の会計検査官に任命され、王室全体の財政顧問の役割も果たすこととなった。さらに一九九〇年には王室の財政資産運用部長に任命され、女王手許金会計長官だったサー・シェイン・ブルウィットと協力して、年に二五六〇万ポンドも節約することに成功した。

一九九三年には、それまで兼任を続けてきた会計事務所の代表からも辞任し、九六年にはサー・シェインの引退に伴い、ついに女王手許金会計長官に抜擢される。各種税金も支払わなければならなくなり、王室のヨット「ブリタニア号」まで手放さざるを得なくなった王室財政は、彼のおかげで見事に改善されたのである。一九九八年には、彼はロイヤル・ヴィクトリア勲章勲二等（KCVO）を与えられ、「サー」・マイケル・ピートとなった。

このサー・マイケルに目を付けたのが皇太子だった。女王が在位五〇周年を迎えた二〇〇二年、ピートは女王手許金会計長官を辞任し、新たに皇太子秘書官に就任したのである。チャールズとピートがまず検討したのが、「ダイアナ事件」以後傷ついてしまった皇太子自身の好感度をアップさせることだった。

これまで皇太子は、先に紹介したような、慈善福祉活動は「地道に」行ってきたのであるが、そのような活動に皇太子妃になってからたかだか一〇年ほどしか携わっていなかったダイアナのほうが、活躍したかのような理解が広がっていた。それを正していくためにも、皇太子の活動をもっと丁寧に公表すべきである。

秘書官に就任した翌年、ピートは『慈善活動のために（*Working for Charity*）』というパンフレットを刊行した。これまでチャールズが皇太子財団をはじめ、職のない若者たちのためにどれだけ貢献してきたか。さらには、無農薬の野菜や乳製品、ビスケット、ジャムなどをコーンウォールの所領にある農場で作り、販売していること、地域問題・環境問題・建築問題での提言、芸術や教育の新興、福祉医療への救援など、公共の福祉に関わるあらゆる問題に積極的に取り組んでいる姿が、豊富な写真とともに紹介されている。

圧巻は最後の数ページに列挙されている、皇太子が会長あるいは後援者を務める各種団体のリストである。総計で三六〇に及ぶこれらの団体すべてに、皇太子は深く関わっているのだ。

このパンフレットは功を奏した。それまで慈善活動はダイアナの十八番《おはこ》だとばかり思っていた一般の人々のチャールズに対する目が、徐々に変わってきつつあった。これは一過性のパンフレットにしているだけではだめだ。翌二〇〇四年から、皇太子は毎年の活動記録を『年次報告書（*Annual Review*）』のかたちで刊行することになった。

第一回のものは、二〇〇三年四月一日から二〇〇四年の三月三一日までの記録であり、皇太子の国内外での公務、福祉活動、販売商品（Duchy Originalsという商品名で売られている）、収支決算報告など、単なる彼自身のプロパガンダだけではなく、王室のあり方、君主制の意味といったあらゆるものを含んだ報告書となっている。

『年次報告書』は毎年刊行されている。それは冊子だけでなく、皇太子専用のウェブサイト（http://www.princeofwales.gov.uk）からもダウンロードできるようになっている。二〇〇五年版（二〇〇四年四月～二〇〇五年三月）のものによれば、この一年間で皇太子がこなした公務の数は五〇一件である。イギリス国内では八二の都市を訪れ、三五の州を回っている。そのうち海外での公務は一〇三件を占める。

この年度は、二〇〇四年一二月二六日に起きたスマトラ沖地震に関連してスリランカを訪問し、被災地を訪れて可能な限りの救援を約束した。皇太子は地震発生直後に、自らが総裁を務めるイギリス赤十字にウィリアムとヘンリの両王子をすぐに派遣して、救援物資の梱包運搬作業を手伝わせている。これ以外にも公務のかたちで、ヨーロッパ・アメリカ・中東を歴訪している。

また皇太子財団を筆頭とする一六の団体を、新たに「皇太子慈善財団《プリンスズ・チャリティーズ》」としてひとつにグループ化し、ここで一括して後援できるようにもした。それは、まさに二〇〇三年に出されたパンフレットにある職業訓練・教育・健康・建築・環境・芸術振興など、皇太子が特に力を入れている一六の団体からなり、イギリス最大の規模を誇る慈善団体となっている。一年間に援助される資金額は一億一〇〇〇万ポンド（当時約二〇八億円）にも達した。

皇太子がロンドンのクラレンス・ハウス（二〇〇三年からセント・ジェームズ宮殿に代わり皇太子の宮廷となっている）で催したレセプション、セミナー、午餐会、晩餐会の数は六八回で、七四〇〇人の招待客が集まった。またグロウスタシャーにある皇太子の私邸ハイグローヴ・ハウスでの催しは二一回、招待客は二三〇〇人となっている。クラレンス・ハウスで催したレセプションのなかには、二〇〇四年七月に開かれた「ロンドンのタクシー運転手たちとの夕べ」というものまであった。大観光都市ロンドンの交通安全を守ってもらうためという意図もあったようだ。

皇太子を支える影法師たち

冊子やウェッブサイトを通じての皇太子の活動記録が世間に大きな反響を与えている姿を見て、バッキンガム宮殿のほうも徐々に年次報告をひとつにまとめる方向に向かいつつある。ピートの任用によって、今やクラレンス・ハウスのほうが王室全体を先導しているかの感さえある。そのクラレンス・ハウスで二〇〇二年から皇太子を支えているスタッフは九四人（非常勤職員も含む）に及んだ。そのうちの一九人が、サー・マイケル・ピートを筆頭とする皇太子秘書官事務局で働いている。

2004年に発行された初めての『年次報告書』の表紙（チャールズ皇太子より著者に送付されたもの）。

ピートは皇太子の宮廷に関わるすべてを統轄し、特に女王・政府・国教会とのコンタクトや、皇太子の所領であるコーンウォール公爵領やその他の所領について担当している。彼を支える副秘書官にはエリザベス・ビューカナンが就いており、皇太子財団や経済界との関わり、農業・環境問題や皇太子の警護を担当している。その下の秘書官補は三名で、それぞれが業務を分担してサー・マイケルを補佐している。

さらに二〇〇五年からは、四月に結婚したばかりのコーンウォール公爵夫人（カミラ）に関わる専任の秘書官補と、ウィリアム、ヘンリの両王子のための非常勤の秘書官を付けるようになった。秘書官事務局以外には、バッキンガム宮殿と同様に会計財政官事務局、家政官部局、そして慈善団体関連の事務局が置かれている。

もちろん、通信担当の事務局も今では不可欠の機関である。皇太子には年間四万件を超える取材等の申し込みが殺到するが、そのすべてに対処していくのが通信担当秘書官と報道担当秘書官、ならびにその配下のスタッフたちである。

特に、二〇〇五年一月から四月にかけては、ヘンリ王子の「ナチス制服事件」に始まり、カミラ・パーカー・ボウルズとの婚約・結婚など、皇太子の私的な部分へマスコミの関心が高まったが、通信担当秘書官パディ・ハーヴァーソン以下九名の働きで問題もなく終わった。彼らはバッキンガム宮殿の報道局と連携をとりながら、イギリス王室の一角を担う皇太子の宮廷に関する全責任を負っている。

バッキンガム宮殿で作成される王室のウェブサイトにも、もちろん皇太子一家の情報は掲載されるが、それとは別に、より詳細な情報はクラレンス・ハウスで作成される皇太子専用のサイトで流れる仕組みになっている。このように、未来のイギリス国王として即位するにあたって、皇太子もまた母王と同じく多くの側近たちに支えられながら、その準備に余念がなかったのである。

二一世紀の皇室と宮内庁の役割

それでは日本の皇室には、この君主秘書官に相当するような役職は存在しないのか。近代日本の天皇家は一八六九（明治二）年に設立された宮内省によって支えられ、第二次世界大戦後の一九四七年に宮内府、次いで四九（昭和二四）年に総理府外局の宮内庁となっている。

二〇〇一（平成一三）年の中央省庁再編以降は、宮内庁は内閣府の管轄下にある。その統轄者は宮内庁長官である。宮内庁のホームページ（http://www.kunaicho.go.jp/）と、同庁長官官房総務課報道室の広報係よりの教示によれば、二〇二二年一月現在で宮内庁の職員総数は一〇七九名となっている。長官の下には庁務を整理する宮内庁次長がおり、六つの部局からなる内部部局を統轄している。

イギリス王室では秘書官事務局の管轄下にある貴重な文書類の整理も、日本では書陵部の担当となる。皇居や御用邸などの維持・管理や馬の世話などは管理部の仕事である。皇室の中枢に関わる総務や財務、皇室財産などについては長官官房が担当する。皇族の身辺の世話と御璽・国璽の保管は侍従職が、皇太子ご一家の宮廷については東宮職が、そして儀礼や外国元首との交流などに関しては式部職がそれぞれ統轄している。なお、宮廷の楽部も式部職の管轄に入る。

本書でこれまで見てきたような、君主と政府とのあいだを取り持つとともに王室の広報活動にも関わるといった、女王秘書官事務局のように広範な仕事を担当する部局は日本にはない。戦後の四半世紀近くにわたり宮内庁長官を務めた宇佐美毅氏によれば、「内閣から色々上奏の書類が宮内庁に参りますが、長官には関係なく、侍従職の者が陛下にご覧に入れ、ご承認を得て内閣に返す形になっております」とのことである。すなわち、宮内庁長官はイギリスの宮内長官（Lord Chamberlain）と同じく、皇室の儀式や外国の大公使の接受、さらには皇族の結婚などについては深く関わるが、大臣等による内奏や政府文書の内覧といった天皇と政府とのあいだの取り次ぎ役は、「侍従」の役割ということになる。

しかし、皇室関係の重要事項の調査・審議・立案については宮内庁長官直属で、審議官が統轄する長官官房で行われ、参事官がその事務にあたっている。天皇・皇后の国内における「お出まし」については長官官房総務課が、皇室の報道・広報に関しては同課報道室が特に担当しており、上記のホームページもここで作成されている。さらに、皇室に関わる情報の開示などについては長官官房秘書課の役割である。秘書課では、先にあげた皇室に関わる重要事項の調査・審議・立案が同課調査企画室で行われてもいる。

このように、イギリス王室の女王秘書官事務局が担うような職務は、日本の皇室では長官官房と侍従職とで分担していると言ってもよかろう。

長官官房秘書課は現在四〇名、同総務課は三〇名の職員を抱えている。規模としてはイギリス王室にも匹敵しうるかもしれない。侍従職もこれに準ずる体制で、日々の皇族の生活に密接に関わっているわけだが、天皇と政府との仲介役を務めるという点では、侍従長以下の侍従職の役割は極めて大きいと言わざるを得ない。

特に戦前には、内大臣という宮中（天皇）と府中（政府）とをとり結ぶ重職がきちんと制定されていた。特に大正時代に入ると、桂太郎や大山巌、松方正義といった元老が兼ねるかたちで内大臣を務め、最後の元老である西園寺公望の意向もあり、平田東助（一九二二～二五年）や牧野伸顕（一九二五～三五年）の時代には、内大臣は元老とともに後継首相の選定にあたる国家の最高職のひとつにまでなっている。

しかし、戦後の皇室改革で内大臣職は廃止され、首相の選定などには与れないものの、その後の政府と皇室との仲裁役としての職務は宮内庁長官ではなく、侍従長に引き継がれていったのである。それでは戦後の日本には、イギリスのような「影法師」は存在しなかったのか。

昭和天皇の影法師

二〇〇六年一月、松下正《きみ》さんというひとりの女性が東京都港区高輪で息を引き取った。享年九二だった。松下さんは、最後に意識を失った場所に、実に七〇年近くにわたって勤めていた。彼女の職名は「高松宮付侍女長」である。松下さんは二・二六事件の翌年、一九三七年に高松宮家の侍女として入り、一九七二年から高松宮喜久子妃が亡くなった二〇〇四年一二月まで侍女長を務めていた。

喜久子妃に仕えて六八年。八〇歳を迎えた頃、当時の宮内庁長官が「そろそろ引退しては……」と促すと、喜久子妃が「私の手足をもぎ取るつもりか」と迫り、松下さんの引退を一蹴したという逸話まで残っているそうである。

最晩年まで頭脳も明晰で、喜久子妃の関係者の名前や顔は言うに及ばず、電話番号まですべて暗記していた。喜久子妃のお気持ちなど尋ねる必要はない。目配せひとつで、すべて心中を察して行動できる、まさに側近中の側近であった。その喜久子妃が二〇〇四年暮れに亡くなり、無事に一周年祭の儀を終えて、その直後の大往生であった（『産経新聞』二〇〇六年一月一三日付）。

戦前の皇室には、このような侍従や宮務官・侍女の存在は珍しくなかったかもしれないが、松下さんのように、まさに戦前・戦中・戦後と皇室の長い歴史を目の当たりにするとともに、その生涯を皇族のために捧げた人物は、今や稀少になってしまった。天皇家以外の各宮家には、それぞれに宮務官や侍女が置かれており、侍側奉仕と事務とを分掌している。彼らはみな長官官房の統轄下にある。

しかし昨今では、長官官房の職員は各省庁からの出向者が多く、異動も多いのと同じように、宮務官や侍女なども松下さんのような「一生の天職」とはならなくなっているのであろう。それは仕方のないことかもしれない。イギリスでも、宮内長官や君主秘書官は長く務める人物が多いが、執事や侍女やそれ以下の使用人ともなると、給料が少しでも高い方の仕事にすぐに移ってしまうケースが多いようである。故ダイアナ妃の遺品を盗み出して競売にかけようとした疑いをもたれている人物たちなどは、まさにその典型例であろう。

他方で、第二次世界大戦後に危機に瀕した皇室は、イギリス王室が経験した近現代史の激動のさなかに、歴代君主を支え続けた秘書官たちに劣らない活躍をした側近たちに支えられて、今日に至ってもいるのである。

戦後の宮内庁を、「国民統合の象徴としての天皇」を補佐する重要な存在として定着させた第二代長官の宇佐美毅は、その四半世紀（一九五三〜七八年）に及ぶ在任期間のあいだに、数々の難問に直面してはその解決に尽力してきた。就任早々には皇太子（現・上皇）のご成婚問題があり、続いて昭和天皇の訪欧・訪米（一九七一・七五年）など、まさに最初から最後まで種々の問題に対応してきた。

特にアメリカ訪問については、ヨーロッパ訪問直後からその時期について政府と協議を続けていたが、一九七三年に日米貿易摩擦が深刻化したときなど、「こうした折に訪米されるのは結果として天皇の国政参与の疑いを招き、妥当とは言えない」と国会で毅然と発言している（保阪正康『昭和天皇』、三六八頁）。宇佐美は、戦後に「元首」ではなく「象徴」となった天皇を国政に利用されるのは、天皇の政治不関与という原則を壊すものであり、断じて反対するという立場を貫いた。

そして、内大臣職の廃止により、新たに天皇と政府との仲介役として浮上した侍従長にも忘れがたい人々が大勢いた。戦後二代目の侍従長、三谷隆信（一九四八〜一九六五年）は、フランス大使などを経た外務官僚からの転任であったが、一九五一年四月には天皇の名代としてマッカーサー元帥を羽田空港で見送り、五三年六月にはイギリスのエリザベス二世女王戴冠式に、やはり天皇の名代として参列することとなった明仁皇太子の随行団に加わり、戦後の日英関係の修復にも一役買っている。

しかし最も重要な存在であったのは、戦後四代目の侍従長を務めた入江相政（一九六九〜八五年）と、その後任の徳川義寛（一九八五〜八八年）であろう。二人は侍従時代から数えると、実に半世紀以上にわたって昭和天皇を支え続けた側近中の側近であった。入江は冷泉家の生まれであり、母は大正天皇の生母（柳原愛子）の姪にあたった。養父の入江為守も東宮侍従長や皇太后大夫などを務め、近代以降の皇室とも深い関係にあった。彼の姪（姉の娘）は、一九四一年に三笠宮百合子妃となっている。

学習院で国文学を教えていた入江は、一九三四年に侍従に抜擢され、以後、常に昭和天皇の側に仕え続けた。おべっかが嫌いな昭和天皇は、礼儀をわきまえつつも直言をはばからない入江をたいそう気に入っていたとされている。そのあたりのことは、随筆の名手でもあった入江が『侍従とパイプ』などでも若干記している。

几帳面な性格でもあった彼は侍従になって以降、毎日日記を付けており、それは没後に『入江相政日記』（全六巻）として刊行され、昭和史の貴重な一次史料として高く評価されている。その入江が、一七年間務めた侍従長からの勇退を決意したのが一九八五年秋のことだった。ところが引退の直前に、虚血性心不全で急死してしまったのである。享年八〇。この知らせを聞いて、昭和天皇はひどく悲しんだとされている。天皇に五一年間、仕え続けた生涯だった。

入江の後を継いだのは、やはり一九三六年から天皇の侍従となった徳川だった。尾張徳川家の末裔に生まれ、入江と共に戦前・戦中・戦後と昭和天皇を守り続けた。特に、一九四五年八月一五日の終戦を決定づけた「玉音放送」の録音盤を、陸軍将校から頬を殴られても守り通した逸話は有名である。侍従長としての在任はわずか二年半で終わってしまったが、やはり五二年にもわたって天皇家を支えてきた人物だった。

一九七一年秋に日本の天皇として初めての「外遊」が実現し、昭和天皇がヨーロッパを訪問したときにも彼らの姿はあった。また四年後のアメリカ訪問の際にも、三人揃って天皇を支えた。天皇自身も七四歳の高齢となっていたが、宇佐美（七二歳）、入江（七〇歳）、徳川（六九歳）といずれも年齢を感じさせず、アメリカにおける昭和天皇へのそれまでのイメージ（ヒトラーと同等視されていたような）を改めることに成功を収めた。日本史上、最も長い六二年に及ぶ昭和天皇の在位は、こうした宮廷官僚たちの支えによっても成り立っていたのである。

皇室の未来と影法師の存在

このように、職掌や職名などは若干異なるものの、現代の日本の皇室にも君主秘書官に相当する人物がおり、激動の二〇世紀の皇室を支え続けてきている。とはいえ、時代の流れもあるものの、二一世紀に入るや皇室はさまざまな波乱に巻き込まれたといっても過言ではなかろう。

二〇〇三年頃からの雅子皇太子妃の長期静養、それに続く二〇〇四年五月の徳仁皇太子による「人格否定発言」、そして同年一一月には秋篠宮による発言、が続いた。さらに二〇〇五年には、皇室典範の改正に関して有識者会議が開かれ、同年一一月には「女帝・女系天皇容認」の方向で見解がまとめられて、二〇〇六年の通常国会に法案として提出されることになった。その過程では、学識者などから女帝反対の意見も出されたが、皇族の主要メンバーのひとりである三笠宮寛仁親王からも女帝・女系の皇位継承には批判が寄せられた。

こうした一連の騒動を観察すると、現在の日本の皇室に欠けているものが皇族を支える「側近」であることに気づかされる。皇太子をはじめとする皇族方は、公式の記者会見であれ雑誌でのインタビューであれ、自らの見解を表に出す場合には極めて慎重にならなければならない。可能な限り事前に関係者と打ち合わせを行い、そのうえで発言されるべきではないだろうか。イギリス王室と同様に、皇室も年間数百を超える各種の公務に従事しており、そのたびにスピーチも行っている。

そのスピーチの原稿は、宮内庁の職員や侍従などとも念入りに検討することであろう。たとえば、昭和天皇が一九七五年の訪米時に、ホワイト・ハウスでの歓迎晩餐会で行ったスピーチの「お言葉」は、「アメリカ大使館で練り上げて、外務省にきてそこでまた練り上げて、それを総理大臣が目を通し、最後に宮内庁に」来ている。そして宮内庁では、天皇の口調や形容詞の使い方などについて喧々囂々たる議論を経るのである（宇佐美毅『皇室奉仕二十八年を顧みて』、三五頁）。これは後に、「太平洋戦争の負の記憶を最終的に終わらせた」とまで言われる重要な演説となった。

もちろん、日々の公務で、皇族方がここまで大切な演説を毎回行っているわけではない。しかしたとえ、小さな会合でのちょっとしたスピーチではあっても、事前にきちんと準備して行うのが普通であり、イギリスではすでに記したとおり、女王（あるいは各王族の）秘書官や報道担当秘書官などが下原稿を作ったりして、女王や王族と直に打ち合わせをして（場合によってはリハーサルも）「本番」に臨んでいるのである。

宮内庁にも、こうした仕事は割り当てられているのであろうが、しかし二〇〇四年以降の皇族の一連の会見や文章などを見ていると、そのような念入りな打ち合わせが果たしてあったのかと疑問を呈したくなる場合が多い。

皇太子時代の徳仁親王（東宮）に限って検討してみよう。東宮職に配置されているのは五〇名の職員である。東宮大夫がある意味で東宮における宮内長官のような役割となろう。皇太子の侍側奉仕は東宮侍従長が、皇太子妃の侍側奉仕は東宮女官長がそれぞれ統轄している。しかし二一世紀に入ってから、東宮侍従長は林田英樹氏（二〇〇一年一一月～二〇〇二年一〇月）、小林秀明氏（二〇〇二年一〇月～二〇〇五年九月）、末綱隆氏（二〇〇五年九月～二〇〇九年三月）と替わり、長期にわたって皇太子に仕える人物がいない状況が続いていた。

林田氏は東宮大夫に昇格し、二〇〇六年四月からは、雅子妃と長年のつきあいがある野村一成氏（外務省出身）に引き継がれているが、やはり天皇・皇后との連絡は天皇家が侍

ロンドン市長主催の晩餐会に臨む昭和天皇（1971年10月）。天皇の後ろには、随行員の宇佐美宮内庁長官、入江侍従長、福田外相などの姿が見られる。（写真提供：共同通信社）

従長を通じて行うのであろうから、東宮側も侍従長の存在が重要になってくる。また、林田氏は文部科学省、小林氏は外務省、末綱氏は警察庁の出身であり、もともとが宮廷官僚というわけではない。

たしかに小林氏は儀典長、末綱氏は皇宮警察勤務を経ているが、皇太子の世話を幼少時からしているような人物が東宮侍従長となって相談に与るほうが、皇太子自身も仕事を円滑に運べるのではないだろうか。また、末綱氏は皇太子がオクスフォード大学留学時に、警備の関係から駐英大使館勤務として派遣もされたようであるが、その後も続いて側に仕えていたわけではない。

そして何よりも、この歴代三人の東宮侍従長たちは、宮中の古いしきたりはもとより近現代におけるこれまでの皇室と政治との関わり、あるいは皇室外交といった問題には、それほど精通していないのではないだろうか。天皇家や東宮などで何十年にもわたって見聞きし、経験を積んできた人物でないと、「こういうときにはこういう発言をしてはならない」といった助言を呈することさえ難しくしてしまうのではないだろうか。しかもそれは、天皇・皇太子に対して、「畏れ多い」などと言ってかしこまっているだけの世間一般的な「官僚」では果たせない責務である。

イギリスの君主秘書官たちが歴代の君主たちに接してきたように、あるいは日本でも入江侍従長が昭和天皇に接してきたように、君主としての威厳には敬意を払い、立てるべきところは立てながらも、問題があるときには臆せず苦言を呈することのできる存在でなければ、とうてい身を挺して君主を支えているとは言えない。

ポンソンビが国制の常道を踏み外しそうになったヴィクトリア女王の軌道修正に努めたり（第一章）、ノウルズがエドワード七世と保守党政権との確執を調整しようとしたり（第二章）、スタムファーダムが王権を蔑ろにするロイド＝ジョージ政権とジョージ五世のあいだをとりもったり（第三章）、あるいはダイアナ元妃の葬儀の折に、バッキンガム宮殿に英国旗の半旗を掲げるようエリザベス女王を説得したフェローズなどの姿（第五章）を見るにつけても、この秘書官という「影法師」の存在が、イギリス王室にとってどれだけ大切なものであったのか想像に難くない。

日本に女帝が誕生するか否かは、あくまでも今後の状況次第である。しかし、どのような天皇が生まれようとも、日本国憲法の主旨である「国民の象徴」として、さらには、世界に対する「日本の顔」として、天皇とその家政を支えていく存在が必要不可欠であることに変わりはない。この国際化が進み、天皇を政治的に利用しようなどという風潮が減退するなかにあっては、宇佐美長官がかつて死守した「天皇を外交にあまり関与させない」といった原則も、より柔軟に変えていく必要があろう。

それは天皇の政治利用では決してない。そもそも天皇という存在自体、いかに象徴性を強調しようとも、政治とは切っても切れないものなのである。天皇が海外に行かれる場合には「国賓」の扱いを受け、海外から国賓が来日される場合には、その公式な晩餐会や歓迎行事は首相官邸ではなく「宮殿」で行われるのである。こうした現実も踏まえ、皇室が海外の王室などとさらに関係を深めていくことができれば、外務官僚として職歴をスタートした皇太子妃にもさらなる活躍の場が用意できるのではないだろうか。

こうしたすべてを準備万端整え、公務を補佐していくのが宮中側近の役割なのであり、二一世紀の皇室にとってもイギリス王室と同様に、この「影法師」の存在が不可欠になってくるのではないかと推察する次第である。

おわりに

二〇〇七年二月二五日、ロサンゼルスのコダック・シアターで、第七九回アカデミー賞授賞式が行われ、最優秀主演女優賞には英仏伊三国の合作映画『クイーン』（原題は The Queen）でエリザベス二世女王役を務めたデイム・ヘレン・ミレンが選ばれた。

一九九七年夏の「ダイアナ事件」直後の一週間、王室の威厳を保つことと民衆からの要求の板挟みにあった女王の苦悩を見事に演じての受賞であった。ヘレン・ミレンは受賞の弁のなかで、イギリスを半世紀以上にわたって守り続けてきた「女王陛下にこの賞を捧げる」と述べて、高々とオスカー像を掲げたのである。

この映画では、ダイアナの葬儀の扱いをめぐって、女王とブレア首相との間で見られた激しい確執が主題とされたが、その実、両者の仲介役となって問題の穏便な解決にあたったのが、本書の第五章でも記したとおり、ダイアナの義兄にして女王秘書官サー・ロバート・フェローズであった。そのフェローズの姿は、映画のなかにはまったく登場してこない。まさに「女王陛下の影法師」というべき存在である。

私が「女王秘書官」という存在にはじめて興味を抱いたのは、このダイアナ事件が生じた同じ年に原稿を準備し、翌年に刊行した『イギリス二大政党制への道』(有斐閣)を執筆していたときのことである。

ヴィクトリア女王が国政危機に対処するにあたり、一八五〇年代に相談を行っていたような「長老政治家」が姿を消した後、彼女の手となり足となって政治危機の解決に尽力したのがグレイやポンソンビといった秘書官たちであった。しかし、彼らの政治的な役割に焦点を当てた研究がイギリス本国においてもほとんど見当たらず、いつかは本格的に研究してみたいと考えていた。

そうしたなかで、縁あって創文社の発行するPR誌『創文』にエッセイを書くことになり、本書第一章の主人公の一人、チャールズ・グレイについて紹介した(二〇〇二年四月、第四四一号)。その際、ヴィクトリア女王にとどまらず、現エリザベス二世女王に至るまでの歴代君主を支えてきた秘書官の姿を通じて、新たな視点から現代イギリス政治史を捉え直すことはできないかと思い立ち、執筆した結果が本書ということになる。

この間、多くの方にお世話になった。まずは、本書の登場人物の一人であり、王室文書館の貴重な史料を閲覧・使用させて下さるとともに、王室収蔵品の中から歴代秘書官たちの貴重な写真を複写・転載させて下さったエリザベス二世女王陛下に感謝申し上げたい。そして、その作業を手助けして下さった王室文書館の主席文書官パメラ・クラーク、王室収蔵品部局の主席学芸員フランシス・ダイモンドとソフィー・ゴードンの各氏に感謝したい。

次に、本書終章にも表紙を載せておいたが、そのパンフレット類をお送り下さったチャールズ皇太子にもお礼申し上げたい。実際にその労を取ってくださったのは、皇太子秘書官補であったジェイムズ・キドナー氏（現在は外務省に戻っている）である。その後任となった、著者の留学時代からの友人ジョナサン・ヘルウェル氏にもお世話になった。記して謝辞を表する。

日本国内では、まず『創文』の原稿を執筆する際にお世話になった山田秀樹氏（現在は東京大学出版会）、ならびに創文社の相川養三氏に感謝する。特に相川氏には、本書の編集者湯原法史氏をご紹介いただいており、まさに本書の生みの親の一人でもある。改めてお礼を申し上げる。そして、その相川氏を著者にご紹介下さっただけでなく、本書の原稿にも目を通して下さった細谷雄一先生（慶應義塾大学准教授）にも感謝申し上げる。

終章で扱った日本の皇室の現状については、宮内庁長官官房総務課報道室の広報係の方々よりご教示いただいた。さらに、本書で使用した日本国内の文献を収集する際には、勤務先である神奈川県立外語短期大学の図書館の方々にも大変お世話になった。

また、カバーも含めて本書で用いた写真のうち、特に断らなかったものは私自身が撮影したものである。現地での研究の合間に、カメラを片手にイギリスのさまざまな風景を切り取ろうと試みるのは、自分でも気付かないうちに、いつしか習慣となっていたようだ。けれども本書に掲載したのは、そうして撮りためておいたものではなく、本書の企画の進行中に改めて撮り直したものである。行論との関連を思い描きながら撮影するのは、私にとって密かな喜びでもあった。

そして何よりも感謝しなければならないのは、本書を編集していただいた筑摩書房の湯原法史氏である。氏に本書の企画をお話ししてから四年近い歳月が流れたが、その間にさまざまな工夫をこらして本企画を進めて下さった。氏の存在なくして、本書は誕生しえなかったといっても過言ではない。篤くお礼申し上げる。

最後に、いつものことながら、著者を支えていてくれる家族にも感謝する。本書がイギリスのみならず世界の王室において、王族たちの日々の活動を支えている「影法師」たちの存在を少しでも紹介できていれば、と念ずるばかりである。

二〇〇七年六月一六日　　エリザベス二世女王陛下の八一歳の公式誕生日に

君塚直隆

ちくま学芸文庫版へのあとがき

本書は、筑摩書房より単行本として刊行させていただいた『女王陛下の影法師』（二〇〇七年）を、ちくま学芸文庫のかたちに直してあらたに出版したものである。原著が刊行されてから実に一五年以上の歳月が流れていることになる。

この間にイギリス王室も世界も大きく変わってしまった。王室自体に焦点を合わせれば、ウィリアム王子とキャサリン妃の結婚（二〇一一年）、そしてお二人のあいだには三人のお子様たちが次々と誕生され、王室はさらに華やかになった。またヘンリ（ハリー）王子もメーガン妃と結婚され（一八年）、アンドリュー王子の二人の王女、アン王女の長女であるザラ嬢もそれぞれ旦那様を迎えられ、皆さんにもお子さんが誕生されている。

王室に慶賀が続いていた一方で、イギリスのほうは大変な事態を迎えた。二〇一二年に国を挙げてのロンドン・オリンピックを成功させ、その年には女王陛下のダイヤモンド・ジュビリー（在位六〇周年記念式典）で盛り上がったイギリスではあったが、わずか四年後の二〇一六年六月の国民投票では、「ブレグジット（イギリスのEUからの離脱）」が決まってしまった。その後はイギリスとEU、さらにはイギリス議会内ですったもんだの大騒動が続き、投票の結果を受けてキャメロン首相が辞任してからの六年ほどで、メイ、ジョンソン、トラス、そしてスナクと政権交代は実に四度に及んでいる。

イギリスの政治と経済が大混乱に陥っていたさなか、女王の次男アンドリュー王子は、アメリカでのスキャンダルで窮地に立たされた。さらにチャールズ皇太子の次男ハリーも二〇二〇年一月に突如「王室からの離脱」を宣言する。メーガン妃の名前にひっかけて、「メグジット」などとも呼ばれたが、女王は二人に一年の猶予を与えたものの夫妻の意思は変わらなかった。二〇二一年二月にハリー夫妻は「殿下」の称号をはじめ、王室に関わるすべての公職を剝奪されることとなった。

そしてイギリス王室もついに最大の激震を迎えた。二〇二一年四月九日、女王を七三年以上にわたって支え続けてきたエディンバラ公爵が亡くなった。あと二カ月ほどで百寿を迎える年齢での大往生ではあった。しかし老公の逝去は女王に大きな悲しみを与えた。翌月の議会開会式はいつものとおり終えられたものの、その年の秋から女王の体力はみるみるうちに減退された。それでも二〇二二年六月、女王は家族や国民とともにイギリス史上初のプラチナ・ジュビリー（在位七〇周年記念式典）を盛大に祝い、世界中から祝福を受けた。それからわずか三カ月後の九月八日の午後、エリザベス女王は突然息を引き取った。国民と世界のために尽くされた九六年の生涯であった。

女王の葬儀には、天皇皇后両陛下をはじめ、世界中から貴顕が駆けつけた。さらに国内でも、女王の棺が正装安置されたウェストミンスター・ホールには四日間で五〇万人以上の人々が列をなして並び、この偉大な人物に最後の別れを告げた。ハイドパークやグリーンパークなどロンドンの主立った公園には女王のために花を捧げる人々の列がやむことはなかった。それはひとつの時代どころか、ひとつの世紀が幕を閉じた瞬間でもあった。

前著の出版からの一五年だけを振り返ってもこれだけの事象が次から次へと起こっている。こうしたなかでイギリス王室や各王族たちを支えてきたのが、「影法師」こと秘書官たちであった。この激動の一五年の王室史は、女王をはじめ各王族たちを支えてきた秘書官たちの激動の歴史でもあったのだ。

前著の最後に登場したサー・ロビン・ジャンヴリンが女王秘書官を引退したあと、後任となったのが陸軍軍人出身のサー・クリストファー・ゲイト（二〇〇七～一七年）である。二〇〇二年から女王秘書官補として王室に入り、〇五年には副秘書官に昇任し、そのまま秘書官となった。ゲイトが秘書官となった翌年（二〇〇八年）に「リーマン・ショック」が発生し、金融業の興隆で好景気を保っていたイギリス経済にも大打撃を与えた。景気の回復がならぬなかで実施された二〇一〇年五月の総選挙で、保守・労働両政党が過半数を得られず、最終的には多数を獲得した保守党が自由民主党と連立を組むかたちで新たに政権を発足させる。この過程で、ゲイトは各党の首脳部らと密接な協力を続け、女王が政争に巻き込まれないよう充分に配慮したとされている。

さらに陸軍では諜報部にも所属していたゲイトは、王室の広報活動の活性化にも尽力した。すでに終章でも紹介しているとおり、「ダイアナ事件（一九九七年）」で支持率が急降下した王室は、チャールズ皇太子を筆頭に自分たちの真の姿を国民に知ってもらおうと広報活動に力を注いだ。バッキンガム宮殿（女王）でもゲイトの下で、ユーチューブに参入するとともに（二〇〇七年）、ツイッター（〇九年）やインスタグラム（一三年）といった二一世紀とともに発展を遂げるSNS（ソーシャル・ネットワーキング・サービス）に王室のアカウントを持ち、王族たちの日々の公務の姿をアップしていった。

こうした努力が実を結び、ダイアナ事件で非難を浴びた王室は、その一五年後の女王のダイヤモンド・ジュビリーで再び強い支持を集めることに成功を収めた。

ゲイトはさらに秘書官補のサマンサ・コーエンの助力を得て、二〇一四年からは女王、皇太子、ウィリアム王子とそれぞれに分かれていた報道部（press office）を「王室報道局（Royal Communications）」としてひとつにまとめた。それまでは各宮廷ごとでバラバラに報じられていた王室の公務や予定などが、これでお互いに横のつながりを持って統轄されるようになった。ゲイトの功績は絶大であったが、その彼もやがて皇太子秘書官のサー・クライヴ・オルダートンとの不仲や、とかく不行状が取り沙汰されるアンドリュー王子との確執も重なり、宮廷内で孤立して二〇一七年に引退してしまう。

また、これも終章で触れたが、二〇〇五年からはウィリアムとハリーの両王子にも非常勤の秘書官が付けられ、やはり陸軍軍人出身のジェイミー・ロウサー＝ピンカートンが登用された。彼は一九八〇年代にエリザベス皇太后の侍従武官として王室に縁故を持っていたが、軍人としての生活を終えたのちに両王子の活動を真剣に支えた。おかげでハリーは同じく陸軍軍人としての歩みを始め、アフガニスタンでも従軍する。「将来の王」となるウィリアムには従軍は無理であったが、救急ヘリコプターのパイロットの資格を得て人々のために働くこととなった。思春期の二人にとってロウサー＝ピンカートンと出会えたのは幸運であった。彼はのちに専任の秘書官となり、二〇一三年に退いた。

サー・クリストファー・ゲイトの後任の女王秘書官に就いたのは、副秘書官のサー・エドワード・ヤングであった。テレビ業界や政治家のアドバイザーなどを経て二〇〇四年に王室に入ったヤングは、副秘書官時代に二つの大きな功績を示した。ひとつは二〇一二年のロンドン・オリンピック開会式で、女王陛下と007（ジェームズ・ボンドに扮するダニエル・クレイグ）との「共演」を実現し、世界中をあっと言わせたことである。もうひとつは、その前年に女王の歴史的なアイルランド訪問をアイルランド側との協力によって成功裏に終わらせたことだった。

しかしヤングは、かつての同僚に言わせるとあまりにも慎重すぎ、リスクを考えて決断が鈍ることがあった。その影響が及んだのが「メグジット」であった。ハリー王子と結婚したメーガン妃は、王室のスタッフから見れば、それまで王室に入ってきた女性たちとは明らかに異質であった。女優として活躍し、離婚歴もある彼女は、すでに「自分」というものをもっていた。それは自分が王室に合わせるのではなく、王室を自分に合わせようとした彼女自身の態度にも現れてしまった。

ハリー夫妻を結婚直後から秘書官として支えたのが、前述のサマンサ・コーエンである。二〇〇一年に報道部に入ったのち、ゲイト秘書官の下で秘書官補として女王に仕えたベテランであった。さらに夫妻には秘書官補（二名）や報道官なども付いていた。彼らも最初はメーガン妃と良好な関係を築いていたが、「我の強い」彼女にやがて辟易《へきえき》させられる。二〇一九年三月に報道官が去ったのを機に、ハリー夫妻の周りからは次々とスタッフが消えていった。最後まで二人を支えたコーエン秘書官も「まるで一〇代の若者たちと接しているよう」と、二〇二〇年初頭までには夫妻への対応に疲れ切っていた。

こうして二〇二〇年一月八日に、ハリー夫妻は王室からの離脱を突然発表する。女王秘書官のヤング、皇太子秘書官のオルダートン、王子夫妻秘書官のコーエンという三人のあいだには横の連携プレーも見られなかった。このあとアメリカのテレビに出演した夫妻は「王室に人種差別が見られた」などと発言したが、意外にもイギリス国内では夫妻に対する反感のほうが強かった。すでに四半世紀近くも続けられてきた王室による積極的な広報活動のおかげで、女王をはじめとする王族たちの激務を知る国民は、ハリーとメーガンがそれを投げ出してアメリカに逃避行したと考えた。翌二一年二月に、女王が二人の称号や公務を剝奪したとき、国民の実に九割近くがこれを支持したのである。

心から信用できる側近が次々と離反していくハリー夫妻の姿は、第四章で紹介したエドワード八世の末路を彷彿《ほうふつ》とさせる。

そして二〇二二年九月にエリザベス二世の崩御にともない、チャールズ三世が即位した。新国王はこの一〇年前の二〇一二年（ダイヤモンド・ジュビリーの直後）頃から「王室のスリム化」を検討し、女王の時代に大幅に増えた公務や関係する団体、さらには王族の数も減らしていきたいと考えている。新たな国王秘書官は、これまでの慣例にも則り、女王秘書官だったサー・エドワード・ヤングがそのまま就いているが、こうした改革を二人でこれから推し進めていかなければなるまい。

チャールズの場合にも、一九八一年から従僕として彼に仕え、いつしか皇太子の右腕としてのし上がっていったマイケル・フォーセットという「悪例」を生み出している。彼はその後、チャールズが関わる慈善団体の資金横領を噂されたり、団体に多額の寄付をする見返りに高位の勲章やイギリス市民権をサウジアラビアの大富豪に約束するなど、数々の悪事が露見し、二〇二一年には失脚に追い込まれている。

新たなるチャールズ三世の治世においても、こうした悪事には手を染めず、「高貴なるものの責務（ノブレス・オブリージュ）」の精神のもとで、王族を助けて二一世紀のイギリス王室を支えていく「影法師」たちがますます必要なのかもしれない。

本書の刊行にあたり、筑摩書房編集局（ちくま学芸文庫）の守屋佳奈子氏に大変お世話になった。また、前著でお世話になった当時の編集局の湯原法史氏にも感謝したい。

さらに今回の文庫化にあたり、新たに素晴らしい「解説」をお寄せくださった伊藤之雄先生（京都大学名誉教授）にも格別の謝辞を呈したい。

そして前著に引き続き、貴重な数々の写真の使用を許可してくださり、王室文書館（ウィンザー城内）の史料も閲読させてくださった、亡きエリザベス二世女王陛下と現君主のチャールズ三世国王陛下にも心から感謝したい。

本書が「二一世紀における立憲君主制」の現在と未来を見据えるうえで、考察の一助となってくれることを切に希望してやまない。

チャールズ三世国王の初めてのクリスマス・メッセージを視聴しながら

二〇二二年一二月二六日

君塚直隆

解説　イギリス近代・現代君主制研究の開拓者

伊藤之雄

君塚氏と本書の位置

記憶に新しいのは、君塚直隆氏が二〇二二年のエリザベス二世の逝去や国葬に際して、NHKテレビをはじめ新聞・雑誌まで多数のメディアに登場したことである。わかりやすく深味があり、しかも心のこもった解説の背景には、氏の長年にわたるイギリス王室研究の蓄積がある。私は近代・現代日本の天皇制研究の立場から、イギリスの君主制の歴史についても長年関心を持ち続けていたが、君塚氏の解説はいつも新たな知見を与えてくれる。

このように、今や君塚氏は押しも押されもせぬイギリス君主制やイギリス近代・現代史研究の第一人者である。君塚氏がイギリスの君主制や日本の天皇制の現状と未来を論じるにあたって迫力があるのは、イギリスの歴史に精通し、日本の近代・現代天皇制についても相当勉強しているからである。

その君塚氏が四〇歳の頃、今から約一五年前の二〇〇七年に書いたのが本書である。今回、解説を書くにあたって改めて読み返してみた。そこで気づいたのは、本書はヴィクトリア女王・エリザベス二世らのイギリス君主を陰で支えた国王（女王）秘書官を現代まで一貫して論じた初めての本であるのみならず、一九世紀半ばから現代までのイギリス君主制を論じた本であることだ。

本書に凝縮されているテーマは、その後、同氏によって縦横無尽に展開されていく。代表作と思われるものだけでも、『ヴィクトリア女王——大英帝国の戦う女王』（中公新書、二〇〇七年）、『ジョージ四世の夢のあと——ヴィクトリア朝を準備した「芸術の庇護者」』（中央公論新社、二〇〇九年）、『ジョージ五世——大衆民主政治時代の君主』（日経プレミアシリーズ新書、二〇一一年）、『ベル・エポックの国際政治——エドワード七世と古典外交の時代』（中央公論新社、二〇一二年）、『立憲君主制の現在——日本人は「象徴天皇」を維持できるか』（新潮選書、二〇一八年）、『エリザベス女王——史上最長・最強のイギリス君主』（中公新書、二〇二〇年）など、多数にのぼる。

その一冊一冊が、王室文書館等での史料収集をふまえたものであることを考慮すると、驚くべき知的生産力といえよう。

また本書のテーマである国王（女王）秘書官（Private Secretary to the Sovereign 等）は、一九九〇年代半ばまで、日本語のイギリス史の著作では「個人秘書」（水谷三公『王室・貴族・大衆』中公新書、一九九一年）や、「国王主席秘書官」（水谷三公『イギリス王室とメディア』筑摩書房、一九九五年）等の訳語が使われたように、統一した訳語がなかった。私は近代日本の天皇制と近代イギリスの君主制を比較しようと、英語で出版されたイギリス君主制の著作を読む中で、Private Secretary の性格を考えると「国王（女王）秘書官」の方が適切ではないかと思い、日本近代史を扱った論文の中で使ってみたことがある（「山県系官僚閥と天皇・元老・宮中——近代君主制の日英比較」『法学論叢』一四〇巻一・二号、一九九六年一一月）。当時は、Private Secretary の役割と組織については、イギリス国内でもその実態についての研究がほとんどなされていなかった。君塚氏が注目して本書で本格的に論じ、「国王（女王）秘書官」の訳語を採用し定着させたことは、功績の一つといえよう。

君塚氏のさらに大きな功績は、第二次世界大戦後は近代日本の君主制を近代ドイツとの比較で論じる風潮が強い中で、イギリス史の立場からイギリスとの比較で本格的に論じたことである。本書ではまだ全面的に展開するまでにはなっていないが、その視角の片鱗は、本書三五一頁に見られる。

君塚氏が近代君主制の英日比較をするようになったのは、おそらく近代イギリス君主制についての圧倒的知識のゆえに、国王（女王）がイギリス国制の下で様々な形で政治に関与した事例を多数知っているからであろう。

ところで、近年までイギリス近代史に対し一八世紀前期以来、イギリス国王は政治に関与していないととらえられる傾向が強かった。たとえば二〇〇〇年になっても、「王は君臨すれども統治せず」という言葉を、「一八世紀以後のイギリスにおける君主制の性格を表す言葉」として、『旺文社世界史事典』（三訂版）が掲載している。事典のみならず、大学の教科書としても定評ある西洋史の概説書でも、一七一四年にドイツから迎えられたジョージ一世の時代になると、「英語を解さぬこの王は国政をすべて内閣に委ねたから、議会の多数党に基礎をおく責任内閣制が成立し、ウォルポール内閣以来、首相の内閣統率が確立し、近代的議会政治が整備されることになった」（秀村欣二編『西洋史概説』第三版〔東京大学出版会、一九八〇年〕二〇〇頁）とする。また、その後の君主の政治関与の叙述はない。

他のイギリス史概説も類似したものであった。このため日本近代史の研究者の多くは、政治関与した近代日本の天皇と、関与しないイギリスの君主は大きく異なると見てきた。この意味で、君塚氏はイギリスの君主制の実態を研究することで近代日本の天皇制研究も進展させたといえよう。

以下、本書に啓発されて、近代日本の天皇制において、近代イギリス国王（女王）秘書官の役割を果たしたのは何かを、日英両国の君主権力の変化を踏まえて、私なりに考察してみたい。なお、日本の近代天皇や天皇制が形成されていくのは、一八六八年の明治維新以降であるので、比較の対象をその時期以降としたい。

イギリス国王（女王）と天皇の比較

本書は一八三〇年にウィリアム四世が即位して以降、政治的危機にあたっては国王を補佐し、政治的に「公正中立」な立場から調整にあたるような秘書官が新たに登場するようになったとする。しかし、メルバーン首相などは国王と大臣との間に第三者が介在するのは国制（憲法）違反と考え、秘書官廃止を構想したように、秘書官制度は不安定であった。女王（国王）秘書官制度が定着するのは、一八七〇年頃からである。それは、イギリスが貴族政治の時代から大衆民主政治の時代に移り変わり、政党の色分けが明確になり、保守党と自由党の対立が激しくなったからである。

このヴィクトリア女王の時代において、君主の権力は議会（政党）を背景とした首相・閣僚に制約されているものの、君主は領土の割譲権を持ち、内閣と相談のうえであるが、庶民院（下院）の解散・勲章など栄典の授与・海外諸国への訪問などにおいて、影響力を持っていた。また何よりも重要なのは、女王（君主）自身が超党派的な存在として首相を任命する権限である。政権交代を円滑に進めることは政党側からも求められた。それは二大政党のそれぞれにおいても、誰が次のリーダーとしてふさわしいのか明確でないことが多かったからである。こうして女王秘書官が女王の手となり足となって、二大政党の間で「公正中立」的な立場から調整にあたった、と本書は見る。

さて、日本においては、維新の時に明治天皇は一五歳であり、まったく実権がなかった。表《おもて》の政治への影響力を及ぼせるようになるのは、天皇が三〇歳代半ばになった頃からである。

天皇が政治権力形成できたのは、維新以後に岩倉具視・三条実美・大久保利通（薩摩）・木戸孝允（長州）らが天皇親政を建前として政治変革を行ってきたからである。また、維新後二〇年ほど、近代化への諸改革をめぐり、薩摩系・長州系などの藩閥に対する他派、あるいは薩長相互、もしくは同じ藩閥内で激しい対立があり、維新当初から対立を調停する存在が求められたからである。明治天皇は政治をじっくり観察し、岩倉・木戸・大久保や次の世代の伊藤博文（長州）などから学びながら調停者としての政治権力をつけていった。

伊藤を中心に条文が作成され、一八八九年に明治憲法が制定された。この憲法は、一見すると「大日本帝国は万世一系の天皇之を統治す」（第一条）等と、何物にも拘束されない強い天皇の統治大権を表明しているように見える。しかし、「国務各大臣は天皇を輔弼し其の責に任す」（第五十五条）等と、天皇は国務大臣の輔弼（補佐）の下に政治を行うことになっていた。これはヨーロッパに憲法調査に行った伊藤が、ウィーン大学教授のシュタインから君主機関説を学んだ結果であった。同説は、市民革命を経たヨーロッパで最先端の学説で、主権は国家にあり、君主は国家の最高機関であるという考え方である。したがって君主権も、内閣・議会などの機関に制約（拘束）される。建前として強い天皇大権を表明し、実際の政治は藩閥有力者が主導し、天皇の政治関与を抑制することは、維新直後から日本で行われてきたことであった。

天皇は枢密院の憲法草案審議に毎回出席し、納得のいかないことは伊藤枢密院議長に内々で質問し、憲法の内容をよく理解して評価し、自らの意思でその下に入った。翌年に帝国議会が開設されると、衆議院は藩閥勢力反対の政党が多数を占め、藩閥政府と対立し、議会停止（憲法停止）になる恐れすら生じた。この政党勢力の台頭に対し、それを容認しようとする伊藤らと、反発する山県有朋（長州）らの対立が深まっていく。

また、日清戦争後の一八九〇年代後半になると、藩閥政府と政党の対立のみならず、衆議院で自由党と進歩党（旧改進党）という二つの政党がそれぞれ長州・薩摩という別の藩閥勢力と結んで争うようになる。こうした議会開設後の政治の混乱に対し、天皇は公平中立な立場を演じる形で調停し、プロシア（ドイツ）ですら生じた憲法停止が日本では起きなかった。

天皇にこのような混乱を防ぐための情報を与え、後継首相推薦などで助言をしたのは、岩倉ら維新の第一世代を受け継いだ、伊藤・山県・黒田清隆（薩摩）・松方正義（薩摩）・井上馨（長州）らの有力政治家であった。重要なのは、彼らは相互に対立することはあっても、維新の目的である日本の安全保障の確立やそのための近代化という点では一致していたことである。このため、最終的に妥協ができた。

また、天皇は基本的に公平な立場を維持しながらも、伊藤の助言を重んじ日本に漸進的に政党が発達するように行動した。さらに、一八九八年に後継首相を天皇に推薦するための法令にない慣例的な機関が、明治天皇と伊藤の合作により形成され、右の五人に、西郷従道・大山巌（いずれも薩摩）を加えた有力政治家七人が元老となる。彼らは外務省から外交機密文書の写しを送られる等、政府にいなくとも、天皇と同様の情報を得るようになった（拙著『伊藤博文』、同『元老』、同『明治天皇』、同『山県有朋』、瀧井一博『ドイツ国家学と明治国制』、同『伊藤博文』）。

以上、イギリスの国王（女王）と日本の天皇は、近代の議会制度の発達等に伴う政治混乱を防ぐべく、特に後継首相選定で、「公正」・公平中立な立場から調停を行った。またイギリスの秘書官にあたる役割を日本で務めたのは、後に元老となる有力政治家や元老である。さらに、イギリスの方が議会制度が早くから発達しているので、君主は議会勢力を背景とした内閣に制約されることが多いが、天皇も藩閥勢力、とりわけ元老（元老となる政治家）、および議会を背景とした政党勢力などに制約されている。君主権力が制約されていることや、君主として「公正」・公平な調停者の役割を重視するようになることは、英日君主制の共通点である。

さらにイギリスでは女王（国王）自ら女王秘書官を求め、日本の場合も、明治天皇が自らを制約する元老制度を伊藤とともに作ったことが、共通の特色である。元老創設の目的は、天皇ができる限り政治介入を避けながら、公平な調停者としての威信を確立しようとしたことである。

なぜイギリスでは国王（女王）秘書官で、日本では元老なのか、というのも興味深い問題である。それは、イギリスで近代政党が台頭する一八五〇年代末以降と、イギリスに比べ未熟ながらも、それが展開する日本の一八九〇年代後半の状況の違いである。

イギリスにおいても国王（女王）に代わって政治を調整する「長老政治家」がいたが、一八〇〇年代半ばに高齢や死去で影響力をなくし、女王が直接調停せざるを得なくなる。そこで女王秘書官が定着するのである。

日本の場合、明治維新という大変革があり、薩・長を中心に若い志士が権力を掌握する。第二世代といえども、伊藤が参議（閣僚）兼工部卿になるのは一八七三年（三二歳）、山県が参議兼陸軍卿になるのは一八七四年（三六歳）の時である。したがって、一八九〇年代後半になっても彼らは五〇歳代後半から六〇歳前後である。政治経験を積み、まだ元気な彼らを天皇が元老とし助言を聞くのは、自然なことであった。

困難な一九二〇年代以降の英日の君主

さて、イギリスの議会政治は発展していき、第一次世界大戦後になっても、国王ジョージ五世の権力は衰弱するものの、その政治介入が必要となることを本書は論じている。それは、労働運動の拡大、世界恐慌などで、対応策をめぐり保守党・労働党・自由党という三つの政党やその内部で対立が生じ、後継首相選定が困難になるからである。国王秘書官に支えられ、ジョージ五世は「公正」な姿勢で後継首相選定に影響力を振るい、政治危機を救った。

日本においては、一九一六年に元老山県の意向で西園寺公望（公家、前首相、伊藤の後継者で前立憲政友会総裁）を元老として補充するが、すでに伊藤は死去している等、元老は四人に過ぎなかった。しかも、新元老の西園寺こそ六六歳であったが、山県が七八歳である等、元老は高齢化していた。山県は一九二二年に死去し、一九二四年に松方が八九歳で死去すると、元老は西園寺一人になってしまう。

第一次世界大戦後の日本は、労働運動の拡大のみならず、中国のナショナリズムの台頭による日本の権益回収運動、世界恐慌など、イギリス以上に困難な状況に直面した。しかも、イギリスにはジョージ五世という円熟した君主がいたが、日本は大正天皇が一九一七年頃から病気で政務の判断ができなくなり、一九二一年には二〇歳の裕仁親王（後の昭和天皇）が摂政に就いた。しかし、裕仁親王は実践的な政治教育をまったく受けておらず、政治関与もしなかった。元老が政党内閣の首相、あるいは政党を準与党とした内閣の首相等と話し合い、天皇・摂政に代わって政治を調整した。

一人元老で七五歳となった西園寺は、病弱で日常は摂政（天皇）の相談に乗ることはできなかった。そこで、一九二五年に牧野伸顕宮相を内大臣とし、当面は自らの補佐役、また自分に万一のことがあった際に天皇を支えることを期待した。こうして、西園寺が主導し、内大臣が補佐する天皇輔弼体制が形成されていった。この意味で、イギリスの国王（女王）秘書官の役割を元老と内大臣が果たすようになったといえよう。しかし、牧野は外相等に就任しただけで、元老に比べ十分な政治経験がなかった。

一九二六年に大正天皇が崩御すると裕仁親王が天皇となる。驚くべきことに、大正天皇が病気で政務を執れないにもかかわらず、牧野内大臣から摂政の裕仁親王に現実の政治を素材にした実践的な政治教育が行われるのは、即位の八カ月前くらいである（二四歳より）。本書は、君主の政治的役割が減少した第二次世界大戦後でも、エリザベスが女王となる四年以上前から、王女付秘書官からイギリス政治の現場を見ながらの教育を受けていることも明らかにする（二一歳より）。

イギリスに比べ立憲政治を遅く始め、政党政治の発達も未熟で、困難な問題の多い日本は、ほとんど政治経験のない天皇の下で、元老に比べ政治経験に劣る牧野内相が常時天皇を輔弼することになる。こうして、日本軍による張作霖爆殺事件、ロンドン海軍軍縮会議問題、満州事変への対応等で、昭和天皇は公平中立に調停をする天皇を演じることができなかった。これが一つのきっかけで軍部が台頭し、その後も軍部への統制を回復することができず、日本はアジア・太平洋戦争への道を歩んでいく（拙著『昭和天皇伝』）。

（いとう・ゆきお　京都大学名誉教授　日本近現代政治外交史）

主要参考史料・文献一覧

全体に関わる文献

Vernon Bogdanor, *The Monarchy and the Constitution* (Clarendon Press, 1995)［邦訳書『英国の立憲君主政』、小室輝久訳、木鐸社、2003年］。
Paul H. Emden, *Behind the Throne* (Hodder & Stoughton, 1934).
Brian Hoey, *At Home with the Queen* (HarperCollins, 2002).
William Kuhn, *Democratic Royalism: The Transformation of the British Monarchy, 1861-1914* (Macmillan, 1996).
君塚直隆『イギリス二大政党制への道——後継首相の決定と「長老政治家」』(有斐閣、1998年)。
君塚直隆『女王陛下のブルーリボン——ガーター勲章とイギリス外交』(NTT出版、2004年)。
細谷雄一『大英帝国の外交官』(筑摩書房、2005年)。

序　章　秘書官の登場

George IV Papers, The Royal Archives, Windsor Castle.
Grey Papers, University of Durham.
Liverpool Papers, British Library, London.
Melbourne Papers, The Royal Archives, Windsor Castle.
Peel Papers, British Library, London.
William IV Papers, The Royal Archives, Windsor Caslte.
Hoghland van Norden, "The Origin and Early Development of the Office of Private Secretary to the Sovereign," Ph. D. Thesis (Columbia University, 1952).

第一章　女王秘書官職の確立と定着

Derby Papers, Liverpool Record Office.
Disraeli Papers, Bodleian Library, Univeristy of Oxford.
General Grey Papers, University of Durham.

Gladstone Papers, British Library, London.
Granville Papers, Public Record Office [National Archives], London.
Palmerston Papers, Hartely Library, University of Southampton.
Rosebery Papers, Scottish Record Office, Edinburgh.
Russell Papers, Public Record Office [National Archives], London.
Salisbury Papers, Hatfield House, Hertfordshire.
Victoria Papers, The Royal Archives, Windsor Castle.
A. C. Benson & Viscount Esher, eds., *The Letters of Queen Victoria*, 1st series, 3 vols. (John Murray, 1907).
G. E. Buckle, ed., *The Letters of Queen Victoria*, 2nd series, 2 vols. (John Murray, 1926-28).
G. E. Buckle, ed., *The Letters of Queen Victoria*, 3rd series, 3 vols. (John Murray, 1930-32).
Naotaka Kimizuka, "Elder Statesmen and British Party Politics: Wellington, Lansdowne and the Ministrial Crises in the 1850s", *Parliamentary History*, Vol. 17-3, 1998.
Naotaka Kimizuka, "The Private Secretary to Queen Victoria: Grey, Ponsonby and the Formation of the Secretariat", *The Bulletin of Kanagawa Prefectural College of Foreign Studies*, Vol. 25, 2002.
William Kuhn, *Henry & Mary Ponsonby: Life at the Court of Queen Victoria* (Duckworth, 2002).
Elizabeth Longford, *Victoria R. I.* (Weidenfeld & Nicolson, 1964).
Arthur Ponsonby, *Henry Ponsonby: Queen Victoria's Private Secretary* (Macmillan, 1943).
Frederick Ponsonby, *Recollections of Three Reigns* (Eyre & Spottiswoode, 1951).
君塚直隆「女王陛下の影法師——チャールズ・グレイと女王秘書官職の確立」(『創文』第441号、2002年)。
君塚直隆「ヴィクトリア女王の政治権力」(伊藤之雄・川田稔編『二〇世紀日本の天皇と君主制——国際比較の視点から　一八六七〜一九四七』吉川弘文館、2004年)。

第二章　二大政党のはざまで

Asquith Papers, Bodleian Library, University of Oxford.
Balfour Papers, British Library, London.
Campbell-Bannerman Papers, British Library, London.
Edward VII Papers, The Royal Archives, Windsor Castle.
Knollys Papers, The Royal Archives, Windsor Castle.
Lansdowne Papers, British Library, London.
Rosebery Papers, Scottish Record Office, Edinburgh.
Ian Dunlop, *Edward VII and the Entente Cordiale* (Constable, 2004).
Simon Heffer, *Power and Place: The Political Consequences of King Edward VII* (Weidenfeld & Nicolson, 1998).
Frederick Ponsonby, *Recollections of Three Reigns* (Eyre & Spottiswoode, 1951).

第三章　大衆政治に立脚する君主制

Asquith Papers, Bodleian Library, University of Oxford.
Balfour Papers, British Library, London.
George V Papers, The Royal Archives, Windsor Castle.
Stamfordham Papers, The Royal Archives, Windsor Castle.
Kenneth Rose, *King George V* (Weidenfeld & Nicolson, 1983).
水谷三公『王室・貴族・大衆――ロイド・ジョージとハイ・ポリティックス』（中公新書、1991 年）。

第四章　立憲君主制の光と影

George V Papers, The Royal Archives, Windsor Castle.
Stamfordham Papers, The Royal Archives, Windsor Castle.
Sarah Bradford, *George VI* (Penguin Books, 2002).
R. R. James, *A Spirit Undaunted: The Political Role of George VI* (Abacus, 1999).
Duke of Windsor, *A King's Story: The Memoires of the Duke of Windsor* (new ed., Prion, 1998).

Philip Ziegler, *King Edward VIII* (Sutton Publishing, 2001).
水谷三公『イギリス王室とメディア――エドワード大衆王とその時代』(筑摩書房、1995 年)。

第五章　エリザベス二世の半世紀と秘書官たち

Jonathan Dimbleby, *The Prince of Wales* (Warner Books, 1998).
Carolly Erickson, *Lilibet: An Intimate Portrait of Queen Elizabeth II* (St. Martin's Griffin, 2004).
Brian Hoey, *Life with the Queen* (Sutton Publishing, 2006).
Alistair Horne, *Macmillan 1957-1986* (Macmillan, 1989).
Robert Lacey, *Royal: Her Majesty Queen Elizabeth II* (Time Warner, 2002).
Ben Pimlott, *The Queen: Elizabeth II and the Monarchy* (HarperCollins, 2002).
Philip Ziegler, *Wilson: The Authorized Life of Lord Wilson of Rievaulx* (Weidenfeld & Nicolson, 1993).
ジョン・コルヴィル『ダウニング街日記――首相チャーチルのかたわらで』(都築忠七・見市雅俊・光永雅明訳、平凡社、[上] 1990 年、[下] 1991 年)。

終　章　秘書官と二一世紀の君主制

Jonathan Dimbleby, *The Prince of Wales* (Warner Books, 1998).
David Lorimer, *Radical Prince: The Practical Vision of the Prince of Wales* (Floris Books, 2005).
入江相政『侍従とパイプ』(中公文庫、2005 年)。
宇佐美毅「皇室奉仕二十八年を顧みて」(『学士会会報』1979 年 1 月号、27～36 頁)。
徳川義寛『侍従長の遺言――昭和天皇との 50 年』(朝日新聞社、1997 年)。
保阪正康『昭和天皇』(中央公論新社、2005 年)。

イギリス歴代君主秘書官一覧

†ジョージ3世（在位 1760〜1820年）
1805〜1811年　サー・ハーバート・テイラー

†ジョージ4世（在位 1820〜1830年、摂政皇太子 1811〜1820年）
1812〜1817年　サー・ジョン・マクマホン
1817〜1822年　サー・ベンジャミン・ブルームフィールド
1822〜1830年　サー・ウィリアム・ナイトン（役職名は国王手許金会計長官）

†ウィリアム4世（在位 1830〜1837年）
1830〜1837年　サー・ハーバート・テイラー

†ヴィクトリア女王（在位 1837〜1901年）
1861〜1870年　チャールズ・グレイ（正式な任命は1867年4月から）
1870〜1895年　サー・ヘンリ・ポンソンビ
1895〜1901年　サー・アーサー・ビッグ

†エドワード7世（在位 1901〜1910年）
1901〜1910年　ノウルズ男爵

†ジョージ5世（在位 1910〜1936年）
1910〜1913年　ノウルズ男爵（1911年よりノウルズ子爵）
1910〜1931年　スタムファーダム男爵
1931〜1936年　サー・クライヴ・ウィグラム

†エドワード8世（在位 1936年1月〜12月）
1936年1〜7月　サー・クライヴ・ウィグラム
1936年7〜12月　アレクサンダー・ハーディング

†ジョージ6世（在位1936〜1952年）

1936〜1943年　サー・アレクサンダー・ハーディング
1943〜1952年　サー・アラン・ラッスルズ

†エリザベス2世（在位1952〜2022年）

1952〜1953年　サー・アラン・ラッスルズ
1953〜1972年　サー・マイケル・アディーン
1972〜1977年　サー・マーティン・チャータリス
1977〜1986年　サー・フィリップ・ムーア
1986〜1990年　サー・ウィリアム・ヘーゼルタイン
1990〜1999年　サー・ロバート・フェローズ
1999〜2007年　サー・ロビン・ジャンヴリン
2007〜2017年　サー・クリストファー・ゲイト
2017〜2022年　サー・エドワード・ヤング

†チャールズ3世（在位2022年〜）

2022年〜　サー・エドワード・ヤング
　サー・クライヴ・オルダートン

本書は二〇〇七年七月、筑摩書房より刊行された。

中世を旅する人びと　阿部謹也

西洋中世の庶民の社会史。旅籠が客に課す厳格なルールや、遍歴職人必須の身分証明のための暗号など、興味深い史実を紹介。（平野啓一郎）

中世の星の下で　阿部謹也

中世ヨーロッパの庶民の暮らしを具体的、克明に描き、その歓びと涙、人と人との絆、深層意識を解き明かした中世史研究の傑作。（網野善彦）

中世の窓から　阿部謹也

中世ヨーロッパに生じた産業革命にも比する大転換――。名もなき人びとの暮らしを丹念に辿り、その全体像を描き出す。大佛次郎賞受賞。（樺山紘一）

1492 西欧文明の世界支配　ジャック・アタリ　斎藤広信訳

1492年コロンブスが新大陸を発見したことで、アメリカをはじめ中国・イスラム等の独自文明は抹殺された。現代世界の来歴を解き明かす一冊。

憲法で読むアメリカ史（全）　阿川尚之

建国から南北戦争、大恐慌と二度の大戦をへて現代まで。アメリカの歴史は常に憲法を通じ形づくられてきた。この国の底力の源泉へと迫る壮大な通史！

専制国家史論　足立啓二

封建的な共同団体性を欠いた専制国家・中国。歴史的にこの国はいかなる展開を遂げてきたのか。中国の特質と世界の行方を縦横に考察した比類なき論考。

暗殺者教国　岩村忍

政治外交手段として暗殺をくり返したニザリ・イスマイリ教国。広大な領土を支配したこの国の奇怪な活動を支えた教義とは？（鈴木規夫）

増補 魔女と聖女　池上俊一

魔女狩りの嵐が吹き荒れた中近世、美徳と超自然的力により崇められる聖女も急増する。女性嫌悪と礼賛の熱狂へ人々を駆りたてたものの正体に迫る。

ムッソリーニ　ロマノ・ヴルピッタ

統一国家となって以来、イタリア人が経験した激動の歴史。その象徴ともいうべき指導者の実像とは。既成のイメージを刷新する画期的ムッソリーニ伝。

資本主義と奴隷制　エリック・ウィリアムズ　中山毅訳

産業革命は勤勉と禁欲と合理主義の精神などではなく、黒人奴隷の血と汗がもたらしたことを告発した歴史的名著。待望の文庫化。（川北稔）

文天祥　梅原郁

モンゴル軍の入寇に対し敢然と挙兵した文天祥。宋王朝に忠義を捧げ、刑場に果てた生涯を、宋代史研究の泰斗が厚い実証とともに活写する。（小島毅）

歴史学の擁護　リチャード・J・エヴァンズ　今関恒夫／林以知郎／與田純訳

ポストモダニズムにより歴史学はその基盤を揺るがされた。学問を擁護すべく著者は問題を再考し、論議を投げかける。原著新版の長いあとがきも訳出。

増補　中国「反日」の源流　岡本隆司

「愛国」が「反日」と結びつく中国。この心情は何に由来するのか。近代史の大家が20世紀の日中関係を解き、中国の論理を描き切る。（五百旗頭薫）

世界システム論講義　川北稔

近代の世界史を有機的な展開過程として捉える見方、それが〈世界システム論〉にほかならない。第一人者が豊富なトピックとともにこの理論を解説する。

インド文化入門　辛島昇

異なる宗教・言語・文化が多様なまま統一された稀有な国インド。なぜ多様性は排除されなかったのか。共存の思想をインドの歴史に学ぶ。（竹中千春）

中国の歴史　岸本美緒

中国とは何か。独特の道筋をたどった中国社会の変遷を、東アジアとの関係に留意して解説。初期王朝から現代に至る通史を簡明かつダイナミックに描く。

大都会の誕生　喜安朗　川北稔

都市型の生活様式は、歴史的にどのように形成されてきたのか。この魅力的な問いに、碩学がふたつの都市の豊富な事例をふまえて重層的に描写する。

兵士の革命　木村靖二

キール軍港の水兵蜂起から、全土に広がったドイツ革命。軍内部の詳細分析を軸に、民衆も巻き込みながら帝政ドイツを崩壊させたダイナミズムに迫る。

共産主義黒書〈ソ連篇〉
ステファヌ・クルトワ／ニコラ・ヴェルト
外川継男訳

史上初の共産主義国家〈ソ連〉は、大量殺人・テロル・強制収容所を統治形態にまで高めた。レーニン以来行われてきた犯罪を赤裸々に暴いた衝撃の書。

共産主義黒書〈アジア篇〉
ステファヌ・クルトワ／ジャン＝ルイ・マルゴラン
高橋武智訳

アジアの共産主義国家は抑圧政策においてソ連以上の悲惨を生んだ。中国、北朝鮮、カンボジアなどでの実態は我々に歴史の重さを突き付けてやまない。

ヨーロッパの帝国主義
アルフレッド・W・クロスビー
佐々木昭夫訳

15世紀末の新大陸発見以降、ヨーロッパ人はなぜ次々と植民地を獲得できたのか。病気や動植物に着目して帝国主義の謎を解き明かす。（川北稔）

民のモラル
近藤和彦

統治者といえど時代の約束事に従わざるをえなかった18世紀イギリス。新聞記事や裁判記録、ホーガースの風刺画などから騒擾と制裁の歴史をひもとく。

台湾総督府
黄昭堂

清朝中国から台湾を割譲させた日本は、新たな統治機関として台北に台湾総督府を組織した。抵抗と抑圧と建設。植民地統治の実態を追う。（檜山幸夫）

新版 魔女狩りの社会史
ノーマン・コーン
山本通訳

「魔女の社会」は実在したのだろうか？ 資料を精確に読み解き、「魔女」にまつわる言説がどのように形成されたのかを明らかにする。（黒川正剛）

増補 大衆宣伝の神話
佐藤卓己

祝祭、漫画、シンボル、デモなど政治の視覚化は大衆の感情をどのように動員したか。ヒトラーが学んだプロパガンダを読み解く「メディア史」の出発点。

ユダヤ人の起源
シュロモー・サンド
高橋武智監訳
佐々木康之／木村高子訳

〈ユダヤ人〉はいかなる経緯をもって成立したのか。歴史記述の精緻な検証によって実像に迫り、そのアイデンティティを根本から問う画期的試論。

中国史談集
澤田瑞穂

皇帝、彫青、男色、刑罰、宗教結社など中国裏面史を彩った人物や事件を中国文学の碩学が独自の視点で解き明かす。怪力乱「神」をあえて語る！（堀誠）

ヨーロッパとイスラーム世界　R・W・サザン　鈴木利章訳

〈無知〉から〈洞察〉へ。キリスト教文明とイスラーム文明との関係を西洋中世にまで遡って考察し、読者に歴史的見通しを与える名講義。（山本芳久）

消費社会の誕生　ジョオン・サースク　三好洋子訳

グローバル経済は近世イギリスの新規起業が生み出した！　産業が多様化し雇用と消費が拡大する産業革命前夜を活写した名著を文庫化。（山本浩司）

図説　探検地図の歴史　R・A・スケルトン　増田義郎／信岡奈生訳

世界はいかに〈発見〉されていったか。人類の知が全地球を覆っていく地理的発見の歴史を、時代ごとの地図に沿って描き出す。貴重図版二〇〇点以上。

レストランの誕生　レベッカ・L・スパング　小林正巳訳

革命期、突如パリに現れたレストラン。なぜ生まれ、なぜ人気のスポットとなったのか？　その秘密を膨大な史料から複合的に描き出す。（関口涼子）

同時代史　タキトゥス　國原吉之助訳

古代ローマの暴帝ネロ自殺のあと内乱が勃発。絡みあう人間ドラマ、陰謀、凄まじい政争を、臨場感あふれる鮮やかな描写で展開した大古典。（本村凌二）

明の太祖　朱元璋　檀上寛

貧農から皇帝に上り詰め、巨大な専制国家の樹立に成功した朱元璋。十四世紀の中国の社会状況を読み解きながら、元璋を皇帝に導いたカギを探る。

ハプスブルク帝国 1809–1918　A・J・P・テイラー　倉田稔訳

ヨーロッパ最大の覇権を握るハプスブルク帝国。その19世紀初頭から解体までを追う。多民族を抱えつつ外交問題に苦悩した巨大国家の足跡。（大津留厚）

歴史（上・下）　トゥキュディデス　小西晴雄訳

野望、虚栄、裏切り――古代ギリシアを殺戮の嵐に陥れたペロポネソス戦争とは何だったのか。その全貌を克明に記した、人類最古の本格的「歴史書」。

日本陸軍と中国　戸部良一

中国スペシャリストとして活躍し、日中提携を夢見た男たち。なぜ彼らが、泥沼の戦争へと日本を導くことになったのか。真相を追う。（五百旗頭真）

近代ヨーロッパ史　福井憲彦

ヨーロッパの近代は、その後の世界を決定づけた。現代をさまざまな面で規定しているヨーロッパ近代の歴史と意味を、平明かつ総合的に考える。

イタリア・ルネサンスの文化（上）　ヤーコプ・ブルクハルト　新井靖一訳

中央集権化がすすみ緻密に構成されていく国家あってこそ、イタリア・ルネサンスは可能となった。ブルクハルト若き日の着想に発した畢生の大著。

イタリア・ルネサンスの文化（下）　ヤーコプ・ブルクハルト　新井靖一訳

緊張の続く国家間情勢の下にあって、類稀な文化と個性的な人物達は生みだされた。近代的な社会に向かう時代の、人間の生活文化様式を描ききる。

増補 普通の人びと　クリストファー・R・ブラウニング　谷喬夫訳

ごく平凡な市民が無抵抗なユダヤ人を並べ立たせ、ひたすら銃殺する——なぜ彼らは八万人もの大虐殺に荷担したのか。その実態と心理に迫る戦慄の書。

叙任権闘争　オーギュスタン・フリシュ　野口洋二訳

十一世紀から十二世紀にかけ、西欧では聖職者の任命をめぐり教俗両権の間に巨大な争いが起きた。この出来事を広い視野から捉えた中世史の基本文献。

大航海時代　ボイス・ペンローズ　荒尾克己訳

人類がはじめて世界の全体像を識っていく大航海時代。その二百年の膨大な史料を、一般読者むけに俯瞰図としてまとめ上げた決定版通史。（伊高浩昭）

衣服のアルケオロジー　フィリップ・ペロー　大矢タカヤス訳

下着から外套、帽子から靴まで。19世紀ブルジョワジーを中心に、あらゆる衣類が記号として機能してきた実態を、体系的に描くモードの歴史社会学。

20世紀の歴史（上）　エリック・ホブズボーム　大井由紀訳

第一次世界大戦の勃発が20世紀の始まりとなった。この「短い世紀」の諸相を英国を代表する歴史家が渾身の力で描く。全二巻、文庫オリジナル新訳。

20世紀の歴史（下）　エリック・ホブズボーム　大井由紀訳

一九七〇年代を過ぎ、世界に再び危機が訪れる。不確実性がいやますなか、ソ連崩壊が20世紀の終焉を印した。歴史家の考察は我々に何を伝えるのか。

ちくま学芸文庫

女王陛下《じよおうへいか》の影法師《かげぼうし》
秘書官《ひしよかん》からみた英国政治史《えいこくせいじし》

二〇二三年二月十日　第一刷発行

著　者　君塚直隆（きみづか・なおたか）
発行者　喜入冬子
発行所　株式会社　筑摩書房
東京都台東区蔵前二―五―三　〒一一一―八七五五
電話番号　〇三―五六八七―二六〇一（代表）
装幀者　安野光雅
印刷所　明和印刷株式会社
製本所　株式会社積信堂

ISBN978-4-480-51164-5 C0122